バルカン
1:8,460,000
0 100 200km
ポーランド
チェコ
プラハ
ドイツ
ドナウ川
スロヴァキア
ウクライ
ウィーン
ブラティスラヴァ
オーストリア
ブダペスト
ティサ川
ハンガリー
ドナウ川
クラーゲンフルト
マリボル
スロヴェニア
リュブリャナ
トリエステ
ヴェネツィア
イストリア半島
リエカ(フィウメ)
ザグレブ
クロアチア
ヴォイヴォディナ
スボティツァ
ノヴィ・サド
スレムスキ・カルロヴツィ
サヴァ川
ビハチ
ボスニア=ヘルツェゴヴィナ
ヤイツェ
ドリナ川
ベオグラード
モラヴァ川
ザダル
ダルマツィア
スプリト
モスタル
サラエヴォ
セルビア
ニシュ
ノヴィ・パザル
アドリア
トランシルヴァニア
クルージュ
ルーマニア
アラド
ティミショアラ
バナード
ブラジョヴ
ワラキア
プロイェシュティ
ブカレスト
ヤシ
ドブルジャ
ドナウ川
ルセ
プレヴェン
ヴァルナ
黒海
12°
16°
20°
24°
48°
44°

YAMAKAWA SELECTION

バルカン史 上

佐原徹哉 編

山川出版社

［カバー写真］

ブルガリアの首都ソフィアの中心部にあり，ビルの中庭に建つ聖ゲオルギ聖堂。古代の円形教会(ロトンダ)で，キリスト教とイスラーム教双方で聖堂として用いられた歴史をもつ，バルカンの多様で重層的な文化を象徴している聖堂である。

『山川セレクション　バルカン史』への序文

新版世界各国史シリーズの一書としてある『バルカン史』のセレクション版を世に出すこととなった。『バルカン史』は前身の『東欧史』を全面的に改訂し、全く新しい書物として刊行された。国家や民族のものとして描かれる歴史を地域の歴史として描き出そうという『バルカン史』の発想は斬新であり、現在でもその有効性は失われていない。この間、世界では歴史をグローバルな人類史として認識しようという運動が広がり、歴史社会学の分野で画期的な成果が生まれ、バルカン諸国でもそれに呼応した研究が次々に発表されているが、他方で、保守的な研究手法に固執したアナクロな歴史叙述が伝統的な研究機関を中心に依然として幅を利かせており、自民族中心の歴史観が逆に強まっている。たとえば、ブルガリアと「北マケドニア」の学者たちが歴史問題を解決するため数年にわたって重ねてきた協議は、両国の民族主義政党から批判を受け、ユーゴスラヴィア王国が誕生した一九一八年以前に「共通の歴史」が存在したかどうかをめぐって歴史家たちの意見が分かれて決裂した。この例のように、自民族中心の歴史認識は未だに政治対立の火種になっている。各国の独善的な歴史観に縛られず、この地域の特性を全体として把握しようという『バルカン史』の視点は、バルカン諸国の大半がEU加盟を果たした現在、一層有効になったといえるだろう。『バルカン史』の構想をリードされた柴宜弘氏は惜しくも二〇二一年にご逝去されたが、あらためてその先見の明に気づかされた。

こうしたことから、セレクション版では若干の手直しをおこなう程度で基本的に『バルカン史』を踏襲することにした。とはいえ、刊行から二四年が経過し、新たな国家が誕生するなど多くの状況が変化しているのも事実である。前書の構想は九〇年代半ばに練り上げられたが、当時は、「体制変動」が進行している最中であり、バルカン諸国では変化に対する期待と欧州統合を無条件で肯定する楽観的なムードが支配的だった。教条主義的な共産主義の歴史観が否定され、自由主義的な歴史観がもてはやされた時代でもあった。しかし、四半世紀を経た現在ではかなり雰囲気も変わっている。そこで、セレクション版では旧版の「第九章」を「一九九〇年代のバルカン：対立と相互協力の模索」と改題しておもに九〇年代の出来事をまとめ、柴氏の原稿を生かしつつ現状にそぐわない部分は六鹿と佐原が加筆修正した。その上で、一九九五年から現在までの変化を説明するために新たに十章を追加し、西バルカン諸国については山崎信一が、ルーマニアとモルドヴァについては中島崇文が、ブルガリアについては佐原が執筆した。さらに、柴氏が執筆された「まえがき」と「序章」も、元のままの叙述を生かしながら現状にそぐわない部分は佐原が修正した。前書ではギリシアとトルコもバルカンの枠組みで論じたが、新たに追加した十章には含めないことにした。各国史のシリーズに『ギリシア史』が加わっているし、九〇年代以降のトルコの歴史はバルカン諸国の歩みとはかなり接点が薄くなっているからだ。この間、日本でも多くの優秀な研究者が生まれ、優れた成果が発表されているが、近い将来、こうした成果を取り入れた新たな研究書が世に出ることを願っている。

佐原徹哉

二〇二四年四月

まえがき

本書は、バルカン地域の歴史を先史時代から現代にいたるまでたどった、わが国はじめての通史である。従来、バルカン史は東欧史の枠内で叙述されることが多かった。旧シリーズでも『東欧史』のなかでバルカン史が扱われた。新シリーズでは、東欧という地域区分がなくなり、『東欧史』が『ポーランド・ウクライナ史』『ドナウ・ヨーロッパ史』、そして『バルカン史』に細区分された。この細区分は、一九八九年の東欧諸国の体制転換から、一九九一年のソ連の崩壊へと続く時代の大きな変化を経た現時点でなされたものである。たしかに、第二次世界大戦後の社会主義との関連でのみとらえられがちであった「東欧」という地域区分は、「冷戦」の終わりとともに消滅した。しかし、東欧概念自体が意味をもち得なくなったわけではない。東欧とは歴史的な地域概念であり、西欧との比較や関係において、その有効性はなお失われていない。

それにもかかわらず、東欧より狭い、比較的同質性を備えたバルカンの歴史を描くことには、大きな意味があるといえる。まず第一に、ビザンツ帝国やオスマン帝国の強い影響を受けたバルカンを、ギリシアを含めて叙述することができる点である。新シリーズでは、『ギリシア史』が単独の一冊として予定されているが、これまでギリシアは東欧から除外されてしまっていた。本書ではバルカンという地域の視点から、ギリシアにも多くを割くことができた。第二に、ギリシアを含めたバルカンの第二次世界大戦から戦後にかけての「冷戦」期の歴史は、きわめて興味深いだけでなく、社会主義の相対化をも可能にしてくれる点である。第二次世界大戦後、バルカン諸国は東側、西側、非同盟、さらには「鎖国政策」と、その立場をそれぞれ違えていた。ただし、本書では西側陣営に引き込まれたギリシアについて、あえて言及していない。しかし、ソ連崩壊後のモルドヴァについては、ルーマニアとの関連で言及している。第三に、バルカンの歴史は東欧、さらにヨーロッパの枠を越えて、地中海世界との関連のなかで考えることができる点である。むしろ、地域的な広がりをもつことができる。

わが国のバルカン史研究について一言ふれておくと、まだ研究者の数はそれほど多くはなく、研究蓄積も十分とはいえない。研究関心の多くは、十九世紀以後の民族解放と国家形成の問題に集中していた。しかし、オスマン帝国支配下のバルカン社会に関する最近の研究の進展は目覚ましい。中世のバルカン社会に目を向けた研究も進められている。バルカン史研究で、大きな関門となるのは言語であろう。スラヴ諸語、ルーマニア語、アルバニア語、ギリシア語、現代ギリシア語、そしてオスマン語(トルコ語)を駆使する必要が生じるからである。少しずつではあるが、これらの言語を使うことのできる研究者が着実に育ってきている。とはいえ、バルカンの諸言語をすべて駆使することは至難のわざであり、本書の執筆者もバルカン諸国の一国あるいは数国を専門としているにすぎない。現地でも言語が障壁となり、バルカン史研究はともすると、一国の民族史観にとらわれすぎる傾向がみられる。本書ではこうした陋習《ろうしゅう》を打破し、各国史の束としてのバルカン史に陥ることを避けるため、あえて時代ごとに執筆者を一人として、地域としてのバルカンの歴史を叙述することに努めた。この点が本書の最大の特色といえるだろう。

本書が多くの人に読まれるとともに、読者のなかから、これをひとつのステップとして、バルカン史やバルカン地域研究をさらに進めてくれる研究者が生まれることを願ってやまない。

なお、地名や人名の表記については、できるだけ原音に近づけるよう試みた。しかし、すでに定着している地名や人名は、慣用に準拠することにした。また、ローマ帝国期の固有名詞はラテン語表記、ビザンツ帝国期のそれは中世ギリシア語表記にしてある。原語からラテン文字への転写については、『東欧を知る事典』(平凡社)と『ロシアを知る事典』(平凡社)に依拠した。現代ギリシア語の転写については国際的なルールが定着しておらず、本書では発音に基づいておこなった。

暦に関しては、完全な統一がとれていない。バルカン諸国のユリウス暦(旧暦)からグレゴリウス暦(新暦)への変更は第一次世界大戦前後であり、原則としてこれに基づいて日付を記してある。

一九九八年九月

柴　宜弘

目次

『山川セレクション　バルカン史』への序文
まえがき
序章――バルカン史の前提　3　柴　宜弘
❶バルカンとは　3
❷自然環境と重層的な文化圏　10
❸バルカン史の特色　20
第一章――バルカン史の黎明　28　金原保夫
❶バルカンの先史文化　28
❷古代のバルカン諸民族　40
❸ローマ支配下のバルカン　57

第二章　中世のバルカン　64　金原保夫
❶民族移動期のバルカン　64
❷バルカンの中世国家　74
❸バルカンの中世キリスト教文化　118
第三章　オスマン支配の時代　135　佐原徹哉
❶オスマン帝国の勃興とバルカンの政治統一の実現　135
❷オスマン時代のバルカン社会　146
❸オスマン支配後期のバルカン社会　162
第四章　ナショナリズムの勃興と独立国家の形成　172　佐原徹哉
❶セルビアとギリシアの独立運動　172
❷近代国家の模索　187
❸バルカン近代国家の諸問題　201

❹バルカンのナショナリズム　211
❺オスマン支配終焉への道　219
索引／写真引用一覧／地名対象地図

下巻目次

第五章――ナショナリズムの展開と第一次世界大戦　木村　真
第六章――両大戦間期の政治危機　木村　真
第七章――第二次世界大戦とバルカン　六鹿茂夫
第八章――多様な社会主義の試み　六鹿茂夫
第九章――一九九〇年代のバルカン：対立と相互協力の模索　柴　宜弘
第十章――現代のバルカン　山崎信一・中島崇文・佐原徹哉

山川セレクション

バルカン史 上

序章　バルカン史の前提

1　バルカンとは

地域としての範囲

一九九七年十一月、エーゲ文明最初の中心地であるギリシアのクレタ島で、バルカン・サミットが開催された。バルカンの歴史上はじめて開かれた、大統領や首相レヴェルのサミットの意義についでは第九章でふれることにして、ここではサミットにどの国が参加したかをみてみる。出席したのは開催国ギリシアのほか、アルバニア、ブルガリア、ルーマニア、トルコの四カ国、それに旧ユーゴスラヴィアに残存したユーゴスラヴィア連邦（セルビア共和国とモンテネグロ共和国から構成）であった。旧ユーゴスラヴィアの他の四カ国の参加・不参加をめぐる態度表明は興味深い。マケドニアは参加、ボスニア連邦（ムスリムとクロアチア人から構成）とセルビア人共和国からなるボスニア＝ヘルツェゴヴィナでは、ボスニア連邦がボスニアはバルカンではないとの理由から不参加を表明し、一方、セルビア人共和国は参加を表明するなど合意が取りつけられず、外務次官が出席するにとどまった。スロヴェニアとクロアチアはバルカンの国ではないとの理由で、出席を辞退した。

この事実が物語るのは、一九九〇年後半にバルカンという地域アイデンティティが揺れていたということである。バルカン諸国と自己規定していたのはアルバニア、ブルガリア、ギリシア、マケドニア、ルーマニア、トルコ、ユーゴスラヴィア連邦の七カ国である。歴史的に、西方カトリック世界と東方正教世界との接点に位置してきたボスニア＝ヘルツェゴヴィナはバルカン地域に属することに消極的であり、同じく接点のクロアチアはバルカンという地域概念に拒否反応を示し、スロヴェニアはビザンツの影響もオスマン支配も受けていないことから、自らの地域をバルカンではなく中欧と位置づけていた。これらの国々は現在ではいずれも南東欧協力プロセスに加盟しており、少なくとも地理的概念としてのバルカン（＝南東欧）は現在も有効である。

バルカンとは地理的概念であると同時に、歴史的、政治的、経済的、文化的な概念でもあるが、いずれの場合も自然環境と密接に関連した地域区分である。山脈が南北に連なるこの地域は東方正教世界に組み込まれ、ビザンツ帝国やオスマン帝国の支配を受けた。自己規定とは別に、こうした共通の歴史的体験をもつ国としては、アルバニア、ボスニア＝ヘルツェゴヴィナ、ブルガリア、クロアチア、ギリシア、マケドニア、ルーマニア、ユーゴスラヴィア連邦をあげることができる。本書では、これにトルコのヨーロッパ部分を加えた地域をバルカンと規定する。バルカンという地域を地理的観点から、このように限定することはできるが、バルカンは単なる地理的概念にとどまらず、歴史的概念でもあり、政治的概念でもある。そのため、バルカンに含まれる地域は時代によって異なっているし、その使われ方も一様ではない。

バルカンという用語

そもそも、バルカンという用語はいつごろから使われるようになったのであろうか。ブルガリア出身の歴史家マリヤ・トドロヴァの著書『バルカンのイメージ』を参考にしながら、この用語の使われ方の変遷を概観してみる。ドナウ川の南側にあるスタラ・プラニナ(ブルガリア語で「古い山」の意味)と称される山脈が、ドナウ川と並行して現在のブルガリアの中央をほぼ東西に貫き、黒海にまで達している。この山脈は古代ギリシア語ではハイモス、ローマ時代にはハエムス、ビザンツの時代にはエモスと呼ばれていた。十四世紀にこの地方に進出したオスマン朝は、オスマン語(トルコ語)で「樹木におおわれた山」や「山脈」を意味する「バルカン」という言葉を用いて、カルパチア山脈を「ウングルス(ハンガリー)・バルカヌ」と称したのと同様に、この山脈の東側の部分を「エミネ(エモス)・バルカヌ」と称した。

オスマン帝国支配下のこの地域を通過したヨーロッパの外交使節団や旅行者が残した文書のなかに

は、早くも十五世紀末から、ハエムスをオスマン帝国側が用いている名称として「バルカン」と記すものが散見される。もっとも、使節団のなかには南スラヴ出自の者もいて、彼らは現地の言葉を理解することができたので、この山脈を「バルカン」ではなく、現地の人々、すなわちブルガリア人が用いていた名称であるスタラ・プラニナと正確に記した。しかし、一般的には、スタラ・プラニナという呼称は例外的であった。十七~十八世紀にこの地域をおとずれた人の記録には、「バルカン」とハエムスとが併用される傾向にあった。

ハエムス、つまりスタラ・プラニナ(バルカン山脈)に限定されていた「バルカン」が、バルカン半島全体を意味するようになる契機は、ドイツ人地理学者ツォイネの著作『ゲーア――科学的地理学の一試論』(一八〇八年)であった。ツォイネはバルカン山脈が、北西部に長く続き、アドリア海北部に突き出たイストリア半島付近のディナール・アルプス山脈とともに、ヨーロッパの他の部分と区分されていると考え、ここを「バルカン半島」と名づけた。実際には、スタラ・プラニナは現在のブルガリアの北西国境の西側を流れるティモク川で切れており、自然地理の観点からして誤りであった。ツォイネは古代ギリシアやローマの時代から続いていた、ハエムスがアドリア海から黒海にいたる長い山脈であるとの誤った考えにとらわれていた。また、イベリア半島やイタリア半島の付け根に位置し、外部世界から半島を遮断しているピレネー山脈やアルプス山脈と比較して、バルカン山脈を同様の存在と考えようとしたのである。

地理学的にみると、「バルカン半島」というツォイネの呼称は誤用であったが、それ以前には、半島全体を示す定まった名称はなかった。たとえば、古代ローマ時代には半島の東部はトラキア、西部はイリュリクム、中央部はマケドニア、南部はエペイロス、アカイアと称された。ビザンツ時代におとずれた西ヨーロッパの人たちは半島の東部および中部地域をロマニエと呼び、オスマン帝国のもとではルメリ（オスマン語で「ローマ人の土地」の意味）と呼ばれた。そのため、十九世紀を通じて半島全体を示す「バルカン半島」という名称が広まっていった。もっとも、一八三〇年代に、フランス人の地質・地理学者ブエがバルカン山脈の正確な長さや幅を示すとともに、ツォイネの「バルカン」理解を訂正し、歴史的視点を導入して、この半島を「ヨーロッパ・トルコ」（オスマン帝国のヨーロッパ部分）と称したように、十九世紀には「ヨーロッパ・トルコ」が一般的な呼称であった。一方、バルカンの諸民族はきわめて政治的に、それぞれギリシア半島、スラヴ・ギリシア半島、南スラヴ半島などと名づけるようになった。

バルカンか南東欧か

十九世紀末から二十世紀にかけて、この半島は自然地理的にみてヨーロッパの南東部分にあることから、「南東欧半島」と呼ばれることもあった。ドイツ人の地理学者フィッシャーはツォイネの誤った理解を排して、この半島を南東欧と称することを提唱している。この南東欧がすぐに一般化したわけではなかったが、この時期には、オスマン帝国からのバルカン諸民族の解放過程が顕著であり、南東欧や「バルカン半島」という地域概念が広く用いられるようになった。とくに、「バルカン半島」という概念がヨーロッパに広まる契機となるのは、セルビア人の人文地理学・民族学者ツヴィイッチの著作『バルカン半島』(一九一八年)であった。この著書は、ツヴィイッチが第一次世界大戦期に、パリ大学で民族学を二年間担当した際の講義録をもとにして、パリで出版された。『バルカン半島』は歴史学や民族学を駆使して人文地理学の分野を切り開くとともに、半島を数個の文明圏に分けて、この地域の自然と人間との関係を考察している。ツヴィイッチは「バルカン半島」という地域概念が不正確であることを十分に認識していながら、バルカン山脈の北の地域をも含む南東欧と同義で、便宜的に「バルカン半島」を用いたものと思われる。

『バルカン半島』はヨーロッパに多大な影響を与え、戦後の新生バルカン諸国にはバルカン研究所が相次いで設立されたりしたが、それは学術分野に限られたことであり、ツヴィイッチのいう「バルカン半島」が地域概念として一般に定着したわけではなかった。バルカン半島という地域概念が当のバルカン諸国のあいだで一般化するのを妨げた最大の理由は、一九一二〜一三年のバルカン戦争から第一次世界大戦を経て、西欧諸国が「バルカン」という用語に「対立」「抗争」「無秩序」「未開」といったマイナス・イメージを色濃く付与し始めたことである。そのため、戦間期にはバルカン半島より中立的で政治的でもなく、「ヨーロッパ・トルコ」という限定された歴史的概念にもとらわれることのない南東欧を使う傾向が強まった。

しかし、一九三〇年代にドイツでナチス政権が成立し、地政学的な見地から、ドイツの「生存圏」たる「ミッテル・オイローパ（中欧）」の南東部に位置する経済圏として「南東欧」が用いられるにおよび、南東欧という地域概念は嫌悪の対象とされるようになる。第二次世界大戦後、ユーゴスラヴィアの地理学者ログリッチはナチス・ドイツによる南東欧概念の使用を指摘し、十九世紀末に提案された「南東欧半島」という名称をふたたび用いることを提起したが、大きな影響を与えることはできなかった。一般的にいって、戦後、南東欧とバルカン半島とは同義語として使われてきたが、研究書の表題としてはバルカン半島の方が多くみられる。

こうした傾向のなかで、オーストリア・グラーツ大学のバルカン史研究者カーザーの概念規定は興味深い。カーザーは著書『南東欧の歴史と歴史学』（一九九〇年）で、地形に基づく地理的観点から南東欧という地域を広くとらえて、その範囲を北はカルパチア山脈、南はエーゲ海、東は黒海、西はアドリア海とした。現在の国名でいうと、スロヴァキア、ルーマニア、ハンガリーをも含めた。これに対して、アルバニア、ブルガリア、ギリシア、トルコ、旧ユーゴスラヴィアの諸国からなるバルカン半島は南東欧のサブリージョン（下位地域）と考えられている。

カーザーは南東欧とバルカンの範囲を明確に区分しているが、あくまで一試論にすぎず、本書では両者を同義に用いることにする。その際、つねに問題となるのはバルカンの北限をどこに定めるかである。ツヴィイッチはドナウ川とサヴァ川を、ツォイネはそれより南のバルカン山脈を北限とした。ハンガリーとルーマニアをバルカンに含めるかどうかが重要な問題となる。本書では先にふれたように、ビザンツ帝国やオスマン帝国の影響を強く受けたという共通の歴史的体験をもつ地域をバルカンと規定しておきたい。したがって、ハンガリーがここから除外され、ルーマニアは含まれる。また、旧ユーゴスラヴィアから独立したスロヴェニアは除外され、クロアチアを含めるのが妥当であろう。

2　自然環境と重層的な文化圏

自然環境

小国一〇カ国とトルコのヨーロッパ部分からなるバルカン半島は意外と狭い。総面積は約七七万平方キロメートルであり、日本の面積の二倍にすぎない。二〇二三年の推計値によると、総人口は約五八八三万人(イスタンブルの人口を除く)で、これは日本の人口の約半分である。東は黒海とエーゲ海、西はアドリア海とイオニア海、南は地中海に囲まれており、青く澄んだこれらの海はヨーロッパ、アジア、アフリカを結びつけている。陸地ではなく、海の視点から考えれば、バルカンという地域は地中海世界の重要な一部をなしているのである。

国　　名	面積(平方キロ)	人口(万人)
アルバニア	28,748	367
ギリシア	131,957	1,047
クロアチア	56,538	450
ブルガリア	110,912	836
ボスニア＝ヘルツェゴヴィナ	51,129	451
マケドニア	25,713	216
ユーゴスラヴィア	102,173	1,057
ルーマニア	238,391	2,261
トルコ(ヨーロッパ部)	23,718	——
合　　計	769,279	6,685

1996年のバルカン諸国の状況

国　　名	面積(平方キロ)	人口(万人)
アルバニア	28,748	279
ギリシア	131,957	1,043
クロアチア	56,538	385
ブルガリア	110,912	644
ボスニア＝ヘルツェゴヴィナ	51,129	343
北マケドニア	25,713	183
セルビア	77,474	664
モンテネグロ	13,812	63
コソヴォ	11,025	176
ルーマニア	238,391	1,905
トルコ(ヨーロッパ部)	23,718	198
合　　計	769,279	5,883

バルカン諸国の状況　人口は2023年の推計値。

一方、半島の西側の付け根には、クロアチアとボスニア＝ヘルツェゴヴィナの国境地帯をサヴァ川が流れ、ほぼ半島中央のベオグラードで北から流れてくるドナウ川と合流する。合流したドナウ川はブルガリアとルーマニアの国境をなして東に向かい、黒海に流れ込む。バルカンと名づけられたように、この半島は山がちの地域であり、多くの山脈が走っている。東西に走るトランシルヴァニア山脈とロドピ山脈、スタラ・プラニナを例外として、カルパチア山脈、ピリン山脈、ディナール・アルプス山脈、シャル山脈、ピンドゥス山脈が南北に連なっている。そのため、ピレネー山脈によって遮断されているイベリア半島や、アルプス山脈によって隔てられているイタリア半島とは異なり、外部からバルカン半島への接近が容易であり、古来、ヨーロッパとアジアとを結ぶ交通の要衝地として、軍事上も商業上も重要な地点であり、きわめて多くの民族がバルカンに流入した。

その反面、南北に連なる山脈にさえぎられて、半島内部の居住集団の東西の関係が疎遠になる傾向がみられた。たとえば、ディナール・アルプス山脈によって隔絶されているアドリア海沿岸と数多くの島嶼《とうしょ》部からなるダルマツィア地方は、絶好の居住空間であるが、その後背地と関係をもつことはきわめて困難であった。そのため、この地方の人々は必然的にアドリア海との関係をもたざるを得なかった。古代ギリシアの時代に、内陸にはほとんど関心を示さなかったギリシア人たちが、海を伝ってこの地方に活発な植民活動を始めたのもうなずける。ダルマツィア地方はその後、ローマ帝国、ビザンツ帝国、ハンガリー、ヴェネツィア、ハプスブルク帝国の支配を受け、現在でもクロアチアのなか

バルカンの地勢

スタラ・プラニナ(バルカン山脈)

で独自の風土を築き上げた。このように、ダルマツィア地方はバルカンの他の地方とはかなり異なる歴史的経験をしている。

山がちの地域にあって、半島の中央部を現在の北マケドニアの首都スコピエ近郊から北に流れドナウ川に合流するモラヴァ川と、スコピエ近郊から南に向かいギリシア第二の都市テッサロニキを経てエーゲ海に流れ込むヴァルダル川沿いの路線は、交通上、この半島の南北を貫く主要幹線となっている。また、これらの川の周辺には、めずらしく平野が広がっている。モラヴァ川がドナウ川と合流する地点の北側は、現在のセルビア共和国に属するヴォイヴォディナ自治州であり、ハンガリー平原の南部を形成する肥沃な穀倉地帯である。夏には、あたり一面のひまわり畑とトウモロコシ畑の光景を目にすることができる。また、良港テッサロニキを中心としヴァルダル渓谷沿いの平野からなるマケドニア地方は現在、独立した北マケドニア共和国と、ギリシアとブルガリアの一部にまたがる穀倉地帯であり、小麦の生産で知られている。このほか、ルーマニアのトランシルヴァニア山脈の南側にはルーマニアの平原が広がっている。

多様な民族と宗教

交通の要衝地であることに加え、外部からの接近が容易であるという地理的条件のため、バルカン地域の民族構成は複雑であり、これにともない宗教も多様である。きわめて多くの民族がバルカンに流入した結果、民族の数の多さがバルカンの特色となったが、さらに大きな特色は民族の混住地域が多いことであろう。バルカンの民族のなかで、先住民族として知られているのは、アルバニア人、ルーマニア人である。すでに述べたように、古代ギリシア人はダルマツィア地方を中心に植民活動を展開した。ビザンツ帝国が崩壊したあとも、ギリシア人はオスマン帝国のもとで東方正教を通じて、バルカンに一定の影響をおよぼした。アルバニア人はバルカン地域の先住民族であるイリュリア人を祖先と考えており、ルーマニア人はやはり先住民族であるダキア人とこれを征服したローマ人との混血と考えられている。アルバニア語はインド＝ヨーロッパ語に属するが、独自の言語体系をもっている。ルーマニア語はロマンス語系の言語である。

バルカン地域で最大多数を占める言語集団は南スラヴである。南スラヴは旧ユーゴスラヴィアの主要民族であったセルビア人、クロアチア人、スロヴェニア人、モンテネグロ人、マケドニア人およびブルガリア人であり、六世紀末までにそれぞれの地域に定住したと考えられている。このうち、セルビア人とモンテネグロ人はもともと同じ部族集団であったが、内陸部の平地に定住したのがセルビア人であり、ディナール・アルプス山脈南部の山岳地に定住したのがモンテネグロ人であり、両者はその後の歴史的経験を違えたため、言語や宗教は同じながら独自の民族を形成した。また、スロヴェニア人はサヴァ川の北側に定住し、八世紀にはフランク王国の支配を受け、その後神聖ローマの支配下にはいり、西方カトリック世界に組み込まれた。スロヴェニア人と同様、クロアチア人はカトリックを受容したが、それ以外の民族は東方正教を受け入れた。それぞれ自らの言語をもっている。

　このほか、バルカン地域には数多くの少数民族がいる。そのうち、ヴラフ（自称はアラムン）、ドイツ人、ロマ（ジプシー）、ユダヤ人の存在は重要である。先住民族のヴラフはギリシア北部、アルバニア南部、マケドニア地方などに居住する山岳地の少数民族であり、ルーマニアでは、ヴラフ語はルーマニア語の一方言とされ、アルーマニア人と呼ばれている。ヴラフの歴史については不明な点が多い。羊飼いを生業としていたが、十八世紀ころから、ギリシア人とともにバルカン商人として活躍している。自らの言語をもちながら多数派民族に同化する傾向が強く、自己主張をほとんどしないまれな民族であり、現在ではその数を激減させている。

　中世以来のドイツ人の東方植民により、バルカン、とくにトランシルヴァニアにドイツ人地域が存在するようになった。近代にいたり、ハプスブルク帝国がオスマン帝国との国境に特別の行政区である軍政国境地帯を築くと、ドイツ人が十八世紀にはこの地帯に位置するクロアチアのスラヴォニアやヴォイヴォディナに入植した。また、「放浪の民」ロマがビザンツ帝国に流入した。独自のロマ語をもつが、固有の宗教をもたないロマはバルカン地域がオスマン帝国の支配を受けると、一部がムスリム（イスラーム教徒）に改宗したが、東方正教徒も多い。一方、ユダヤ人は十五世紀末にスペインでユダヤ人追放令が出されると、宗教的に寛容な政策をとっていたオスマン帝国に大量に移住してきた。彼らはドイツ系ユダヤ人アシュケナジムとは異なるスファラディム（スペイン系ユダヤ人）である。ギリシア第二の都市テッサロニキを中心として、ルーマニアのワラキアやブルガリアのソフィア、ボスニアのサラエヴォなど都市部に居住した。

さらに、ハンガリー人、ロシア人、ウクライナ人、主としてカルパチア山脈の周辺地域に居住するルテニア人(自称はルシン)、アルメニア人、タタール人、イタリア人、チェコ人、スロヴァキア人、ポーランド人などが少数民族として存在している。民族の混住地域としてはルーマニアとブルガリアにまたがる「民族の博物館」と称されるドブルジャ(ルーマニア語ではドブロジャ)、「民族のごった煮」といわれるマケドニアやヴォイヴォディナがよく知られている。

さまざまな文化圏の共存

バルカンという地域にとって、自然環境は大きな役割を果たしてきた。すでにみたように、さまざまな民族がこの地域を行きかい、ここに定住したため、民族構成が複雑な様相を呈した。これにともない、バルカンにはいく種類もの文化が外部から持ち込まれ、各地に多様な文化圏が形成された。それぞれの文化圏は険しい山脈の存在によって隔絶されていたので、バルカン地域には時間をこえて、いくつもの文化圏が重層をなして共時的に存在することになった。中世以来の生活様式が二十世紀に入っても継続するといった例はまれではなかった。このことがバルカンという地域の顕著な特色であろう。

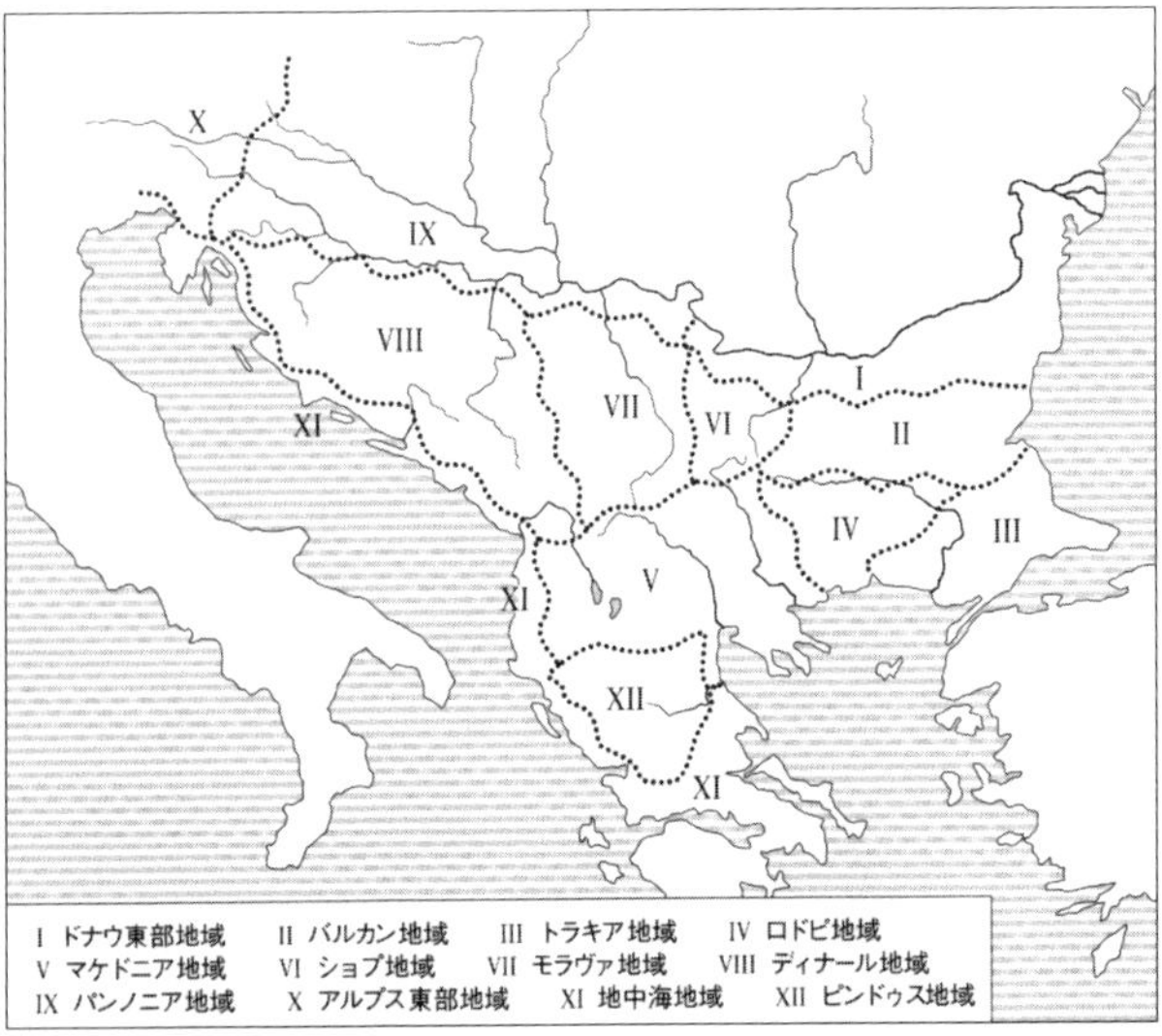

バルカンの文化地理的区分(旧ユーゴスラヴィアのスラヴ学・民族学者ガヴァツィの作成)

先にもふれたセルビア人の人文地理学・民族学者ツヴィイッチは、バルカン半島を文化地理的な観点から大きく二つの文化圏に区分している。その境界となるのは西はアルバニア南部から、マケドニア北部、セルビア南部、さらにスタラ・プラニナを経てブルガリアの黒海沿岸の町ヴァルナを結ぶ線である。この線の上側、つまり半島の北西部は「父系支配圏」と称されている。ツヴィイッチが生まれたのはセルビア西部、ボスニアとの境界沿いの町であり、この地方にはまだ中世以来の父系制大家族共同体(四〇~五〇人からなる)ザドルガが存在していた。ツヴィイッチは、北西部ではこうした共同体によって、中世以来の土着の文化が保持されていると考えて、「父系支配圏」と名づけた。一方、境界線の下側、半島の南東部ではオスマン帝国の統治がより強く、イスラームの影響も色濃くとどめられていると考え、この地域を「変形したビザンツ文明圏」と称した。また、「変形したビザンツ文明圏」のアドリア海沿岸地域は「ローマ・地中海影響圏」、黒海と地中海を結ぶエーゲ海周辺地域は「地中海影響圏」とされ、「父系支配圏」のさらに北西部は「中欧影響圏」が広がっているとされた。

ツヴィイッチの『バルカン半島』が出版されてから四〇年後の一九五〇年代にいたり、ザクレブ大学のガヴァッツィも民族学的・文化地理的な観点からバルカンを一二の地域に区分している（地図を参照）。この区分をみると、半島東部の「トラキア地域」はブルガリアとギリシアにまたがっているし、中央部の「マケドニア地域」は分割以前の地域を含んでおり、現在の北マケドニア共和国、ギリシア、ブルガリアにまたがっている。さらに、アドリア海からエーゲ海にいたる海岸部は「地中海地域」と区分され、クロアチアのダルマツィア地方、旧ユーゴスラヴィア連邦のモンテネグロ、アルバニア、ギリシアのペロポネソス半島を含みこんでいる。興味深いのは、これらの地域の境界線が民族の境界線とは異なっているし、ましてや人工的な線でしかない現在の国境線ともずれていることである。バルカンという地域を考えるとき、小さく分かれている現在の「国民国家」を所与のものと考えず、それにとらわれない視点をもつことが必要であろう。

3　バルカン史の特色

共通性と個別性

バルカンの特色がその多様性にあることはいうまでもない。この多様なバルカンの歴史がひとつのまとまりをもった地域史と考えられるようになったのは、それほど古いことではない。十八世紀から十九世紀にかけてのロマン主義の時代に、近代においても長いあいだ顧みられることのなかったこの地域が、ヨーロッパ文明の源流と考えられるギリシアを含んでいたこともあり、ヨーロッパの周辺地域として、さまざまな観点から西欧の知識人の関心を呼んだ。たとえば、西欧社会とは異なり、南スラヴやアルバニア人の農村に中世以来続いていた父系制の大家族共同体ザドルガに対する関心はその典型であろう。

ザドルガの家族形態はバルカンの農村すべてにみられたわけではないが、ツヴィイッチが指摘しているように、バルカン半島の北西部には共通してみられ、農民の生活を一様に規定していた。農民の家族形態以外にも、バルカンには民族をこえて共通する生活空間がみられた。それは、ほとんどの山地で営まれた羊飼いの生活である。古代ギリシアの時代から、この地域は牧羊が盛んであった。牧羊は春から秋には高地の牧草地、秋から冬には麓の牧草地といった移牧の形態をとったため、羊飼いは移動が生活そのものであった。

このほかにも、バルカンに共通してみられる人々の集団を指摘することができる。オスマン帝国支配下のバルカン社会は、われわれが考える以上に流動的であった。帝国内にとどまらず、帝国の外に移動する集団として、バルカン商人がいた。十七世紀から十八世紀にかけて、彼らは主としてハプスブルク帝国やロシア帝国の諸都市に移住し、コロニーを築き商館を建てた。こうしたコロニーでは、ギリシア人、ブルガリア人、セルビア人などの商人が同じ正教徒として協力する姿がみられた。また、「バルカンの森でハイドゥクのいない森はない」といわれたハイドゥク(匪賊《ひぞく》)の存在である。彼らはオスマン帝国の統治をきらいバルカン各地の森に逃げ込み、商人の隊列を襲って物品を奪うことを生業としていた。セルビア人のハイドゥクとギリシア人のクレフティスが相互に協力したことはよく知られている。

しかし、十九世紀から二十世紀初頭にかけて、バルカンを支配していたオスマン帝国が衰退の過程を強めると、これにともないバルカン諸民族の解放運動が進められ、独立を達成したバルカン諸国はナショナリズムを掲げて相互に対立した。バルカンの諸民族はそれぞれの独自性を声高に主張するようになる。宗教の面でいえば、一八六〇年代から七〇年代にかけてのブルガリア人の民族運動がオスマン帝国のもとで、東方正教徒としてギリシア人と一括されていた状態をきらってブルガリア正教会の自立要求と密接に関連して展開されたことは、その典型的な一例といえる。

言語の面でも、それぞれの言語の確立がめざされた。バルカンの諸民族の言語は、トルコ語を例外として、ほかはすべてインド＝ヨーロッパ語族に属するが、語派はさまざまである。南スラヴ語派のなかでは、セルビア語とクロアチア語の整備が進むが、両者の場合はきわめて類似した言語であるため、セルビア＝クロアチア語として統合する動きも同時に進められた。また、ルーマニア語はロマンス語系の言語であるが、キリル文字が使われていた。言語改革がおこなわれてラテン文字を用いるようになったのは、十九世紀の中ごろのことである。ギリシア語とアルバニア語も独自の言語体系をもっており、バルカンの諸民族がそれぞれに言語の独自性を強調した。

このように、十九世紀から二十世紀にかけての民族解放の時期に、多様なバルカン諸民族の政治指導者は独自性や個別性を前面に掲げる傾向を強めたが、もう一面で民族をこえる共通性が存在していたことにも目を向けるべきであろう。それは民族解放期に表舞台から姿を消したかにみえるが、容易に消滅するものではなく、その後もバルカンという地域の人々の暮らしの基層をなして脈々と続いていくのである。

対立と共存の歴史

先に述べたように、十九世紀後半期には、バルカンを支配していたオスマン帝国が一層衰退過程をたどると、帝国支配下のバルカン諸民族が解放運動をさらに進め、これをめぐってヨーロッパ列強が活発な外交活動を展開した。こうした「東方問題」の枠内で、この地域の国家や民族はヨーロッパ外交の客体としてのみ扱われるようになった。欧米の研究者にとって、共通性と個別性を備えたバルカンの近代史は、「ヨーロッパの火薬庫」あるいは「マッチ箱」といった視点から、もっぱら第一次世界大戦と関連して注目されたのである。たしかに、オスマン帝国のもとから独立を達成したバルカン諸国は「近代化」をはかるため相互に軍事力の強化を競い対立した。この結果、ヨーロッパ列強の介入を招き、バルカンの諸小国や諸民族が相互に対立や抗争を展開する「バルカン化」の状況が生み出され、サラエヴォ事件を契機として第一次世界大戦が引き起こされることになる。

しかし、バルカンの近代史をこのような視点からのみ考察することは、一面的にすぎるように思われる。対立・抗争の側面と同時に、もう一方で共存・協調の関係を築こうとする側面があったからである。興味深いことに、オスマン帝国のもとで民族解放が進むバルカン地域では、個々の民族による国家が形成されるのと時を同じくして、相互の連帯を唱えバルカンとしての地域の一体化を求める連邦構想が提起された。こうした構想は一部の知識人によって担われたにすぎず、実現されるにはいたらなかった。だが、一八六〇年代から、さまざまなかたちでバルカン連邦構想が持ち出されたし、一九三〇年代には経済面を中心とする地域協力の試みがなされ、軍事同盟も成立した。バルカン地域協力の試みは、現在にいたるまで継続している。

また、十九世紀末から第一次世界大戦にかけて、相対立するバルカン諸国をめぐる国際関係が緊張の度を強めるなかで、バルカン地域の平和的発展を求める動きが研究者のあいだから生じ、バルカン地域の共通性や類似性を抽出しようと試みる「バルカン学」が生み出された。戦間期には、バルカン諸国で「バルカン学」を進める機関として、バルカン研究所も設立されたが、「国民国家」の枠をこえることはできなかった。第二次世界大戦後、東西「冷戦」の過程で、バルカン諸国は東側に属するブルガリア、ルーマニア、西側に属するギリシア、トルコ、非同盟のユーゴスラヴィア、「鎖国」政策をとるアルバニアと政治的立場を大きく違えることになる。

にもかかわらず、バルカン六カ国のバルカン研究所と欧米・旧ソ連のこれに対応する機関を創設メンバーとして、国際南東欧研究学会(AIESEE)が一九六三年にユネスコの援助を受けて設立された。ルーマニアのブカレストに本部を置き、歴史学、考古学、民族学、人類学、言語学、文献学、民俗学、芸術学、法律学、政治学、経済学、国際関係論などを研究分野として、バルカン諸国を持ち回りで五年に一度大会を開催している。この大会は研究者が「国民国家」や民族の枠をこえて、バルカンという地域をともに考え、相互理解をはかる上で重要な場となっており、バルカンの多様性だけではなく、共通面の検討も十分におこなわれている。これらのことから考えても、バルカンの近代史をもっぱら対立や抗争の側面からとらえようとする見方は、バルカンに対するステレオタイプ化されたイメージにとらわれすぎているといわざるを得ない。

固定化されたバルカン・イメージ

バルカンに対するこのようなイメージの固定化はいつごろからのことであろうか。一九一二〜一三年のバルカン戦争から第一次世界大戦にかけての時期に、バルカンという用語に「対立」「抗争」「無秩序」「未開」などのマイナス・イメージが西欧から付与され、地理的というよりきわめて政治的な意味合いで使われるようになったことはすでに述べた。西欧にとって、ヨーロッパの一部であるバルカンの「後進性」は興味の対象であったが、数世代前の自己をみるようであり、しだいに蔑視の念が募ったのである。さらに、バルカンという用語から派生した「バルカン化」という表現が使われるようになった。この時期に使われた「バルカン化」は、オスマン帝国の崩壊により生まれたバルカンの諸小国が相対立している様子を示すものであり、否定的・侮蔑的な表現ではなかった。だが、同じ時期に、ハプスブルク帝国やロシア帝国の崩壊によって生じた諸国との比較がなされるなかで、バルカン諸国の対立の側面が強調され、「バルカン化」という表現には否定的な意味がつけ加えられた。

さらに、第一次世界大戦後のアメリカのジャーナリズムでは、戦後にヨーロッパの東部で諸国家が群をなして生み出された状況を称して、「ヨーロッパのバルカン化」といった表現まで用いられた。バルカンのイメージは外部から、「不信」「腐敗」「無気力」「無秩序」といった否定的意味一色に染められた。バルカンという地域には、「危険地域」「紛争地域」のイメージがつきまとった。このため、当事者のバルカン諸国でさえ、バルカンという用語を侮蔑し始め、これに嫌悪感をいだくようになった。しかし、トルコとブルガリアのバルカンに対する自己イメージは例外であり、否定的な意味を付与していない。それどころか、ブルガリアでは現在でもバルカンに積極的な意味づけをしているようであり、航空会社や旅行代理店にバルカン航空やバルカン・ツーリストといった名称がつけられたこともある。これに対して、ルーマニアではバルカンをきらい、あらゆる分野でヨーロッパをイメージできる南東欧が強く主張されている。ギリシアや旧ユーゴスラヴィアでは、バルカンに否定的な響きを感じているが、研究の面ではバルカン学やバルカン研究所といった存在が認められている。

日本におけるバルカン・イメージはどうだろうか。一般的にいって、欧米の影響を強く受けてはいるが、バルカンに関するわが国はじめての著作である芦田均『バルカン』(一九三九年)は、西欧の見方に影響を受けてはいたが、バランスのとれたイメージを与えてくれる。芦田は外交官として滞在したイスタンブルでの体験を生かして、バルカン諸国の歴史と政情を紹介するにとどまらず、「バルカン人のバルカン」という章を設けてバルカンの自立と共存の模索にもしっかりと目を向けている。バルカン・イメージが固定化される同時代にあって、芦田の洞察力は高く評価できる。

バルカンのイメージは、一九九〇年代に入り、凄惨な内戦をともなう旧ユーゴスラヴィアの解体が進むと、さらにマイナス・イメージがつけ加えられてふたたび固定化された。バルカン地域を対立・抗争の続く「危険地域」とする見方は、これまでにもまして現実味を帯びたかのように受けとめられた。激しい民族対立が続くこの地域には、「悲劇の地域」といった新たなイメージが与えられた。たしかに、バルカン地域の民族対立はそれぞれ歴史的背景をもっているが、必ずしも歴史的所産とはいえない面があるにもかかわらず、それが表面化していた背景には政治家や政治勢力による作為的な政治戦略の側面や経済的利害の側面のあることに注意しなければならない。いずれにせよ、固定化されたイメージにとらわれず、バルカンという地域の歴史をみる姿勢が重要であろう。

第一章　バルカン史の黎明

1　バルカンの先史文化

最古の人類

　人類のヨーロッパへの拡大のメカニズムは近年、ＤＮＡ研究を通じて解明されつつあり、また、初期の人骨の分析からもさまざまのタイプの人類の移動が考えられている。バルカン半島では人類最古の時代である初期旧石器時代に属する資料が少なく、はっきりしたことはわからない。ただし、ブルガリア北西部のコザルニカ洞窟で発見された遺跡とヒトの臼歯を中期更新世前半のものとするならば、それは約一四〇万年前のホモ・エレクトゥスに属するヨーロッパ最古のヒトと考えられる。ギリシアでは北部のペトラロナ洞窟などの遺跡から二〇万〜四〇万年前のヒトの活動を知ることができる。今から約一五万年前に始まる中期旧石器時代になるとネアンデルタール人があらわれ、ルヴァロア技法による石器製作を特徴とするムスティエ文化の遺跡が広く分布するようになる。クロアチアのクラピナ、ルーマニアのオルテニア地方のバイア・デ・フィエル、ブルガリアのバチョ・キロなどの洞窟遺跡が知られている。約四万年前に始まる後期旧石器時代には石刃技法が確立され石器製作が進展し、ナイフ、錐《きり》、スクレイパーなど多様な石器が大量に生産されるようになり、オーリニャック文化やグラヴェット文化を生み出した。旧石器時代の人類は氷河期の厳しい生活環境のなかで洞窟をおもな住みかとしてマンモス、バイソン、アイベックス、鹿などの大型動物を狩ったり植物を採取するなど、自然の提供する食物に依存して暮らしていた。

約一万年前に氷期が終わり気候が温暖になると、細石器文化を特徴とする中石器時代が始まる。ただし、バルカン半島ではそれほど顕著な変化がみられなかったので、コズロフスキーが指摘しているように、時代区分としては続旧石器時代《エピパレオリシック》と呼ぶのが適当であろう。この時代の遺跡はドナウ渓谷の鉄門付近に位置するレペンスキ・ヴィル(セルビア)、クイナ・トゥルクルイ(ルーマニア)や南ギリシアのフランクティ洞窟などが知られている。このうちベオグラード大学のD・スレヨヴィチによって、一九六五年に調査が開始されたレペンスキ・ヴィル遺跡は、獲得経済から生産経済への移行が確認され、扇状の平面プランを有する住居や信仰生活を物語る球体彫刻が多数出土するなど、貴重な集落址として注目された。

新石器革命

前八〇〇〇年ころに西アジアで始まった農耕・牧畜は、人類に飛躍的な経済発展をもたらし、定住生活を可能にさせた。考古学者ゴードン・チャイルドが人類史の第一の革命と考えた「新石器革命」の始まりである。ただし、「未開なヨーロッパがオリエントの文明によって開化される」と考えたチャイルドの伝播主義理論に基づくヨーロッパ先史観は、放射性炭素（C14）による年代測定とその年輪補正を用いた研究によって批判されている。この結果、伝統的な先史編年（短期編年）は否定され、バルカン内部の自発的な要素を十分に考慮に入れながら、新たな編年体系（長期編年）づくりが進められている。

バルカンでは農耕・牧畜は前六五〇〇年ころに開始され、前五五〇〇年ころまでにほぼ全域に普及し、ヨーロッパで最初に初期農耕社会が成立した。ここでは、麦類の栽培や山羊や羊の飼育、定住集落が堆積して丘状になったテル（遺丘、ギリシアではマグーラと呼ばれる）の形成、豊富な土偶や石偶、印章など、西アジアとの共通要素も多いが、切妻造りで木柱と網代泥壁構造の独立家屋や牛の飼育、大麦栽培の重要性など、バルカンの自然環境に適応した独自の特徴がみられた。バルカンにおける農耕・牧畜の拡大ルートは、エーゲ海沿岸地方からヴァルダル川やストルマ（ギリシア名ストリモン）川などの河川に沿って北上し、内陸部へと通じていった。先進地帯のギリシアではフランクティ洞窟などでの調査の結果、無土器新石器時代の存在は懐疑的であり、土器製作が農耕とセットになって伝わったと考えられる。新石器時代の土器は初期にはモノクロームで碗状の単純な器形であったが、中期になるとセスクロ文化にみるような把手のついたカップや浅鉢の器面に白地に赤でジグザグ模様を描いた彩文土器がつくられた。セサリア(テッサリア)のネア・ニコメディア遺跡で出土した彩文土器は、アナトリアのハジュラル遺跡の土器との類似性を示している。このギリシアの初期新石器文化はヴァルダル川流域に広がり、マケドニアのアンザ・ベゴヴォ遺跡を経てセルビアのスタルチェヴォ文化を開花させた。この文化はさらにドナウ川を北上し、ハンガリーのケレス文化やルーマニアのクリシュ文化が生まれた。スタルチェヴォ文化はヴィンチャ文化へと継承・発展し、同時にルーマニアではトゥルダシュ文化が成立した。

　ブルガリアでは新石器文化は、北ギリシアからストルマ川やメスタ川をさかのぼり、ソフィア盆地から上トラキア平野へと広がったと考えられる。ソフィア市内のスラティナ遺跡は前六千年紀初期の定着農耕集落で、そこから保存状態の良好な一軒の住居址(C^{14}年代測定値は前五八一〇~前五七五〇年)が発見された。V・ニコロフによって一九八五年に調査されたこの住居は、間口約九・五メートル、奥行約一二・四メートルの長方形(面積は約一一八平方メートル)で、南側に幅約九〇センチメートルの入口が設けられている。この住居には一二人ほどが居住したと思われる。屋根は切妻造りで東斜面が長く、中央の三本の木柱によって支えられている。室内には炉、カマド、儀式用ピット、作業室、二カ所に設けられた木製の寝床などの遺構のほかに、一八個の穀物貯蔵甕《ピトス》(方形一〇個、円形八個)をは

デャドヴォ・テル（ブルガリア東部，ノヴァ・ザゴラ市の南8km） 南からの発掘前の全景。直径220×140m，高さ18m（北側）のバルカン半島で最大級のテル。1977年に発掘調査が始まり，1984年から日本の調査団も参加した。

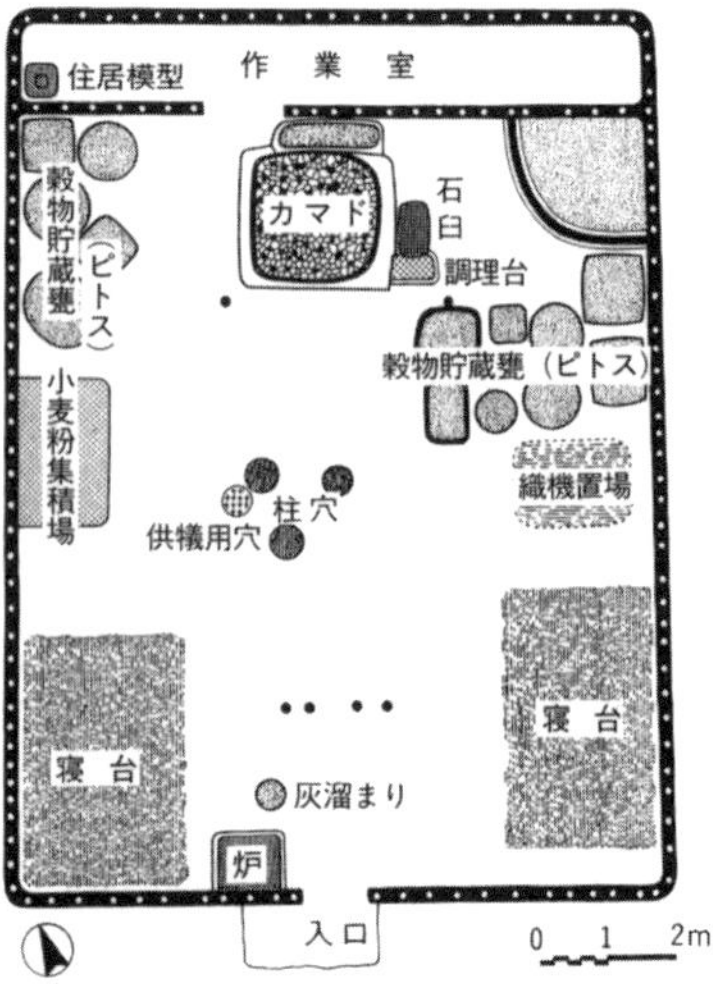

スラティナ遺跡（ソフィア市内）の初期新石器時代（前5810～前5750年）の住居プラン 9.5×12.4m。南に入口が設けられ，後方の大型カマド（外径2.25×2m，高さ1m程度）のうしろには石器製作などをおこなう作業室がある。

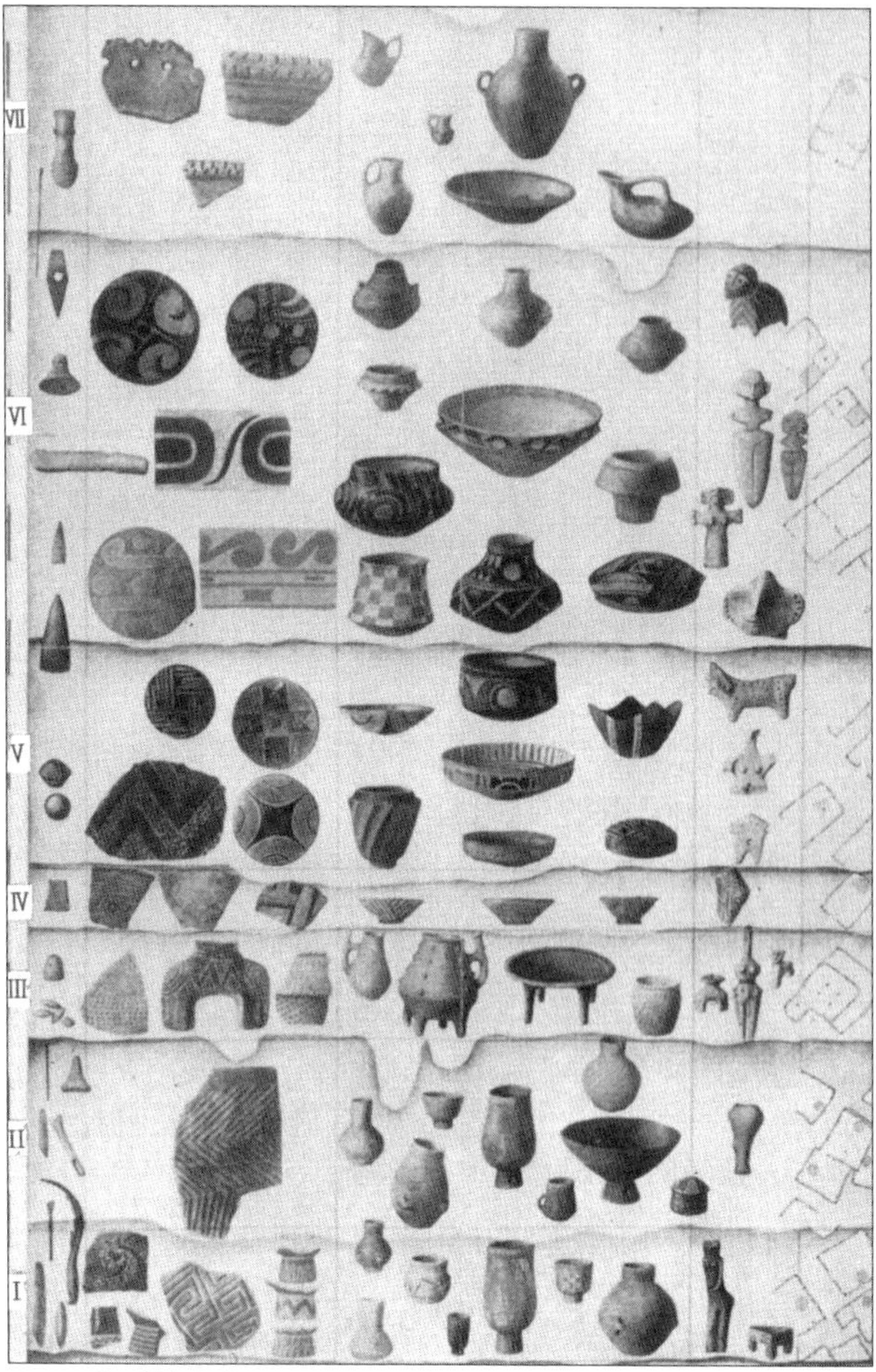

カラノヴォ編年図(G. ゲオルギエフ作成，1961年)　文化層は，現在ではつぎの７期に分けられる。Ⅰ，Ⅱ 初期新石器時代　Ⅲ 中期新石器時代　Ⅳ 後期新石器時代　Ⅴ 中期銅石器時代　Ⅵ 後期銅石器時代　Ⅶ 初期青銅器時代。

じめ大量の土器、石器などの遺物がみられた。この住居は火災によって放棄されたもので、六個の穀物貯蔵甕には、総計約二一〇キログラムもの大量の炭化した小麦類や豆類が検出された。また、壁で仕切られた作業室からは約三〇〇〇点にもおよぶフリント片が出土している。

上トラキア平野では肥沃な土壌と温暖な気候にめぐまれ、日本隊が調査に参加したデャドヴォ・テルをはじめ、多数のテル集落が形成された。カラノヴォ遺跡は高さ一二・四メートル、直径二五〇×一五〇メートルのテル集落で、新石器時代から初期青銅器時代まで七期からなる南ブルガリアの先史編年（カラノヴォ編年）の標準遺跡である。彩文土器や人形《ひとがた》土器を特徴とするカラノヴォI期の文化は、モルドヴァのククテニ文化、さらにウクライナのトリポリエ文化との関連が指摘されている。

一方、アドリア海沿岸地方では前六千年紀前半に農耕・牧畜が開始され、地中海西部の文化圏に属するインプレッソ（押圧文）土器文化が発達した。この土器は爪やカルディウム貝などを器面に押圧して文様をつけたもので、その起源は一般的にダルマツィア地域とされるが、アナトリアやギリシア方面からの影響も考えられる。この地方ではサルディニア島などに産出する黒曜石が発見されていることから、早くから海上交易による経済活動がおこなわれていた。

金属の使用

人類が道具の材料として最初に用いた金属は銅であった。そこでこの時代は銅石器時代（金石併用時代）と呼ばれている。バルカンでの銅の冶金技術は、先行する西アジアとは別に、豊富な銅鉱や土器焼成時の高熱処理技術（グラファイト装飾土器製作時の酸化還元技術）を背景にして独自に発展したと考えられている。前五千年初頭にはブルガリアのスタラ・ザゴラ市郊外のメチ・グラデネッツ（トルコ語名アイ・ブナール）やセルビア東部のルドナ・グラヴァなどの銅鉱山から大量の銅鉱石が採掘され、銅の精錬が始まり、有孔斧《アックス・アッズ》や装身具がつくり出された。これらの銅鉱石や銅製品は、ウクライナの遺跡からも発見されており、当時の活発な交易活動を物語っている。人口の増大にともなって集落はその規模と数を増し、溝渠《こうきょ》や防壁などの防御施設をもつ例も多くみられるようになった。北ブルガリアのポリャニツァ・テルは、三重の防壁で囲まれた約五〇メートル四方の集落で、二十数軒の住居が一定のプランに沿ってつくられている。

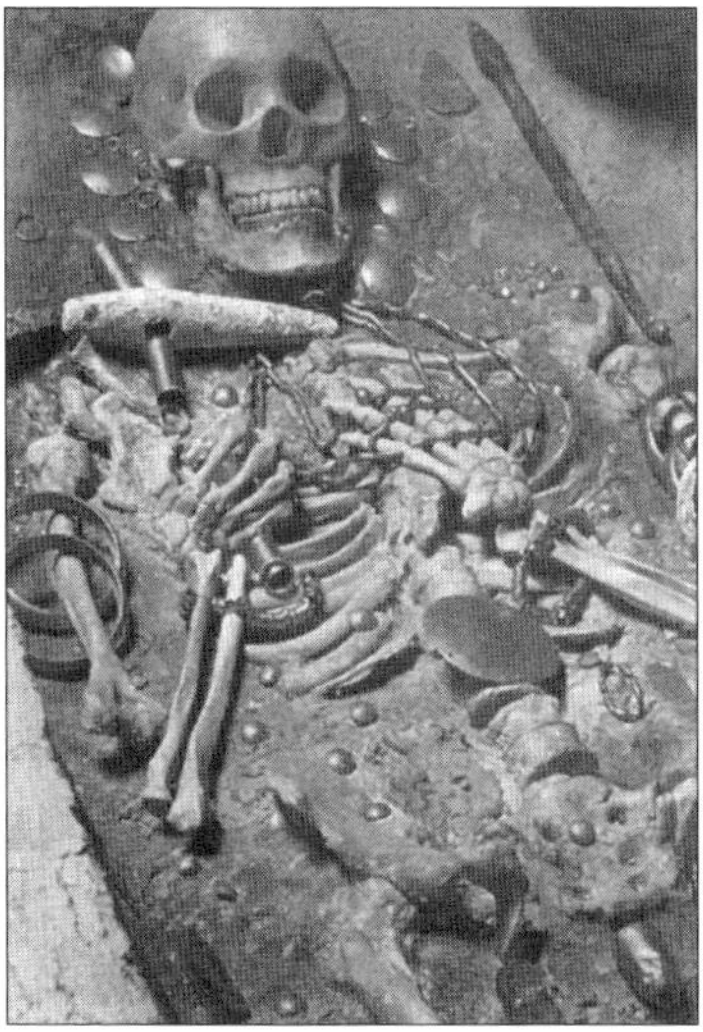
ヴァルナ墓地 43号墓　黄金製品（1011点，総重量1.516kg）を身につけた被葬者（一部復元，後期銅石器時代，前4500年頃）。

　経済的発展とともに、社会構造も複雑になり、階層化が進行した。富の偏在や階級分化は、黒海沿岸のヴァルナ市郊外で一九七二年に発見された銅石器時代後期（前五千年紀半ば）に属する墓地の副葬品から理解することができる。同遺跡から二〇〇基をこえる墓が発掘され、なかには一〇〇〇点をこえる金製品が副葬された男性（四十代後半）の墓や権威を象徴する金製の笏《しゃく》が置かれた儀礼墓がある一方で、副葬品の乏しい墓もみられる。このヴァルナ墓地から出土した二〇〇〇点以上、総重量約六キログラムにも達する金製品をはじめ銅製品、フリント製品、金彩文土器などは従来のヨーロッパにおける銅石器時代の文化と社会に関する概念を一変させるもので、世界最古の黄金文化であり「原都市文明」と定義する考古学者もいる。

同様に、この時代に属する各地の遺跡で多数発見されている東地中海世界で広く信奉された地母神に根差した女神をかたどった土偶や刻文記号をもつ土製の飾り板などから、バルカンの銅石器時代人のもつ豊かな創造性を知ることができる。これらの土製の飾り板はセルビアのヴィンチャ、トランシルヴァニアのタルタリア、ブルガリアのグラデシュニツァなどの遺跡から出土したもので、発見当初はシュメール文字と比較されたが、テルにおける層位的な発掘調査（北ギリシアのシタグリ遺跡など）や放射性炭素年代測定法によって前五千年紀の銅石器時代に属することが明確になっており、バルカンの銅石器文化の独自性が確認されている。

しかしながら、ヴァルナ集団墓地遺跡が物語る銅石器時代の繁栄は、前五千年紀末に終焉を迎える。先進地域であったバルカン東部ではテルをはじめ、多くの集落で生活が途絶え、集落の無人化が確認されている。その後、青銅器時代になって定住集落が復活するが、銅石器時代とは物質および精神文化的に大きな違いがみられる。この銅石器時代末期から青銅器時代初期までの文化層の中断、断絶期間にあたる前四三〇〇／四二〇〇年～前三三〇〇／三二〇〇の約千年間をブルガリア考古学では「移行期」と呼んでいる。その原因をめぐって黒海北岸地方からの遊牧民の侵入・移住説、気候変動説、社会変動説が唱えられている。しかしながら各説とも、単独でその理由とするには無理がある。R・デネルとD・ウェブリーの上トラキア平野での土地利用に関する研究によって気候変動が確認されており、気候の寒冷化が農耕集落の消滅に関係していると思われるが、それだけではなく、農耕の継続による土壌の連作障害、資源をめぐる在地集団の勢力争い、季節的な長距離移動などの内的要因に環境変化が加わった複合的な理由が考えられる。

青銅器時代の社会と文化

前三六〇〇年ころから気候が温暖になると、農耕を生業とする定住集落が復活し、テルが再生する。青銅器時代のはじまりである。

銅に続く新たな金属である青銅の生産は前四二〇〇年ころ西アジアで始まり、前三七〇〇年ころにはクレタ島で製品化されている。銅と錫の合金である青銅は銅に比べてかたく、融点が低くて鋳造に適しているため各種の道具や武器がつくられた。ただし、初期においては生産量が限られ、支配階級の権威や宗教儀式のシンボルとして用いられた。生産性の向上にともなって交易活動がさらに活発となり、専従の交易業者を通じて商品が遠隔地にもたらされた。バルト海や北海沿岸で産出する琥珀が内陸部を経由してアドリア海に沿ってギリシアに運ばれ、反対にエーゲ海産のウミギク貝、東地中海地方製のファイアンス珠などが中央ヨーロッパに輸出された。また民族移動も活発になり、とくに黒海北岸のステップ地帯から牧畜を生業とし、クルガン(高塚古墳)を築いた集団が西進し、バルカン北部に漸次拡大していった。クルガンを特徴とする文化は、遺体を基部に掘った竪穴(ヤーマ)に埋葬したので、この文化をヤムナヤ文化と呼んでいる。アメリカの考古学者M・ギンブタスはクルガン文化の担い手をインド＝ヨーロッパ語族に属する言語を話す人々と考え、その拡大を同族の拡散と分化のプロセスとしてとらえている。このクルガン仮説を受けて、D・アンソニーはヤムナヤ文化の分布状況をインド＝ヨーロッパ語族の黒海北岸からバルカンおよび中欧への移動と関連づけているが、古代ゲノム(遺伝情報)解析の成果とあわせてその規模や在地集団との関係について証明する必要がある。

ブルガリアではこの時代を初期(前三二〇〇／前二七五〇〜前一九〇〇年)、中期(前一九〇〇〜前一五〇〇年)、後期(前一五〇〇〜前一一〇〇年)の三期に分けている。初期の代表的な集落であるエゼロ遺跡は直径一六〇メートル、高さ一一メートルのテルで、発掘調査の結果、集落の最初期の段階では黒海北西岸およびドナウ川下流域、その後エーゲ海地域との文化的関連を示す遺物が出土している。集落は外側を円形の石壁で囲い、広場を中心に住居が計画的に配置されている。住居は一〇×四〜五メートルの規模で先行する時代の住居と同様ながら、エゼロ集落の初期には奥の壁が弧状にせり出したアプシダルハウスも存在している。青銅器時代の中期は初期の継続・発展であったが、後期になると集落もテルから平地に移り、角状装飾付土器《ブケル・ケラミカ》などの鉄器時代に続く新たな文化的要素があらわれた。

ギリシアに定住した最初のギリシア人であるアカイア人やイオニア人は、前一六〇〇年ころから国家組織を形成し、ミケーネ、ティリンス、ピュロスなどのオリエントの専制国家に類似した諸王国を建て、前十五世紀半ばにクレタ文明の中心地クノッソスを征服した。これらの諸王国は前一二〇〇年ころに滅亡するが、その原因は明確にはなっていない。考古学的に新来のギリシア人の一派ドーリア人の侵入と結びつけることはできない。また、当時エジプトに侵入した「海の民」と呼ばれる人々による可能性も疑問視されている。「海の民」はバルカンやイタリアの雑多な民族集団で、船舶を利用して、前十三世紀末から前十二世紀初めにかけて東地中海沿岸地域を攻撃し、その一派でギリシア系とされるフィリスティア(ペリシテ)人のように、占領地に定住した集団もいた。

ギリシアではミケーネ文明の滅亡とその後の混乱によって生じた「暗黒時代」を経て都市国家(ポリス)が形成されていく。この時代に鉄器が生産され、武器をはじめ農耕具にも広く使用されるようになった。まもなく、ギリシア以北にも鉄器が普及し、初期鉄器時代を特徴づけるハルシュタット文化が開花した。ルーマニアのドブルジャ北部のババダグで発見された鉄製品や鉄鉱滓は、還元法によって製造されたことを示している。このころから、われわれはホメロスの叙事詩などのギリシア人の著作を通じて、はじめてバルカンの諸民族の名称を知ることができるのである。

2 古代のバルカン諸民族

バルカン諸民族の起源

ギリシア人の伝えるバルカンの民族にはギリシア人、マケドニア人、トラキア人、イリュリア人、ダキア人、ゲタイ人、モエシア人、パンノニア人などがいる。彼らはいずれもインド＝ヨーロッパ語族に属する言語を使用する民族集団と考えられるが、各民族の形成の要因や過程については、よくわからない。インド＝ヨーロッパ系の人々の起源に関しても諸説あり、近年アナトリアからバルカンの新石器時代まで遡及する説（C・レンフルー）やカザフスタンからウクライナを含むクルガン文化圏とヤムナヤ文化圏とする説（M・ギンブタス、D・アンソニー）が注目されている。DNA研究も進展しているが、インド＝ヨーロッパ語の祖語の成立地域を特定するにはいたっていない。民族はいずれの場合でも、複雑な過程を経て形成されたものであり、バルカン諸民族の場合は、半島の北方に開けた地形が多数の民族の移動を容易にさせたために、一層複雑なものとなっている。

バルカンでは、新石器時代から居住する土着民と黒海北岸地方から移動してきたインド＝ヨーロッパ語系の言語を使用する民族集団が混血し、前三千年紀の青銅器時代には地域的な特徴をもった文化的複合体が成立したと考えられる。それらの文化的複合体とそのおもな担い手は、バルカン南部にミケーネ文明を築いたギリシア人、その北にはマケドニア人とエピロス人、バルカン東部のトラキア人、バルカン・ドナウ文化圏に属するダキア・ゲタイ人、西バルカン文化圏のイリュリア人である。なお前二千年紀になると、移住や勢力の拡大などによって彼らの居住地域は変化した。とくにアナトリアへの移住は、ギリシア人をはじめ、トラキア系のフリュギア人、モエシア人などによってなされた。双耳杯《デパス》や瘤《こぶ》(角)つき土器(ブッケル土器)などの文化的共通性から、トラキア人をトロイⅡとⅦb文化の担い手とみなす研究者もいる。同様にイリュリア人は、アドリア海を渡ってイタリア半島にも進出している。

また多数の周辺民族がバルカン諸民族に影響をおよぼすが、古代北方民族ではスキタイ人およびケルト人がとくに重要である。スキタイ人は前八世紀にキンメリア人にかわって黒海北岸地方の支配民族となり、前六世紀以降、西方に勢力を拡大して、ドナウ川下流域からカルパチア地方にいたダキア・ゲタイ人を圧迫し続けた。トゥキュディデスは『歴史』のなかで、ゲタイ人がスキタイ人と同じ武器を使い、騎馬射手として戦ったと述べている(第二巻九六)。カルパチア山脈に点在する一連の要塞は、ダキア・ゲタイ人がスキタイの侵略に備えて構築したものとされている。

スキタイ人が東方からの侵入者であったのに対して、西方からバルカンに進出したのはケルト人であった。彼らは前五世紀中葉からドナウ川に沿ってパンノニアに進み、イリュリア人を服従させながらアドリア海沿岸やトランシルヴァニアに達した。その後もケルトの拡散は続き、カルパチア山脈を

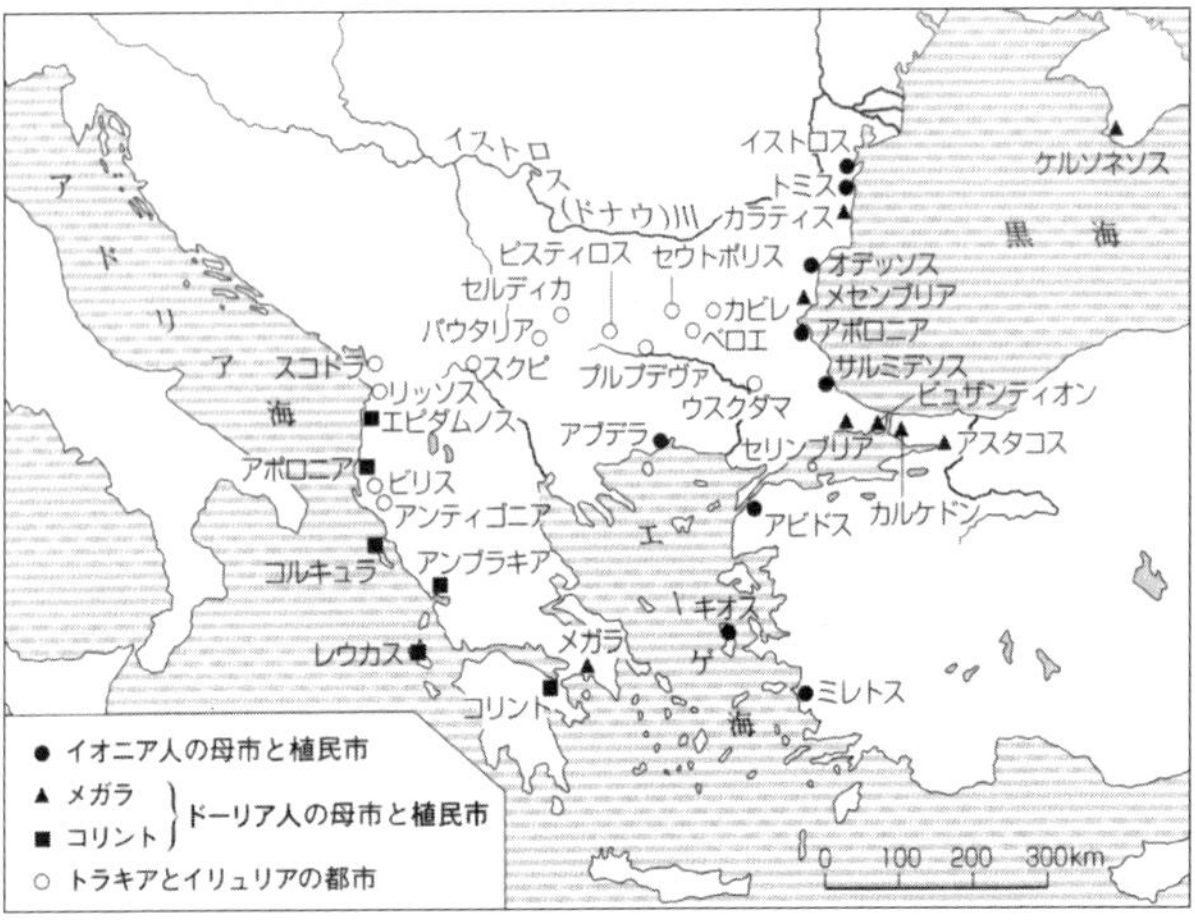

ギリシア人の植民市建設（前８～前７世紀）

こえてドニエストル川から黒海北岸にも進出した。前三世紀にはドナウ川を渡り、ギリシアやマケドニアの攻撃には失敗したが、後述するように彼らの一部はトラキアにとどまり王国を建てた。

ギリシア人の植民市建設

前七五〇年ころから約二世紀のあいだ、ギリシアの都市国家（ポリス）は、バルカン半島の海岸地帯に植民市を建設した。黒海沿岸には小アジアのイオニアの主要都市ミレトスを母市とするイストロス、トミス（現コンスタンツァ）、オデッソス（現ヴァルナ）、アポロニア（現ソゾポル）などが建てられた。またアテネに近い都市国家メガラの植民者は、カラティス（現マンガリア）、メセンブリア（現ネセバル）、ビュザンティオン（ビザンティウム、コンスタンティノープル、現イスタンブル）などを建設した。こうして、それまで冬の悪天候と周辺の諸民族、とくにスキタイ人が危険なために「アクセイノス(客に無愛想な)海」と呼ばれていた黒海は、航路も開かれ「エウクセイノス(客に親切な)海」と称されるようになった(ストラボン〈飯尾都人訳〉『ギリシア・ローマ世界地誌』巻七-三-一二)。また半島の東部のアドリア海沿岸や島嶼には、コリントからの移住者がコルキュラ(コルフ島)を拠点としてエピダムノス(ディラヒオン、ディラキウム、現ドゥレス)、アポロニアなどを建てた。このほかにイッサ(現ヴィス島)、ファロス(フヴァル島)といった島に植民市がつくられ、さらにトラグリオン(現トロギル)、アスパラトス(現スプリット)などのダルマツィアの沿岸都市も出現した。ギリシア人は沿岸地帯を拠点とし、内陸地域にまで支配を広げようとはしなかったが、内陸部との交易活動は積極的におこなった。トラキア平野の西部に位置するピスティロス(現プロヴディフ州ヴェトレン村所在)は、前四世紀初めに建設された都市で、最近の発掘調査によってギリシア人商人の活動を記した碑文が出土している。こうした植民や商業活動を通じてギリシア世界が拡大し、ギリシア文化が内陸地方にも伝えられ、土着文化と混合した独特の文化が形成された。

トラキア人の国家

トラキア人は騎馬に長けた勇敢な民族として四辺に知られ、比較的よくまとまった多数の部族社会を形成し、その居住範囲はカルパチア山脈からエーゲ海の島嶼にいたるバルカンの東半部、さらに北西アナトリアにもおよんでいる。ギリシアの歴史家ヘロドトスは、トラキア人がインド人に次いで世界最大の民族で、彼らが統一されればあらゆる民族のうちで最強になるが、それが不可能なために弱いと述べている(『歴史』巻五－3)。たしかにトラキア人はトリバッロイ、セルドイ、メドイ、オドリュサイ、サトライ、ベッソイをはじめ五〇以上の部族に分かれ、全体を統一する国家は成立しなかった。しかし、ダキア人、ゲタイ人、オドリュサイ人、フリュギア人などは、いずれも国家を建てて、ペルシア、マケドニア、ローマといった世界帝国とバルカンの覇権を競い、高度の文化的発展を達成したのである。

トラキアでは前十二世紀末ころから鉄器の使用が始まり、独自の鉄器文化を生み出した。初期にみられるドルメンや岩室墓などの巨石文化の発達から、有力氏族による貴族層と住民の大多数を占める農民・職人・奴隷という階層分化の始まりを知ることができる。ただし、ギリシアのような奴隷制は発達せずに、生産活動の基本的単位は自由農民の村落共同体であった。温暖な気候と肥沃な土壌にめぐまれたトラキアでは、前八世紀から前六世紀に一般的になった鉄製農具を用いて穀物や果樹の栽培が発達し、商業も盛んになり、各地に市場が設けられた。こうした農業での生産力の増大と黒海沿岸に建設されたギリシア植民市との交易活動にともなう経済力の高揚を背景として、前六世紀の初めころから国家形成が始まった。なかでもトラキアの代表的国家となるオドリュサイ王国は、オドリュサイ人の政治経済的発展とスキタイやペルシアによる軍事的脅威にうながされて、前五世紀初頭に国家の基礎が固められたと思われる。

彼らの国家は王による専制君主制で、軍事面では機動性に富む強力な騎兵を特徴としていた。その歴史は以下の四期に分けられる。王国の第一期はテレスとその息子スパラドコスの時代(前五世紀前半)で王国の興隆期にあたる。両王は近隣のトラキア諸部族を従属させ、スキタイと活発な外交関係を結び、さらにエーゲ海やマルマラ海沿岸のギリシア植民市に貢納を課すなど国力を充実させた。第二期はスパラドコス王の弟シタルケスと彼の甥のセウテス一世の時代(前五世紀後半)である。このころギリシアではペロポネソス戦争が始まり、トゥキュディデスが『歴史』のなかで「その(テレスの)息子のシタルケスをアテナイ人は同盟者にしようとしたのだが、トラキアの諸地域やペルディッカス(マケドニア王)を攻めるのに協力してもらうためであった」(藤縄謙三訳『歴史』巻二－29)と述べているように、オドリュサイ王国はアテネの同盟者として参戦することになった。シタルケスは同盟関係を利用して、西方への進出をめざしたが、マケドニア遠征に失敗し、さらにトリバッロイ人との戦いで殺された。シタルケスの後継者セウテス一世の時代に王国は最盛期を迎えた。この時代に王国の版図は南北で、エーゲ海沿岸のアブデラ市からドナウ川まで拡大された。

第三期は内乱期で、セウテス一世の後継者メドコス(アマドコス一世)とオドリュサイ王家の傍系に属すると思われるセウテス二世との権力抗争によって王国は上下二つに分断された。メドコスは上王国を支配し、セウテス二世は下王国を治めた。両王のその後については不明で、前三八六／前三八五年のアテネの政令によれば、オドリュサイ人の唯一の支配者としてヘブリュゼルミスなる人物が記されている。この内乱期に続く第四期はコチュス一世による王国の再統一とマケドニア王国との戦いの時代である。コチュス一世は有能な政治家で王国を統一し、アテネと活発な外交関係を結んでエーゲ海地方に進出した。しかし、前三五九年に彼が暗殺されると、王国はふたたび分裂し、前三四一年までにマケドニア王フィリッポス二世(在位前三五九~前三三六)によって征服された。

フィリッポス二世の子アレクサンドロス大王(在位前三三六~前三二三)は父王に続き、東征の前にスタラ・プラニナをこえてドナウ地方に遠征し、トリバッロイ人を平定してトラキアのほぼ全域を支配下に置いた(アッリアノス『アレクサンドロス大王東征記』巻一‐1~4)。アレクサンドロスの死後、トラキアはマケドニアの将軍リュシマコスによって統治された。このマケドニアに対して、バラの谷を中心とするオドリュサイ王国のセウテス三世(在位前三三〇頃~前三〇〇頃)とドナウ川下流域のゲタイ王国のドロミカイテスが抗戦した。セウテス三世は敗れたが、ドロミカイテスはマケドニア勢に大勝し、独立を維持した。この時期にケルト人がバルカン半島に侵入し、トラキア世界の混乱はさらに拡大された。ケルト人は前二七九年にトラキア南東部にティレを首都とする国家を建てたが、トラキア人の抵抗によって前二一二/前二一一年に滅亡した。マケドニアやケルト人の支配を脱したあともトラキアでは部族抗争が繰り返され、衰退の一途をたどっていった。

トラキア文化

近年、ブルガリアではトラキア遺跡の考古学的発掘調査や遺宝の発見が相次ぎ、豊富なトラキアの文化遺産に接することができる。トラキア建築を代表するものとしては、セウトポリス、カビュレ、ピスティロスをはじめとする都市建築と墳墓がある。セウトポリスはオドリュサイ王国の都城で、前三二〇年ころにセウテス三世によってバラの谷のトンゾス河畔（現トゥンジャ川）に建設された。ダム建設にともなう緊急発掘調査の結果、一九五三年にこの都城址がセウトポリス（セウテスの都市）と呼ばれていたことを示す碑文が発見され、その存在がはじめて知られることになった。都市は面積約五ヘクタールの五角形で、その周囲八九〇メートルを堅牢な城壁が囲んでいる。市内には一定の都市プランに基づいてつくられた道路、アゴラ、住居、宮殿などが建てられている。市の中央部を占めるアゴラは四六×四八メートルのほぼ正方形で、道路と同じ河原石が敷かれ、ディオニュソス神の祭壇が設けられていた。宮殿は市の北部を城壁

セウトポリス平面図

で囲った城塞内にあり、間口四〇メートル、奥行一七メートルの長方形の建物であった。発掘調査によって出土した多数のアッティカの黒色陶器、タソス島のアンフォラ（把手つき尖底土器）、約一三〇〇におよぶギリシア、ローマ、トラキアの貨幣は、ギリシア世界、とりわけアテネとの活発な商業活動を物語っている。

トラキア人の墓制は初期にはドルメン、岩室墓もみられるが、塚を築く墳墓が発達し、メゼク、カザンラク、シプカの古墳のように高度の建築技術や芸術性を備えたものがつくられた。これらの墳墓は三世紀前半まで造営され、その数は一万基をこえている。トルコとの国境に近いメゼク村のマル・テペ古墳は約二一・五メートルにおよぶ長い羨道《えんどう》を特徴とし、カザンラク古墳は高さ七・二メートル、直径四二メートルと規模こそ小さいが、玄室の円蓋面や前室の上部に描かれた壁画で知られている。これらの墳墓はいずれも迫持式石組の穹窿墓でトロスと呼ばれている。シプカ古墳群ではトロス以外に、半円筒形の丸天井をもつ「マケドニア様式」や切妻屋根の霊廟型の建築様式もみられる。

ギリシア人作家が「馬を愛するトラキア人」「トラキアは馬が育つ土地」と、記しているように、トラキア人と馬とはつねに密接な関係にあった。馬は軍事面ばかりではなく、とくに白馬は太陽の象徴であり、主人である王侯貴族の墓に陪葬されるなど、信仰においても重要な役割を果たしていた。彼らの崇拝した神にはヘルメス、アレス、ディオニュソス、ベンディダ、大母神、アルテミス、アポロン、ヘロス、ニンフなどがおり、神々と地下の世界の仲介者とされる歌人オルフェウスも信仰の対象であった。勇壮な騎馬像で知られる神ヘロスは、その姿が浮き彫りされた多数の大理石製奉納板から広く信仰されていたと思われる。ヘロドトスは富裕なトラキア人の葬儀の様子を次のように伝えている。「遺骸を三日間安置しておき、はじめに哀哭《あいこく》の礼が行なわれ、その後でさまざまな獣を屠《ほふ》って宴会を催すのである。つづいて遺骸を火葬または土葬にして葬り、塚を築いた上、あらゆる種類の競

カザンラク古墳の壁画(前４世紀末)　玄室の天井部に描かれた被葬者のトラキア人貴族と殉死する妻の一人。1944年に偶然発見されたこの墳墓は，保護処置が講じられ，見学者は隣りにつくられたレプリカを見ることになる。

竪琴を奏でるオルフェウスとその演奏に聞きほれるトラキア兵士　前５世紀前半のアッティカの赤絵，ベルリン考古学博物館所蔵。

技を催す」(松平千秋訳『歴史』。以下の引用は同書による。巻五-8)。また妻の殉死について、主人が死ぬと妻のなかでもっとも愛されていたとされた婦人は、「男女を問わず部族民一同から賛美をうけ、彼女の最も近い縁者の手によって、夫の墓の上で咽喉を切り裂かれ、夫と共に埋葬される」(同巻-5)と述べている。トラキア人は不死を信じており、このため墓には馬をはじめ、被葬者が生前用

ヴラツァ市のモギランスカ古墳出土の臑当て　螺髪の女性(女神)の顔の右側は縞模様が鍍金され，胴体には狼，獅子，蛇などの動物模様が描かれている。前4世紀半ば。銀製。高さ46cm。ヴラツァ歴史博物館所蔵。

レトニツァ遺宝の一部　1964年にレトニツァ村(ロヴェチ地方)で発見された22枚からなる銀製の馬具の飾り板。トラキア神話や動物意匠を描いたもので，左下の熊や狼と戦う騎士は人面飾りのついた臑当てをつけている。前4世紀半ば。銀に鍍金。高さ約5cm。ロヴェチ歴史博物館所蔵。

いていた道具類が副葬品として置かれた。

　トラキア芸術は、南ロシアのスキタイ芸術と共通する動物意匠にペルシアやギリシア美術のモチーフが融合された独自の芸術性を特徴としている。トラキア人のあいだでは、物品贈答の習慣が盛んで、そのため工匠たちはトラキア貴族の注文や好みに応じて技を競い合い、優れた作品を生み出した。そのすばらしさは、ホメロスが「〔トラキア王レーソスの持ち物について〕車は金銀をあしらった見事な造り、また身につけて来た物の具は黄金造りで途方もなく大きく、見ればたまげるばかり」（松平千秋訳『イリアス』第十書、438－440）と絶賛している。パナギュリシュテ、ヴラツァ、ロゴゼンなどで発見された金銀製品からなる遺宝はトラキア芸術の傑作であるばかりでなく、トラキア人の神話、習慣、思想を伝える貴重な資料でもある。このうち一六五点の銀器からなるロゴゼン遺宝は、一九八五年にブルガリア北西部のロゴゼン村で農夫が偶然発見したもので、トリバッロイ人がマケドニア勢による略奪から宝物を守るために土中に隠したものとみる研究者がいる一方、D・ゲルゴヴァは大母神に捧げられた一括埋納品と解釈している。ロゴゼン村に近いヴラツァ市の墳墓から出土した臑当《すねあて》ては、王権の守護神である蛇脚の女神と思われる。さらにロヴェチ地方のレトニツァ村で発見された二二枚の飾り板の一部は、竜退治の勝者が聖なる婚姻をして王となったというトラキアの建国神話を図像によって表現したものと考えられている。

イリュリア人とゲタイ人・ダキア人

バルカンの東部の古代民族イリュリア人は多数の部族に分かれ、各地で分立状態を続けていた。ストラボンはイストリア族、イアポデス族、リブルニ族、ダルマツィア族、アルディア族、プレラエイ族、ガラブリイ族、トゥナタエ族、ダルダニア族などの名をあげ、またアウタリアタエ、アルディア、ダルダニアの諸族はたがい同士やマケドニアやローマとの抗争の結果、衰退、滅亡したと伝えている（『ギリシア・ローマ世界地誌』巻七－二）。なかでもアウタリアタエ族はもっとも大きく優れた部族で、アルディア族と塩をめぐって争ったり、トラキア族のトリバッロイ人を支配したが、スコルディスキ族に敗れ、最後にローマに滅ぼされた。

アドリア海東岸のダルマツィア海岸は島嶼や入り江が多く、港に適していたため早くから航路が開かれ、海上交易が盛んであった。アドリア海の南部沿岸地帯にいたアルディア族は、前三世紀半ばにアグロン王とその妻で後継者のテウタ女王のもとで繁栄した。歴史家のポリュビオスは、アグロンが「彼以前にイリュリアを統治した王のだれよりも陸と海において強大な力をもった」（城江良和訳『歴史』巻二－2）と述べている。前二三二年または前二三一年に、アグロンはアイトリアを攻撃し、コリント湾に侵入した。その後、妻のテウタが指揮して、さらに南のペロポネソス半島のエリスやメッセニアを侵略している。こうして、コリント湾以北の海岸線を掌握したアルディア王国は、コルキュラ経由のシチリアおよびイタリア航路を支配してイタリア船を襲撃するようになった。そこで、ローマはアドリア海での海賊行為を理由に、前二二九〜前二二八年と前二一九年の二度にわたって攻撃を加え、領土を制圧した。

イリュリア人の生業は平野が少なく山がちな地形から農業よりも牧畜で、家畜は羊と山羊が一般的であった。交易活動については、ギリシアやイタリアから手工業製品を輸入し、イリュリアからは穀物、皮革、奴隷などが輸出された。輸入品のなかでイリュリア人がとくに求めたものはバルト海沿岸で産出される琥珀であった。彼らは琥珀に魔力を感じて護符として用いた。このため墓から副葬品として琥珀のビーズやペンダントが発見されている。ヘロドトスは『歴史』のなかで、イリュリア人のエネトイ(ウェネティ)族の結婚の習慣を次のように記している。

嫁入りの年頃になった娘を全部集めて一所へ連れてゆき、その周りを男たちが大勢とり囲む。呼出人が娘を一人ずつ立たせて売りに出すのである。先ず中で一番器量のよい娘からはじめるが、この娘がよい値で売れると、次に二番目に器量のよい娘を呼び上げる。ただし、娘たちは結婚のために売られるのである。(巻一-196)

イリュリア人が崇拝した神には、半人半山羊像のシルウァヌス神(イリュリア名はウィダススと思われる)、女神タナ(ローマの女神ディアナ)、イリヤ(ウェヌス)、戦いの神メダルスなどが知られている。

スタラ・プラニナ以北、今日のブルガリア北部とルーマニアにはダキア人とゲタイ人が居住していた。ヘロドトスやストラボンによれば、両民族はトラキア人の北方グループの東西分派で、ダキア人はおもに西部のトランシルヴァニア地方を占め、ゲタイ人は東部のドナウ川下流地域に住んでいた。ペルシア王ダレイオス一世は、前五一三年ころにおこなったスキタイ遠征の際に「霊魂の不滅を信じ……、トラキア人の中では最も勇敢でかつ正義心の強い部族である」（巻四－93）ゲタイ人を最初に攻略した。その後マケドニア王アレクサンドロスは、前三三五年のトリバッロイ族に対する討伐遠征の際にドナウ川を渡り、ドナウ左岸地方のゲタイ人の領土に侵入して城砦を占領している。前三世紀初めにドロミカイテス王が、前述したように、マケドニア勢を破ってマケドニアと講和を結び、リュシマコス王の娘と婚姻関係を結んだ。こうして両国関係が緊密になり、ゲタイ社会にヘレニズム文化の影響が強まった。

前三〇〇年ころから約二世紀間ケルト人の支配下におかれたが、首長ブレビスタはゲタイおよびダキア部族を統合し、ドナウ川下流域に一大王国を建て、二〇万人もの遠征軍を派遣してトラキアやマケドニア地方を攻略した。しかし、前四四年にブレビスタが暗殺されると部族間の団結が失われ、王国は分裂した。王国の衰退はローマにダキア進出の機会を与えた。オクタウィアヌス（前二七年にアウグストゥスの尊称を得た。在位前二七〜後一四）はマルクス・クラッスス率いる軍団を送り、激戦の末、前二八年にドナウ右岸地方を征服した。このころ、ローマを追われた詩人オウィディウスは、流謫《るたく》の地トミスの様子を、「この海岸にはギリシア人とゲタエ人〔ゲタイ人〕の混血が住んでいるが、多くはなかば平定されたゲタエ人である。サルマート人とゲタエ人の大群が馬にのって道を往来している」

（松本克己訳『海からの便り』）と伝えている。この地方はティベリウス帝（在位一四〜三七）の統治の初年に属州モエシアとなったとされる。そこでゲタイ人にかわってサルマート人とダキア人が北方の中心勢力となり、ドナウ川を挟んでローマ帝国とのあいだで攻防戦が繰り返されることになった。

ゲタイ人とダキア人のおもな産業は農業であり、麦類やブドウ栽培が盛んで畜産や養蜂も発達していた。またギリシア植民市やマケドニアとの交易も重要な経済活動であった。ダキアから穀類、魚、蠟、蜜、毛皮、塩、木材、奴隷などが輸出され、反対に地中海地域からぶどう酒、オリーヴ油、織物、奢侈品などがもたらされた。ダキアの内陸部から発見されるぶどう酒やオリーヴ油の運搬容器として用いられたアンフォラの把手に刻印された生産地や製造者名から、当時の活発な交易活動を知ることができる。二世紀の地理学者プトレマイオスによれば、彼らはプレダウェンシイ、ビエフィイ、コストボキなど、多数の部族に分かれて居住していた。軍事上の拠点として発展した都市もあったが、大半の住民は村落に住んでいた。社会は階層化が

スヴェシュタリ村のギニナ古墳の玄室内部　天井部が半円筒穹窿の「マケドニア様式」の石室墓。壁面上部には女神から永遠の生命を象徴する月桂冠を授けられる被葬者が描かれている。

進み、貴族・平民・奴隷からなる階級制が存在した。軍隊は歩兵と騎兵からなり、兵士は内側に湾曲した曲刀や弓矢で武装した。

彼らの宗教は、ヘロドトスが「彼ら〔ゲタイ人〕は自分たちが死滅するとは考えず、死亡した者は神霊サルモクシスの許へゆくものと信じている」(巻四 - 94)と述べているように、来世を信じ、貴族は墳墓を築いた。近年、北東ブルガリアのズボリャノヴォ地区の墳墓群が発掘調査されている。そのなかでも一九八二年に発掘調査されたスヴェシュタリ村のギニナ古墳は直径七〇メートル、高さ一一・五メートルの大型の円形古墳で、出土遺物からヘレニズム時代初期(前四世紀末から前三世紀初頭)に造築されたと思われる。この古墳の入口付近から炭化した土と獣骨、土器片が発見されており、葬送儀礼がおこなわれたことを示唆している。この古墳は、半円筒形の丸天井をもつ「マケドニア様式」の石室墓で、玄室の壁面が一〇体の女人柱《カリアティド》に似た浮彫と壁画で飾られている。なかからゲタイ人の王族の一員と思われる男女二体の人骨と二頭の雄馬と一頭の雌ロバの骨が発見された。

3 ローマ支配下のバルカン

ローマのバルカン進出

ローマは、アドリア海での商業活動を妨害するイリュリア人の海賊行為に対処するためにバルカンでの軍事活動を開始し、以来断続的に遠征をおこない、バルカン各地を征服して領土を拡大していった。ローマ軍はイリュリア人およびケルト人と戦いダルマツィアを平定し、ドナウ川流域のパンノニアを掌握して、前三三年に属州パンノニアを設けた。一方マケドニア王国はフィリッポス五世とその子ペルセウスが相次いでローマとの戦いに敗れ、前一四八年に属州マケドニアが誕生した。その後まもなく、前一四六年にはアカイア同盟による反ローマ暴動も鎮圧され、ギリシア諸国家がこの属州に加えられた。ローマの興隆期を記した史書『歴史』の著者ポリュビオスは、ローマとの戦いに敗れ、ローマに人質として送られたアカイア人の一人であった。さらにローマはバルカン東部を占めていたトラキア諸族に対しても攻撃を加え、諸族間の対立抗争を巧みに利用しながら征服を進めていった。ミトリダテス戦争やドナウ川下流域のゲタイ人の首長ブレビスタをはじめとする反ローマ勢力との戦いを経て、四四年ないし四六年にモエシアとトラキアの二つの属州が成立した。なお、前七三〜前七一年にイタリアで起きた奴隷蜂起の指導者スパルタクスは、ストルマ川の流域にいたトラキアのメドイ族の出身とされる。

帝国はドナウ国境線の強化に努めたが、ゲタイ人、ダキア人、サルマート人などの北方異民族による侵入や暴動が繰り返され、不安定な支配が続いていた。このため「オプティムス・プリンケプス（最善の元首）」と称されたトラヤヌス帝（在位九八～一一七）は、北方の脅威を除くために一〇一年春にモエシアとパンノニアを中心とする一二軍団と多数の補助部隊からなる遠征軍を率いてダキアに侵攻した。翌年夏に講和条約が締結されるが、一〇五年にふたたび戦端が開かれた。この第二次遠征にロ

トラヤヌス帝の凱旋記念柱　同帝のダキア征服を記念して113年にローマの中心部トラヤヌス広場に建立された。ローマ軍とデケバルス率いるダキア軍との戦闘がレリーフに刻まれている。高さ 30m の石柱。

ーマ軍は十分な準備をして臨み、建築家アポロドロスによってドロベタ(現ドロベタ=トゥルヌ・セヴェリン)近くのドナウ川に架けられた石橋を渡って進撃した。この戦役でダキア王デケバルスは自害し、ローマ軍は首都サルミゼゲトゥサ(現フネドアラ県サルミゲゼトゥサ市)を破壊し、ダキア王国を征服した。トラヤヌス帝は一〇六年に属州ダキアが成立したあと、一年近く征服地にとどまり支配機構の確立に努めた。首都はサルミゼゲトゥサの近くに建設され、征服者にちなんでウルピア・トラヤーナと呼ばれた。このトラヤヌス帝によるダキア遠征は、一一三年にローマのトラヤヌス広場に建立された記念柱に刻み込まれたレリーフが雄弁に物語っている。

その後ハドリアヌス帝(在位一一七〜一三八)は防衛力を高めるために、属州をダキア・スペリオル(首都アプルム、現アルバ・ユリア)とダキア・インフェリオル(主要都市ドロベタ)の二つに分けた。また同帝は、領土保全上の理由からドナウ川に架かる石橋を撤去している。属州建設とともに多数のローマ人が入植し、農業をはじめトランシルヴァニア地方で鉱業(金、銅、鉄、岩塩の採掘)に従事した。こうして属州ダキアではセウェルス朝(一九三〜二三五年)のもとで経済が発展し、ダキア人のローマ化が進行した。しかし、多大な犠牲を払って獲得し、異民族に対する防波堤としての役割を果たしてきたダキアではあったが、三世紀後半からサルマート人やマルコマン族、ゴート族、ゲピド族をはじめとするゲルマン諸部族の侵入が激しくなり、アウレリアヌス帝(在位二七〇〜二七五)は二七一年にローマ軍のダキアからの撤退を決定し、属州ダキアは一六五年の歴史に自ら終止符を打ったのである。

バルカン支配

ローマ帝国はバルカンの征服活動と同時に、各地に都市を建設し、各都市を道路で結んで支配体制を強化していった。ドナウ河畔のシンギドゥヌム（現ベオグラード）からオエスクス（現ギゲン村）、ドゥロストルム（現シリストラ）などのドナウ右岸の都市を結びドナウ河口に達するウィミナキウム街道、シンギドゥヌムからナイッスス（現ニシュ）、セルディカ（現ソフィア）、フィリッポポリス（現プロヴディフ）、アドリアノープル（現エディルネ）、ビザンティウムにいたるミリタリス街道、アドリア海岸のディラキウムからマケドニアのテサロニカ（セサロニキ）、南トラキアのエーゲ海沿岸を経てビザンティウムを結ぶエグナティア街道が東西の幹線路であり、これらの幹線路は南北に延びた道路によってたがいに結びつけられていた。代表的なローマ都市はフォルム（広場）から四方に延びる二本の大通りを中心に設計され、望楼のついた堅固な城壁で囲まれている。

ローマの属州支配の特徴は強力な軍事力だけでなく、積極的な植民やローマ市民権付与によるローマ化政策にある。こうしてイリュリア人やトラキア人のローマ化が急速に進行し、バルカンの属州からクラウディウス、アウレリアヌス、ディオクレティアヌス、コンスタンティヌスと彼のライバルであったガレリウスをはじめ、多数の有能な皇帝や軍司令官が輩出することになる。「ローマの平和」も長くは続かず、五賢帝時代末期には衰退の徴候があらわれ始めた。北辺の異民族は国境地域を脅かし、国内では軍人勢力が台頭し、帝位をめぐって権力抗争を繰り返すといった軍人皇帝時代が始まっ

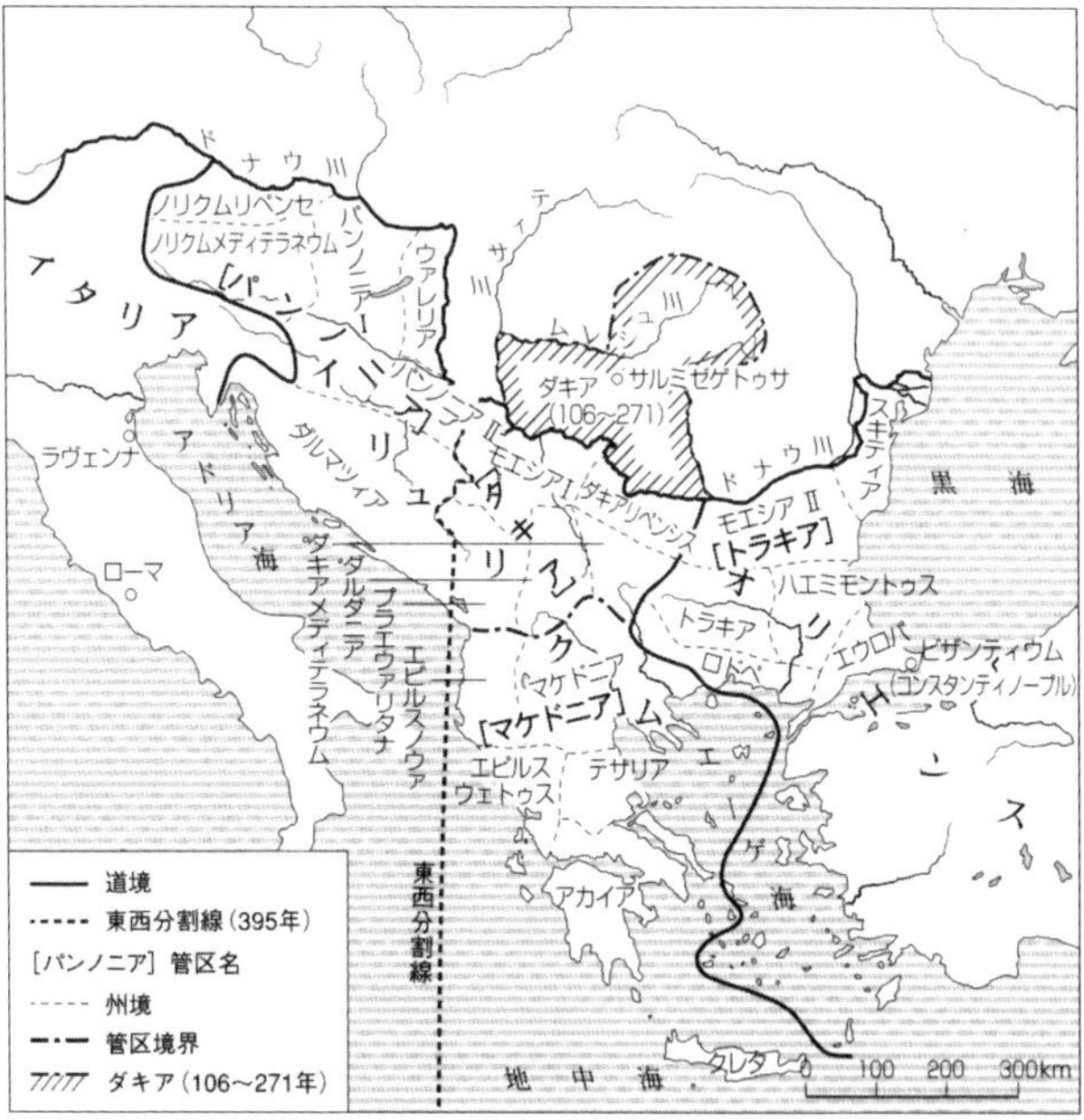
道境
東西分割線(395年)
[パンノニア] 管区名
州境
管区境界
ダキア(106〜271年)
東西分割線
ドナウ川
サヴァ川
ティサ川
ムレシュ川
イタリア
イリュリクム
オリエンス
ノリクムリペンセ
ノリクムメディテラネウム
パンノニアⅠ
ヴァレリア
[パンノニア]
ダキア
(106〜271)
サルミゼゲトゥサ
スキティア
黒海
モエシアⅡ
[トラキア]
ハエミモントゥス
トラキア
ロドペ
エウロパ
ビザンティウム
(コンスタンティノープル)
ダキア
モエシアⅠ
ダキアリペンシス
ダルマツィア
ラヴェンナ
アドリア海
ローマ
ダキアメディテラネウム
ダルダニア
プラエヴァリタナ
エピルスノウァ
マケドニア
[マケドニア]
エピルスウェトゥス
テサリア
エーゲ海
アカイア
クレタ
地中海
0 100 200 300km

ローマのバルカン支配と東西分割(4世紀)

た。この混乱を収拾し、難局を打開したのはバルカン西部のダルマツィア出身の皇帝ディオクレティアヌス（在位二八四〜三〇五）であった。同帝は専制君主政《ドミナトゥス》の確立をめざしてさまざまな改革を断行していった。

そのひとつは帝国を東西に二分して二人の正帝《アウグストゥス》によって治め、さらに各々に副帝《カエサル》を置く四分統治制《テトラルキア》の導入であった。バルカン諸州は西部のイリュリクム道に属するパンノニア管区とモエシア管区（のちにダキア管区とマケドニア管区に分割）、東部のオリエンス道に属するトラキア管区に帰属した。パンノニア管区はウァレリア・パンノニアⅠ・ノリクムリペンセ・ノリクムメディテラネウム・サウィア・パンノニアⅡ・ダルマツィアの各州に分けられた。モエシア管区は北からモエシアⅠ・ダキアリペンシス・ダキアメディテラネウム・ダルダニア・プラエウァリタナ・マケドニア・エピロスウェトゥス・エピロスノウァ・テサリア・アカイア・クレタの諸州に細分された。トラキア管区はハエムス（スタラ・プラニナ）を境に南のエウロパ・ロドペ・トラキア・ハエミモントゥス、北のモエシアⅡ・スキティアの六州からなっていた。

ディオクレティアヌスの改革はナイッスス生まれのコンスタンティヌス帝（在位三〇六〜三三七）によって完成し、専制的官僚国家が成立した。三三〇年にコンスタンティヌス帝は、荒廃し首都機能を失っていたローマからビザンティウムに遷都した。ギリシアの植民市ビュザンティオンに始まる同市は、「新ローマ」、そしてコンスタンティノープル（コンスタンティヌスの都市）と呼ばれるようになった。

遷都にともなって首都の位置するバルカンの重要性が増し、首都に隣接したトラキアやモエシアは首都への食糧供給地として位置づけられ、穀物や果実の増産が求められた。大規模な軍事・行政改革は国家の財政支出を増大させた。財政を維持するために新たな税制度(ユガティオ・カピタティオ制度)が導入され、国民は元老院身分を除き、その身分と職業を世襲固定された。農村では、従来の奴隷労働を主としたラティフンディウムにおける奴隷制生産様式が小作人を土地に拘束し、移動の自由を奪い小作料を徴収するコロナート制へと変わっていった。土地に拘束された小作人はコロヌスと呼ばれ、奴隷とは区別された。なお帝国東部のイリュリクムやトラキアの農村には、拘束コロヌス以外に自由農民層も存在した。

テオドシウス帝(在位三七九〜三九五)の死後、帝国の東西二分治体制が確立された。このとき引かれた東西ローマ分割線は、サヴァ川からドリナ川をさかのぼり、スクータリ湖の西を通ってアドリア海に達するもので、現在のセルビアとボスニア＝ヘルツェゴヴィナとモンテネグロの国境線にほぼ一致している。また、この分割線は、西のローマ教会を中核とするラテン文化圏と東の東方正教会によるギリシア文化圏との境界でもある。帝国の西部が衰退し、滅亡する一方で、東部はビザンツ帝国として、さらに一〇〇〇年以上の長きにわたり東地中海世界に君臨し続けた。その後のバルカンの歴史はビザンツ帝国と異民族との関係を軸にして展開していくことになる。

第二章　中世のバルカン

1　民族移動期のバルカン

民族移動のはじまり

ゲルマン民族がローマ帝国にとって危険な存在になるというタキトゥスの杞憂は、三世紀には現実のものとなっていた。以前からローマの国境防衛線《リーメス》であったライン川とドナウ川はたびたびゲルマン人によって破られ、二三八年にはゴート族がドナウ諸州を蹂躙《じゅうりん》した。ゴート族は、二世紀ころにポーランド北部のポメラニア地方から南東に移動してスラヴ人居住地域を通って三世紀に黒海北岸地方を占めた。彼らは二五〇年にもモエシアに侵入し、デキウス帝（在位二四九〜二五一）率いるローマ軍を破ったが、二六九年にはナイッススでクラウディウス帝（在位二六八〜二七〇）に大敗してドナウの北に押し返された。

「ゴート制圧者《ゴティクス》」と称されたクラウディウス帝以来、帝国はドナウ国境線を維持してきたが、三七六年以降、新たな危機に直面することになる。この危機はフン族のヨーロッパ侵攻とそれにともなう民族移動によって生じたものである。三六〇年ころまでにカスピ海沿岸に進出したフン族はゴート族のグレウトゥンギを征服し、続いて隣接するテルウィンギをはじめとするゴート諸族に迫った。この危機に際してアラウィウスに率いられたテルウィンギ集団はドナウ川まで逃れ、ローマ帝国に救いを求めた。ローマ帝国はこれに応え、「皇帝からダヌビウス〔ドナウ川〕を越えてトラキアの一部に定住する許可をえて、昼も夜も、舟や筏や、くりぬかれた木の幹などに積みこまれたゴート族がダヌビウスのこちら側に運ばれた」(『ローマ史』巻三十一-4)と、アンミアヌス・マルケリヌスが伝えるゴートの移住が始まった。しかし、帝国は大規模な移住者を収容・管理するための方策に欠け、飢餓線上に置かれたゴート人は食糧を求めて反乱を起こした。鎮圧作戦を指揮した皇帝ウァレンス(在位三六四〜三七八)は、三七八年にアドリアノープルの戦いで非業の死をとげた。

ローマ帝国の劣勢はテオドシウス帝(在位三七九〜三九五)の討伐作戦と懐柔策により挽回されるが、同帝の死後、バルカンはふたたび異民族による無法地帯と化してしまった。民族移動を引き起こしたフンは五世紀初頭にパンノニアに進出した。このため中部ヨーロッパにいたゲルマン諸族は西方へ押し出され、ゲルマン民族の移動が本格化する。さらにフンは四〇八年、四〇九年、四二二年にバルカンに侵入、四辺に脅威を与えた。フンの首長アッティラ(在位四三四頃〜四五三)は、シンギドゥヌム、

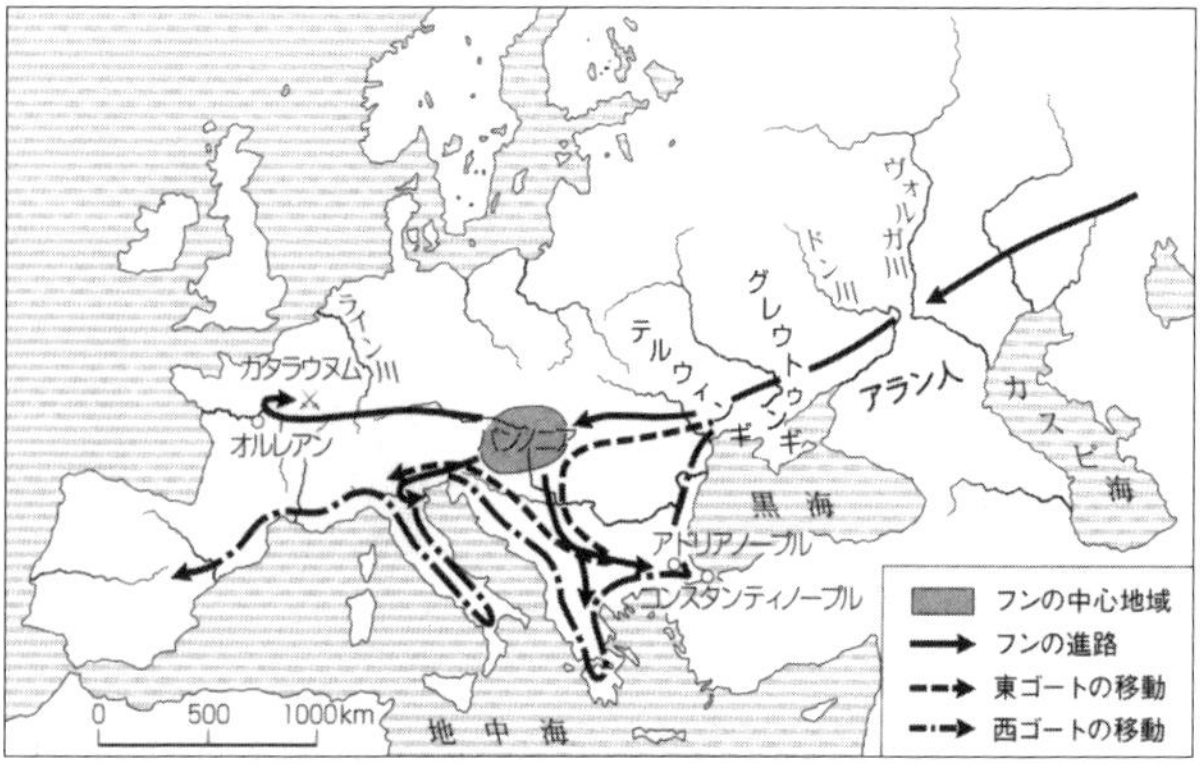

フンの西進とゴート諸族の移動(4～5世紀)

ナイッスス、セルディカなどのバルカンの諸都市を陥落させ、各地を攻略し、帝国軍を破った。その後アッティラは帝国の西部を攻撃したが、四五一年にカタラウヌムの戦いで退却し、四五三年に急死した。「敵を見れば、利を逐《お》うこと鳥が集まる如く、困敗すれば瓦がくだけ雲が散る如くに分散する」(内田吟風訳注『史記匈奴伝』)という騎馬遊牧民の盛衰の通り、フンの大帝国は、たちまち瓦解し、フンに従属していた多数の民族が群雄割拠することになった。

そのなかでまず頭角をあらわしたのはゴート族であった。彼らは最初ローマの同盟者であったが、豊かな土地と戦利品を求めてバルカンに侵入し略奪した。そこでローマ政府は四八八年、テオドリック王(在位四七四～五二六)率いるゴートをイタリアへ向けさせ、彼らをうまくバルカンから排除した。しかし、ドナウの北にはゴートにかわる新手の侵略者ブルガール族があらわれた。

ブルガールはチュルク系の遊牧民とされ、のちにブルガリアを建国することになるが、その原郷は西シベリアのステップ地帯と思われる。バスカコフをはじめ多くの言語学者は、ブルガール語をチュルク諸語のなかの西フン諸語のひとつに数え、チュヴァシ語として現代に伝わると考えている。しかしながら、実際にはブルガール語資料が乏しく、現在のチュルク言語学は、ブルガール語のチュルク語における特質やほかのアルタイ諸語との関係を十分に解明しているとはいえない。また、ブルガールはフンと同一視されていたが、史料の曖昧さや言語の相違などから、現在では両者は別の民族とみなされている。彼らは三三四年から記録が残されているが、その行動は断片的にしかわからず、部族構成についても不明な点が多い。

彼らは四九三年にバルカンに侵入して以来六世紀半ばまで、頻繁に国境をこえて略奪を繰り返している。その後、史料はブルガールにかわってクトリグール族とウティグール族のバルカン侵入を伝えている。両族の関係や民族的帰属に関して定説はなく、ブルガールの東西分派とも、また独立したチュルク系遊牧民ともいわれている。両族およびオノグールやコトラーグがブルガールと元来同族関係にあったのかというと、これは疑問である。彼らはブルガールよりも一世紀ほど遅れて北カフカス地方にあらわれた種族であり、七世紀以後はじめて史料にブルガールと同族ないし類似した種族と記されているからである。

クトリグールとウティグールに続いて、六世紀半ばには新たな騎馬遊牧民アヴァールが黒海北岸のステップ地帯に登場する。アヴァールは突厥《とっけつ》に敗れたチュルク・モンゴル系の柔然《じゅうぜん》(蠕蠕《ぜんぜん》)、あるいはイラン系のエフタルなどに比定されたり、複数の混合種とみなされたりして、その民族起源ははっきりしない。五五八年にアヴァールの使節がコンスタンティノープルにあらわれ、ビザンツ帝国と同盟関係を結んだ。アヴァールは強力な軍事力と発達した政治機構を有する遊牧国家で、ビザンツ帝国にとって彼らとの同盟は危険な賭でもあった。アヴァールは当初、ビザンツの期待に応えて黒海北岸からドナウ川下流域にいたウティグール、クトリグール、サビル、アントといった諸族を次々と征服し、ランゴバルド族にかわってハンガリー盆地を支配下に置いた。ここにウクライナからボヘミアにいたる広大な地域を領有するアヴァール・カガン国が成立した。

アヴァールの支配者は鮮卑や柔然によって採用された遊牧国家の君主号「カガン(可汗)」と称し、「イウグル」と「トゥドゥン」と呼ばれる二人の高官に補佐されていた。五六五年にビザンツ帝国が彼らへの貢納金の支払いを停止すると、昨日の味方は恐るべき敵となってバルカンを侵略し始めた。さっそく、アヴァール軍はサヴァ川沿いの要塞都市シルミウムを攻撃した。当時、ビザンツ帝国はペルシアとの戦争のために兵力を東部戦線に投入したために、バルカンの防衛力が低下していた。アヴァールは配下のスラヴとともに国境線を突破して帝国領に侵入し、各地で略奪・破壊を繰り返した。帝都コンスタンティノープルも攻撃され、六二六年にはアヴァール、スラヴ、それにペルシア軍が加わって、この都市に対する大規模な攻囲がなされた。しかし、要害堅固な城塞都市はよく攻撃に耐え、敵を撃退することができた。この作戦に失敗したアヴァールは、本国で生じた内乱によって急速に国力が衰退し、以後バルカンへ侵入することはなかった。結局、アヴァール・カガン国はその後、中部ヨーロッパで勢力を維持し続けたが、フランク王カール(大帝、在位七六八〜八一四)とその子ピピンによって九世紀初頭に滅亡した。

スラヴ人のバルカン移住

バルカンでは、ゴート族などのゲルマン諸部族が移動したあとも、北方諸民族の移動が繰り返され

ナジセントミクローシュ(現ルーマニア領内のスンニコラウ・マレ)遺宝
この壺には，捕虜を連れ，敵の首級を鞍につけて戦場から引き上げる戦士をはじめ４つの円内に人物や動物の浮彫がほどこされている。18金製，器高22cm，重量608g。遺宝の民族的・文化的帰属について，アヴァール説やマジャール説などあるが，所蔵者であるウィーンの美術史博物館は，９世紀のブルガリアの金工芸品と推定している。

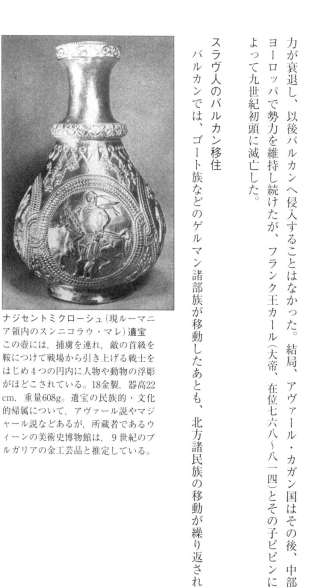

た。そのなかでスラヴ人とブルガール人が、とくに重要な役割を果たすことになる。スラヴ人の移動とその影響から検討してみよう。バルカンにあらわれる以前のスラヴの状況は、原住地の問題や「スラヴ」という呼称の意味を含めて正確にはわからない。原住地については、ドナウ川中流域と記した『ロシア原初年代記』(『過ぎし歳月の物語』、ロシア最古の年代記、十二世紀初頭の編纂)から今日まで、さまざまな説が唱えられている。考古学と言語学の研究によると、原住地はヴィスワ川とオドラ川のあいだの中部ヨーロッパ(ラウジッツ文化圏)およびカルパチア山脈の北麓からドニエプル川流域のウクライナの二つの地域に大別される。両説は東西の幅に差があるものの、南北の範囲をカルパチア山脈とプリピャチ川とのあいだとする点では、ほぼ一致している。この地域においてスラヴ人は、M・ギンブタスがいうように「農耕スキタイ」かどうかはわからないが、スキタイやサルマート人などの遊牧民と関係し、彼らの一部は遊牧民に支配されていたと思われる。やがてサルマート人やゴート人に圧迫され、その一部はドナウ川下流方面へ移動したとされるが、人口増加にともなう耕作地の確保も居住地拡大の一因としてあげられる。フン帝国の瓦解後、スラヴ人の移動・拡散が本格化し、五世紀末までに、多数のスラヴ人がドナウ川左岸から黒海北西岸のモルドヴァやワラキアに進出した。

六世紀になってようやく、スラヴ諸部族に関する詳しい情報がもたらされるようになった。歴史家プロコピオスやヨルダネスは、彼らをアントやスクラヴィニと呼び、ともに同一の言語を話し、外見も同じ、と述べている。彼らはドニエストル川を境にして、西にスクラヴィニ、東にアントが住んで

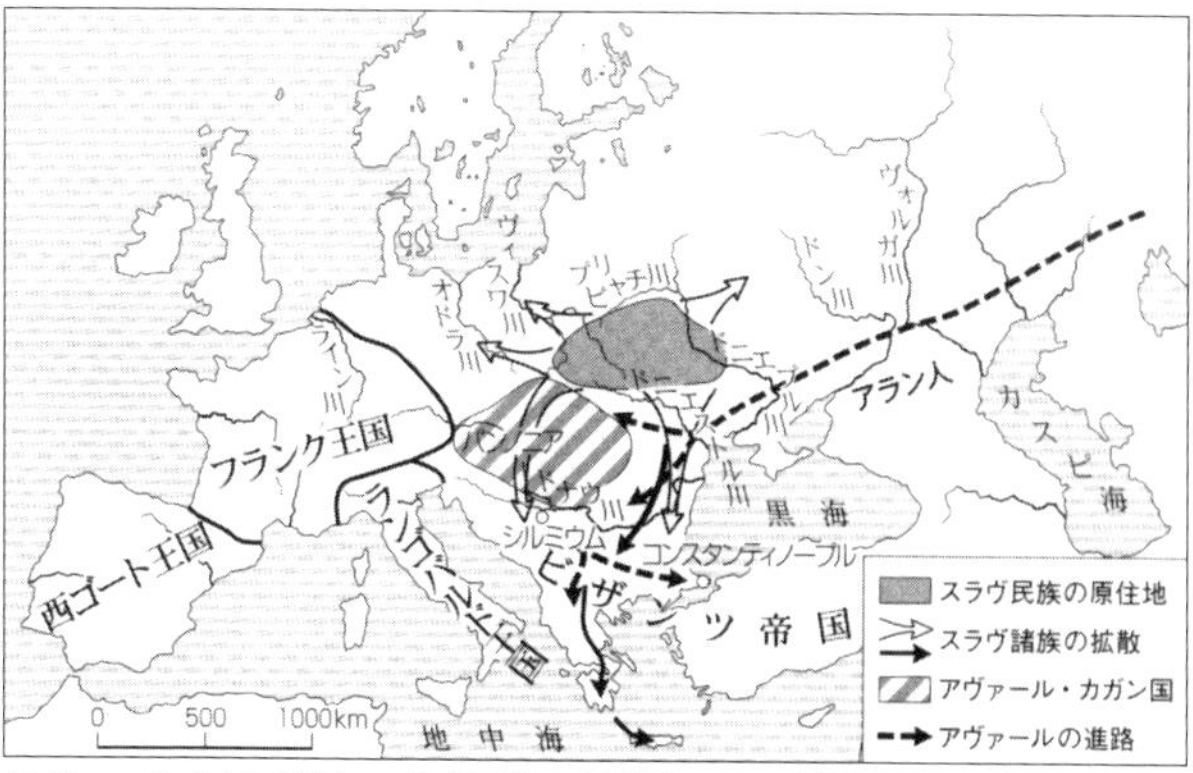

アヴァール人の移動とスラヴ民族の拡散（5〜7世紀）

いた。スクラヴィニはプラハ・コルチャク文化の担い手で、バルカンに移住し、南スラヴ人を構成することになる。彼らのバルカン侵入はゴートがイタリアに移動した四八八年以降開始され、しばしばブルガールやクトリグールなどの遊牧民と共同でおこなわれている。五一七年にはスラヴはブルガールとともに侵入、中部ギリシアのセサリア（テサリア）にまで達し、多数の捕虜と戦利品を得てドナウの彼方に帰っていった。

六世紀の後半にアヴァール・カガン国が成立すると、スラヴ諸族はその支配下に置かれ、アヴァールの配下または単独でバルカンに侵入するようになった。当初は稚拙であった軍事技術もしだいに向上し、城塞や都市を攻略した。ユスティニアヌス帝（在位五二七〜五六五）は防衛線上に多数の要塞を設けたが、守勢を挽回することはできず、ビザンツ帝国はスラヴ人の侵入と不法定住を許すことになるのである。かくしてスラヴ諸族は、エフェソスのヨアニスが

「そして今日(五八四年)までに彼らはローマ人の国に残り、安心して暮らしている」と述べているように、五八〇年代には侵入した土地に定住し始めた。

ビザンツ帝国が衰退し、ペルシアとの戦争を続けるなかで、スラヴはバルカン半島を南下して南端部のペロポネソス半島、さらに巧みに舟を操ってエーゲ海の島嶼やクレタ島、小アジアにも進出した。こうしてスラヴ人は農耕民として部族を基本的単位とする共同体(ビザンツ史料ではスクラヴィニアと呼ばれる)をバルカン各地に形成していった。スラヴの移住によってバルカンの民族構成と経済構造は大きく変化した。バルカンのスラヴ化である。十九世紀のドイツの歴史家ファルメライヤーは、バルカンのスラヴ化を根拠として、現代のギリシア人をギリシア化したスラヴ人であると主張した。この説は誤りではないにせよ、ギリシア全域がスラヴ人に占拠されたわけではなく、誇張したものといえる。ギリシアに移住したスラヴ部族には、ペロポネソス半島にエゼルツィ族、ミリンギ族、マケドニア地方にリンヒニ族、サグダティ族、ドラゴヴィティ族、スモリャニ族、ストルムツィ族などがいる。しかし、彼らの多くは、マケドニアの内陸部を除いてしだいにギリシア人に同化していった。また、北東部のドナウ川下流域ではセヴェリ族や「七部族」などが知られている。

一方、パンノニア方面からバルカン半島の西部に移住したスラヴ人には、クロアチア人(フルヴァート人)、セルビア人(スルブ人)、スロヴェニア人がいる。クロアチア人とセルビア人の民族起源には諸説あるが、元来は北カフカス地方にいたサルマート系の民族で、のちにスラヴ族に吸収・同化されたとする説が有力である。彼らのバルカン移住は、コンスタンディノス七世(在位九一三～九五九)の『帝国統治論』によれば、イラクリオス帝(ヘラクレイオス、在位六一〇～六四一)がダルマツィア領をアヴァールの攻撃から守るために、彼らを領内に招き入れたものとされる。こうした異民族を国境地帯に入れるのは、かつてローマ帝国がゲルマン人を同盟部族《フォエデラティ》として国境の守りを固めたのと同じ、「夷をもって夷を制す」という帝国の伝統的な外交政策によるものであった。

六世紀後半にサヴァ川の上流に進出したスロヴェニア人は南スラヴ人のなかでもっとも西の地域を占めることになる。移住した当初はアヴァール・カガン国に属していたが、七世紀には族長ヴァルクを中心にして部族連合をつくり、サモ王国の南部を構成した。そののち、八世紀半ばにはフランク王国の支配下に置かれ、九五二年にドイツ王のオットー一世(ドイツ王在位九三六～九七三、神聖ローマ皇帝在位九六二～九七三)が設けたカランタニア(ケルンテン)侯領に組み込まれた。侯国内で彼らは、独自性を保つことができ、フランク教会からキリスト教を受容したとされる。しかし、侯国が分解すると、彼らの一部はハンガリーやヴェネツィア領に入った。そして、十三世紀以降、ハプスブルク家に支配されたため、中世を通じて国家を形成することはなかった。こうしてスロヴェニアはドイツやオーストリアからの影響を強く受けることになった。

ところで、六～八世紀にバルカンのスラヴ化が進行するなかで、イリュリア人やトラキア人などの先住民族のなかには、峻険なディナール・アルプス山脈などの山中に避難し、そこで牧畜を生業とする山岳民として自らの民族性を維持し続けた部族もいた。彼らは十一世紀ころから、ヴラフ（ヴァラフ、アルーマニア）やアルバニア人として史料に登場する。ヴラフは後述するように、ロマンス語系の言語を話す牧畜民で、ルーマニアの民族形成や第二次ブルガリア帝国の建国と民族構成上重要な役割を果たすことになる。アルバニア人の民族起源については異論もあるが、多くの研究者は彼らを古代イリュリア人の子孫で、北ギリシアのイピロス地方の山岳地帯で言語などの民族的特徴を保持してきたと考えている。彼らがはじめて史料にあらわれた十一世紀には、セマ（テマ、軍政区）・ディラヒオン内のアルバノン地区に居住していた。その後しだいに周辺に拡散し、イピロス各地に地方勢力が形成された。オスマン軍団との戦いで勇名をはせたアルバニアの民族的英雄スカンデルベグ（本名ギェルギ・カストリオト）は北部の地方領主層の出身者であった。

2 バルカンの中世国家

ブルガリアの建国と発展

アヴァール・カガン国に服属していたブルガールは、七世紀前半に黒海北岸地方に部族連合国家「大ブルガリア」を建てた。君主には氏族ドゥロに属するクブラト（在位六三二？〜六五一以後）がなり、

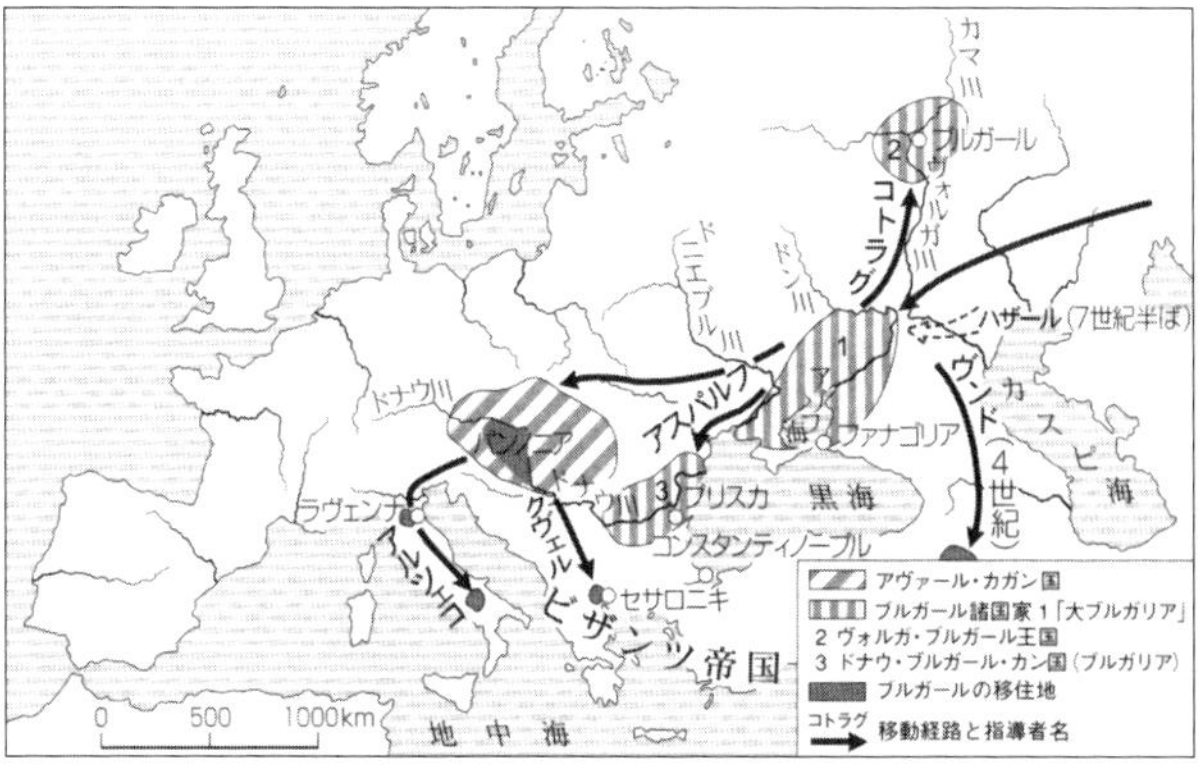

ブルガールの移動と国家形成（４～７世紀）

遊牧国家の君主号である「カン」（ハン、汗）を名乗った。クブラトはブルガール諸部族を統括し、六三五年にビザンツ皇帝イラクリオスに使者を送りビザンツ帝国と同盟を結び、イラクリオス帝からパトリキオスの称号を授与されるなど、外交面でも活躍した。しかし、彼の死後、「大ブルガリア」はハザール・カガン国によって征服される。ハザールの攻撃を逃れたブルガールの一派によってヴォルガ川中流域とバルカン半島に新たな国家が建てられた。ヴォルガ・ブルガール国とドナウ・ブルガール・カン国（第一次ブルガリア帝国）である。

クブラトの次男コトラグ（部族名とする説もある）率いるブルガールは、ヴォルガ川を北上してカマ川との合流地域に進み、やがてヴォルガ・ブルガール国を建てた。この国は九二二年にアッバース朝からの使節を迎え、通商関係を発展させようとした。使節団に随行したイブン・ファドラーンは、この国の政治や風俗習慣について詳しい記録を残している（イブン・ファドラーンの『ヴォルガ・ブルガール旅行記』）。この国の繁栄はヴォルガ水路を利用した交易活動にあったが、スラヴ人との抗争によって衰退し、十三世紀前半にバトゥー率いるモンゴルの西征軍に征服された。現在、ヴォルガ川中流域のチュヴァシ共和国を中心に住むチュルク系のチュヴァシ人は異論もあるが、ブルガールの子孫といわれている。

一方、三男のアスパルフ（在位六八〇～七〇〇頃、イスペリフとも呼ばれる）は、オノグンドゥール部族を率いてドナウ河口付近（今日の南ベッサラビア）に新たな拠点を築いた。七世紀末のアルメニアの地理書は、この様子を「この島〔ドナウ河口にあったピュキ島〕にフブラアト〔クブラト〕の息子アスパル・フルク〔アスパルフ〕が住んでいる。彼はブルガリア山からハザールの前を逃れ、アヴァールを西に追いやった」と伝えている。ビザンツの年代記は、この拠点を「オングロス」と呼んでいる。ブルガールは、この地域の先住民であるスラヴ諸族を従えてたびたび、ドナウ川をこえてビザンツ領に侵入し略奪を繰り返した。

このころイスラーム勢力を撃退したビザンツ帝国は、六八〇年に皇帝コンスタンディノス四世（在位六六八～六八五）指揮下に陸海両軍からなるブルガール討伐軍を派遣したが、皇帝が病で戦列を離れたために指揮が乱れ、ブルガールに反撃され敗れた。ブルガール軍は敗走するビザンツ軍を追って一気に南下してヴァルナに達し、さらにビザンツ領を攻撃する勢いを示した。このためビザンツ帝国は、六八一年に領土の割譲と貢納金の支払いをおもな内容とする和平条約をブルガールと結んだ。ブルガリア(ドナウ・ブルガール・カン国)の誕生である。この結果、ビザンツ帝国の国境線はドナウ川からスタラ・プラニナへと後退した。そこで、ビザンツ政府はバルカンで最初のセマであるセマ・トラキアを設置してブルガリアに対する守りを固めた。ここに成立したブルガリアは、ドニエプル川からスタラ・プラニナ、黒海からイスカル川にいたる地域を領土とし、首都はスタラ・プラニナに近いドブルジャ南部のプリスカに置かれた。

プリスカの王宮址　手前に小宮殿，右上に大宮殿が見える。大宮殿の周囲では発掘調査がおこなわれ，811年のビザンツ軍の攻撃によって焼失した建物を示す厚い炭化層が確認されている。

このときバルカン半島にはすでに多数のスラヴが定住しており、ブルガリアにも建国当初からセヴェリ族や七部族と呼ばれるスラヴ部族がいた。建国者のブルガールと先住民のスラヴとの関係は史料では、支配-被支配とも同盟とも解釈できるが、ほかの遊牧国家の例からみて、ブルガールが発達した政治組織と強力な軍事力を背景にして、スラヴを支配下に組み入れたとするのが、妥当と思われる。したがってブルガールが国家の上層部を占め、スラヴはおもに農耕に従事した。しかし、数の上で劣るブルガールはしだいにスラヴに同化し、ブルガリアはスラヴの国になっていくのである。

最初、両者は分かれて住み、異なった生活様式を維持していた。スラヴは農耕と牧畜を生業とし、川や沼沢などの近くにつくられた集落に暮らした。地面を一メートルほど掘り下げて床面とした竪穴式住居(ゼムリャンカ)に住み、雷神ペルンを主神とする多神教を信仰し、遺体を火葬にした。ブルガールは、シャーマニズムの信奉者で遺体を土葬にし、初期にはユルタ(遊牧民の円形のテント)を住居とした。

『聖ディミトリオスの奇跡』によると、七世紀にパンノニアのアヴァール・カガン国からマケドニアに移住したブルガールがいた。クヴェル率いるパンノニア・ブルガールである。この移住の時期とクヴェル自身について論議され、クヴェルがクブラトの四男とする説があるが、はっきりしたことはわからない。ただ七世紀のほぼ同時期にバルカンに二派のブルガールが存在したのは確かである。アスパルフが北東部に支配権を確立させる一方、クヴェルのブルガールはセサロニキ攻略に失敗して衰退し、スラヴに同化したと思われる。このほかにパンノニアからイタリアに移住したアルツェコ率いるブルガールの一派も知られているが、クヴェルのブルガール同様、勢力を維持できずに滅亡した。

アスパルフの後継者テルヴェル(在位七〇〇頃〜七二一)は、七〇五年にビザンツ皇帝ユスティニアノス二世(在位六八五〜六九五、七〇五〜七一一)の帝位奪回を援助したことによって、同帝から異民族の君主としては異例の「カエサル」の爵位を授けられている。このとき、先の条約が更新され、貢納金の増額とザゴラ地方（「山向こう」の意味、スタラ・プラニナ以南のトラキア平野の一部）の割譲が決められた。さらに七一六年には国境線の確定や貢納金、逃亡者の引き渡し、そして両国間の通商関係を内容とする新たな条約が締結された。テルヴェルは、自らの業績を「マダラの騎士」と呼ばれる摩崖浮彫の碑文に刻んでいる。

テルヴェルによってブルガリアの基礎が築かれたが、カンの権力は脆弱で、ブルガリアは八世紀の後半にカン位をめぐって内乱状態に陥った。研究者によっては、この内乱をビザンツ派と反ビザンツ派、ブルガール派とスラヴ派の対立関係から理解しようとしているが、対抗勢力をこのように大別することはできない。むしろ敗戦などの失政を機に生じた支配権をめぐる有力氏族間の権力闘争と考えられる。『ブルガール・カン名録』に「コルミソシュ、一七年〔治める〕。彼の生まれはヴォキル。この王は氏族ドゥロをヴィフトゥンかえる」とあるように、このときにクブラト以来の建国者の氏族ドゥロにかわってヴォキル氏族が「王の氏族」となった。

八世紀後半にカルダム（在位七七七～八〇三）が内紛を収め、続いてクルム（在位八〇三～八一四）政権が樹立されると、クルム一族によるカン位の独占が始まる。クルムはアヴァール・カガン国やビザンツ領マケドニア地方に対する征服戦争を積極的におこない、領土拡大を果たす一方、内政面でも中央集権化を推進させた。ブルガールとスラヴという、建国当初から存在するブルガリア国家の二重構造

「マダラの騎士」と呼ばれる摩崖浮彫　地上23mの岩壁に獅子を踏みつけ，犬を従えた騎馬像が彫られ，その周囲にテルヴェル，コルミソシュ，オムルタグの３人のカンの業績がギリシア語で刻まれている。ブルガリア東部のマダラ村所在。

を解消し、一元化をはかるためにスラヴ人の重要官職への登用、立法事業などをおこなっている。ブルガリアを牽制しようとするビザンツ帝国は、八一一年に皇帝ニキフォロス一世(在位八〇二～八一一)が親征し首都プリスカを占領したが、帰途スタラ・プラニナの隘路《あいろ》でブルガリア軍の奇襲を受け、壊滅状態に陥り皇帝を含む多数が戦死した。

　ビザンツの聖職者で年代記作家のセオファニス(「聖証者」、テオファネス)は、皇帝の最後の様子を「クルムはニキフォロス帝の首を打って、何日もさらして力を誇示してから、頭蓋骨に銀を張ってどくろ杯をつくらせ、酒をいれてスラヴ人の族長たちに飲ませた」と伝えている。敵将の頭蓋骨をどくろ杯にする習慣はスキタイ、匈奴、ペチェネグなど、遊牧民に共通している。どくろ杯は単なる酒宴を演出するための道具ではない。盟約者が誓約を交わす際に用いる神聖な酒器である。クルムの場合、スラヴ人の族長に飲ませたとあることから、ニキフォロスのどくろ杯はクルムの力の誇示とスラヴ人との盟約という二重の役割を果たしたことになる。勢いに乗ったクルムはトラキアに侵攻し、黒海の港湾都市を占領しながらコンスタンティノープルの城壁に達した。このときメシンヴリア(旧メセンブリア、現ネセバル)では海軍基地が占領され、秘密兵器であった「ギリシアの火」が奪われたが、艦隊をもたないブルガリア軍には無用の長物にすぎなかった。八一三年にレオン五世

クルムの宴会　右手の人物がビザンツ皇帝ニキフォロスの頭蓋骨からつくられたどくろ杯を捧げもっている。マナシス年代記の挿絵(14世紀)。バチカン図書館所蔵。

(在位八一三〜八二〇)によるクルムの暗殺が未遂に終わったあと、彼はアドリアノープルやアルカディオポリスを陥落させた。しかし、翌年四月にクルムは新たなビザンツ攻撃の準備中に急死した。

クルムの後継者オムルタグ(在位八一四〜八三一)は、まず宿敵であったビザンツ帝国と三〇年和平条約を締結し、対外関係を安定させた。この条約はビザンツ人捕虜の帰還や国境線の確定などを決めたものであった。ブルガリアは国境線に沿って黒海沿岸からデヴェルトスを経てシメオノフグラット近くのマリツァ川に達する全長約一二〇キロメートルにおよぶ土塁と壕からなる防壁(のちにエルケシヤと呼ばれ、現在も一部残存する)を築いた。こうしてオムルタグは平和を維持しながら、父王の時代に急成長した国家を機能的に統治するために内政の充実をめざしたのである。このころから全国をコミタトゥスと称する行政区に分け、コメース(スラヴ語コミト、地方統治官)に統治させる地方行政制度がつくられたと思われる。またオムルタグはキリスト教を禁止し、キリスト教徒を弾圧・迫害した。これはキリスト教を通じてビザンツ帝国の影響が強まるのを恐れたからである。しかし、実際にはキリスト教はすでにブルガリアの宮廷にも浸透しており、オムルタグの長男エンラヴォタ(ヴォイン)もキリスト教に帰依したために、のちにカン位を継いだ弟のマラミル(在位八三一〜八三六)に処刑されている。マラミルおよび甥のプレシアン(在位八三六〜八五二)は基本的にはオムルタグの政策を踏襲しながら、マケドニアやエーゲ海方面に領土を広げ、内外政ともに安定した時代を築き上げた。

ブルガリアの国家機構は、建国者であるブルガールのもつ遊牧国家の組織を基礎にして構成された。

支配者は特定の氏族（「王の氏族」、ドゥロ、ヴォキル、ウガインなど）の出身者に限られ、カンと号し、一般的にカナル・ティキンと呼ばれる長子がカン位を継承した。子がいない場合や長子に不都合な理由が生じたときには、マラミルやプレシアンのように甥や次男以下の者がカンとなった。またカンは当時の碑文に「神によりてカンになりしオムルタグ」とあるように、王権神授という考えに基づく神聖な存在として位置づけられていた。カンは政治と軍事の指導者であり、また神タングラ（シャーマニズムの神テングリ）に生贄を捧げる神官でもあった。ただし、国家の重要事項は「会議」において決定された。カンの家臣は伝統的な遊牧国家の官称号を帯びており、軍事・行政の高官にはカフカン、イチルグ・ボイラ、バガイン、タルカンなどがあり、時代によって官称号とその職能はさまざまに変化した。カンにはギリシア語で「スレプトス・アンスロポス」（被扶養者の意味）と呼ばれる直属の陪臣団がいた。また、コンスタンディノス七世が、ビザンツ宮廷でなされたブルガリア使節との謁見の様子を「六人の大ボイラはいかがなりしや。その他の内と外のボイラはいかがなりしや」（『ビザンツ宮廷の儀礼について』）と記しているように、ボイラ（のちにスラヴ語に転じてボリャーリン、ボイェリ＝貴族、となる）と呼ばれる貴族層は、カンの側近の大ボイラおよび「内と外」という、中央と地方に所在する二種に分かれていた。

ブルガリアの改宗

九世紀のキリスト教世界では、コンスタンティノープル教会とローマ教会という東西の二大教会とローマ教会に属するフランク教会の三者が独自の活動を展開していた。このうちコンスタンティノープル教会とフランク教会はそれぞれビザンツ帝国とフランク王国に保護され、その活動は国家利益と結びついていた。両教会は中欧のスラヴ国家の大モラヴィア王国において宣教活動をおこない対立することになる。また、東西両教会はイコノクラスム(聖像破壊運動)や「フィリオクェ」(聖霊が「子からも〈フィリオクェ〉」発出するというローマ教会の教義)の問題を通じて立場の違いが明らかになっていた。ローマ教会はイリュリクムの教会管轄区を復活させようとして、バルカンでの布教活動に熱心であった。こうした状況を踏まえてブルガリアの改宗をみていこう。

ブルガリアには建国当初からキリスト教徒がいたが、領土の拡大とともにその数は増大し、ブルガール人貴族のなかには伝統的なシャーマニズム信仰を捨ててキリスト教に改宗する者もあらわれた。前述のエンラヴォタもそうした一人であったが、迫害を受け処刑されている。ブルガリアはビザンツ帝国の影響力を恐れ、キリスト教を拒否してきたが、九世紀にはビザンツ帝国とフランク王国という東西のキリスト教大国のあいだに位置するブルガリアにとってキリスト教の受容は不可避の問題になっていた。また、ブルガリアの国内事情として、クルム以来の中央集権化政策と民族的統一という課題があった。そこで、八五二年にカン位を継承したボリス一世(在位八五二〜八八九)は、八六二年に

ブルガリア王ボリス１世の洗礼　左端に代父となったビザンツ皇帝ミハイル３世と皇后が描かれているが，実際に同帝がこの洗礼に加わったわけではない。『マナシス年代記』の写本。14世紀。バチカン図書館所蔵。

東フランク王ルートヴィヒ二世（在位八四三〜八七六）と同盟を結び、フランク教会からキリスト教を受容しようとしたらしい。両国の関係には大モラヴィア王国に対する軍事的意図がみられたため、八六三年秋にビザンツ軍はブルガリアに侵攻した。この年に地震や飢饉に悩まされていたブルガリアは、不利な条件で和議に応ぜざるを得なかった。和議に際してビザンツが要求したことは、フランクとの同盟の解消とキリスト教の受容であった。かくして、八六四年初めに主教を代表とするビザンツ使節によってブルガリア人の改宗がおこなわれた。

ボリスはプリスカにおいて受洗し、キリスト教徒になった。代父はビザンツ皇帝ミハイル三世（ミハエル、在位八四二〜八六七）で、ボリスは洗礼名ミハイルを得た。この結果、ブルガリア王はビザンツ皇帝の子であり、皇帝一家という擬制的家族の一員になったのである。

ボリスの改宗とともにブルガリア国民は強制的に改宗させられ、各地の村落では村人がビザンツ教会から派遣された宣教団によって川や湖に連れていかれて集団洗礼を受け、にわか仕立ての信徒となった。同時に異教の神殿は破壊され、マダラの宗教遺跡にみるように教会に建てなおされた。民衆の教化のためにギリシア人司祭がギリシア語典礼によってミサをおこない、ギリシア語で説教をした。当然、民衆はギリシア語を理解することができず、キリスト教が浸透しにくかった。

ボリス自身にも、格調高いギリシア語で神学やキリスト教君主としての義務を説くコンスタンティノープル総主教フォティオスの書簡の内容は難解であった。われわれは教皇ニコラウス一世の返書(『ブルガリア人宛の返書』と呼ばれている)から、そうしたボリスの素朴な疑問を理解することができる。この返書は一〇〇をこえるボリスの質問に対してローマ教皇が答えたもので、改宗時のブルガリア社会の様子やブルガリア人の価値観、風俗習慣を伝える貴重な史料となっている。ボリスの質問には、近親結婚、一夫多妻制、安息日の労働や夫婦の交わり、病を癒す石の使用、馬の尾を軍旗に用いること、自殺者の埋葬、刃物を使わずに殺した動物は食べられるか、出産後女性は何日で教会に入ることができるのかといった日常生活に関わる事柄が多い。神学上の問題への関心は低く、瑣末な問題ながら、生活に即した次元でキリスト教信仰を理解しようとする姿勢がみられる。

改宗に際して保守派のブルガール貴族《ボイラ》の反乱が起きたが、ボリスはこれを鎮圧して国内の反対勢力を排除すると、ただちに独立教会の設立と教会組織や信仰に関する説明を求めて使節をローマに派遣した。またこれと同時に東フランク王国のルートヴィヒ二世にも宣教使節の派遣を求めた。この結果、ローマ教会とフランク教会双方の使節がブルガリアにあらわれた。ボリスは先に到着していたローマ教会使節を受け入れ、フランク教会からの宣教団を帰国させた。同時に、すでに活動していたビザンツ教会の宣教使節を国外に退去させた。これは、バルカン半島での教会管轄権を取り戻そうとするローマ教会にとって絶好の機会であった。さっそく、ポルトゥスの司教フォルモススをはじめとする宣教使節は、ボリスに教皇ニコラウス一世の『ブルガリア人宛の返書』を渡し、ラテン語典礼を導入しながら宣教活動に従事した。しかしボリスが目標とするブルガリア教会の独立は認められず、そのためボリスはカフカンのペタルを代表とする使節を再度ローマに派遣した。その結果、ローマ教会が独立教会を認めないことがわかると、ボリスはビザンツ側との交渉を始めた。

八七〇年、コンスタンティノープルで開催されていた第八回全教会会議の終了直後に突然、ブルガリアからの使節があらわれてブルガリア教会の帰属を決定するよう求めた。そこで、同会議はブルガリア教会がコンスタンティノープル教会の管轄区に属することを決定した。ローマ教会の敗北であった。このときコンスタンティノープル教会はブルガリア教会に対して一定の自治を認め、ブルガリア大主教をプリスカに派遣した。かくしてブルガリア教会は不完全ながら独立を達成し、ビザンツをモデルとして教会組織がつくられ、各地に教会や修道院が建設された。このビザンツの影響力を脱するために、ボリスが次に注目したのはスラヴ語典礼の導入であった。そこで、ボリスは大モラヴィア王国でスラヴ語典礼をおこなったキリロス（スラヴ語名キリル、俗名コンスタンディノス）とメソディオス（スラヴ語名メトディ、メフォディイ）兄弟の弟子で、同国を追放されたクリメントやナウム等を迎え入れ、スラヴ語によるブルガリア人聖職者の養成とスラヴ語典礼の普及に努めたのである。

ボリスはブルガリア教会を軌道に乗せると、三六年間の統治に自ら区切りをつけて、八八九年に長男のヴラディミル（在位八八九〜八九三、ブルガール名でラサテとも呼ばれる）に王位をゆずり修道生活に入った。しかし、ボリスの期待に反して、ヴラディミルはドイツ王アルヌルフ（在位八八七〜八九九）と同盟を結び、さらに異教信仰を復活させ、キリスト教徒を弾圧した。自らの政策を否定されたボリスは八九三年に修道院を出て、ヴラディミルを捕らえて盲目にして投獄した。ボリスはただちに「会議」を召集し、ヴラディミルの廃位と三男シメオン（在位八九三〜九二七）の即位、プレスラフ遷都、スラヴ語の公用語化を決定した。このスラヴ語の公用語化に関連して、ブルガリア教会ではスラヴ語による典礼が確立し、典礼書をはじめ多数のキリスト教関係の文献がスラヴ語に翻訳された。また、君主号も「カン」からスラヴ語の「クニャズ」（ゲルマン語からの派生語、英語のキングと同一語源）になったと思われる。

シメオン帝の時代

　ボリスの三男シメオンは八六三年ころに生まれ、十代後半の数年間をコンスタンティノープルで暮らし、宮廷内で教育を受けた。このため学問はもとより、ビザンツの宮廷生活や教会についてもよく知っており、「半ギリシア人(エミアルゴス)」と渾名《あだな》されている。ボリスは当初、シメオンを高位聖職者にするつもりで、帰国後ナウムのもとでスラヴ語典礼の普及活動にあたらせていた。長兄ヴラディミルの廃位にともなう予定外の王位継承であったが、シメオンは政治家・軍人として力量を発揮し、ブルガリアの絶頂期を築くことになる。彼はブルガリアの発展のためには、これまでのようにビザンツに追随するのではなく、ビザンツに対抗し軍事的に優位に立つ必要があると判断して、父王ボリスの穏健策から強硬策に転じた。

　シメオンは八九四年に、ビザンツ政府がブルガリア商人を首都から締め出してセサロニキに移して関税をあげたのを理由として、ビザンツに先制攻撃を加えた。この経済戦争がその後三〇年以上続く両軍の緒戦であった。ビザンツ帝国はブルガリアの北にいたマジャール人と同盟を結び、反撃を開始した。しかし、この戦いはシメオンが一枚上手であった。彼は危機に陥りながらも、ペチェネグ人を味方につけてマジャール人を挟撃した。このためマジャール人はクルサーンとアールパードに率いられ西方へ逃れ、カルパチア盆地に支配権を確立させたのである。これに続いてブルガリア勢は、八九六年にアドリアノープルの近くのブルガロフィゴン(現ババエスキ市)においてビザンツ軍に圧勝した。

896年のブルガロフィゴンの戦い　ヨアニス・スキリティスの『年代記』のマドリード写本の挿絵。

さらにマケドニアに侵攻して、領土をアドリア海沿岸にまで広げた。

九一三年にアレクサンドロス帝（在位九一二～九一三）がブルガリアへの貢物の支払いを停止すると、シメオンはただちに軍勢を率いて首都を攻囲した。軍事的征服は不可能であったが、有利な立場で交渉に臨むことができた。皇帝理念を理解していたシメオンは、ブルガリア・ビザンツ帝国の皇帝をめざすようになった。首都に入城したシメオンにビザンツ側の代表であった総主教ニコラオス・ミスティコスは貢納金の支払いと幼帝コンスタンディノス七世とシメオンの娘との婚約を約束した。さらに総主教はシメオンの頭に帝冠ではなく、自分の典礼用の頭飾りを載せて「皇帝《ヴァシレフス》」と宣言した。この一種の戴冠式をめぐってさまざまな解釈がなされている。もちろん、この行為は正式の皇帝としての戴冠式ではない。これによってシメオンがビザンツ皇帝（実際にはコンスタンディノス七世がいるので共治帝）となったとするのは、早計である。事実、シメオンはこの機をと

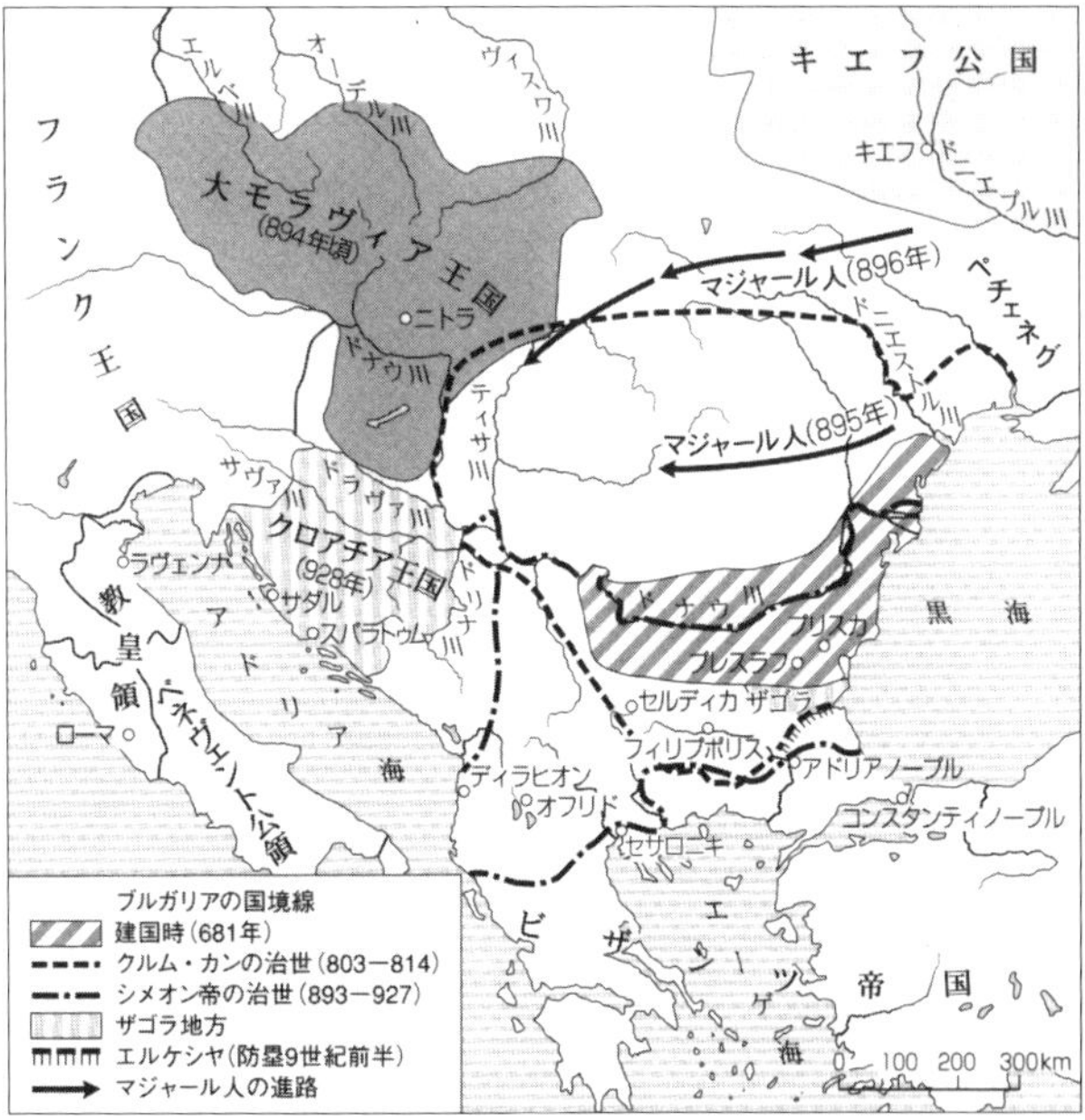
キエフ公国
キエフ
ドニエプル川
エルベ川
オーデル川
ヴィスワ川
フランク王国
大モラヴィア王国
(894年頃)
ニトラ
ドナウ川
マジャール人(896年)
ペチェネグ
ドニエストル川
ティサ川
マジャール人(895年)
サヴァ川
ドラヴァ川
クロアチア王国
(928年)
ラヴェンナ
サダル
スパラトゥム
ドリナ川
教皇領
アドリア海
ローマ
ベネヴェント公領
ドナウ川
黒海
プリスカ
プレスラフ
セルディカ
ザゴラ
フィリプポリス
アドリアノープル
ディラヒオン
オフリド
コンスタンティノープル
セサロニキ
ビザンツ帝国
エーゲ海
ブルガリアの国境線
建国時(681年)
クルム・カンの治世(803−814)
シメオン帝の治世(893−927)
ザゴラ地方
エルケシヤ(防塁9世紀前半)
マジャール人の進路
0 100 200 300km

第１次ブルガリア帝国の発展(681〜927年)

らえて「ローマ人とブルガリア人の皇帝にして専制君主」と称したが、結局ビザンツ宮廷で皇后ゾイ(ゾエ)が実権を握ると、シメオンとの約束は反故にされたのである。シメオンは新たなコンスタンティノープル攻略策として、アフリカのファーティマ朝の艦隊に期待したが、実現しなかった。再三にわたる首都攻囲も失敗に終わり、シメオンは九二七年に没した。シメオンは征服戦争によってアドリア海にまで達する広大な領土を獲得し、後述するようなスラヴ・正教キリスト教文化を後世に残すなど、ブルガリアの「黄金時代」を築いた。しかし、発展の陰には、長年にわたる戦争で疲弊した国民と逼迫した財政という負の遺産も残されたのである。

ブルガリアの支配者はビザンツ帝国との交易活動に熱心で、先にみたように、シメオンはブルガリア商人がコンスタンティノープルから締め出されたのを理由に戦争をしかけている。ブルガリア商人は国内で生産された穀物、亜麻、蜜などをビザンツに輸出し、ビザンツの貴金属細工品や絹織物などの奢侈品を輸入した。支配者は自国の商人に特許状を与えて貿易を独占し、富を掌握しようとしたのである。しかし、国内の自由な商業活動が抑えられたため、貨幣経済は未発達のままであった。農村においては有力貴族に加えて教会や修道院も大土地所有を進めた。史料から、これらの領地で働く従属農民(平農奴《パリツィ》や教会農奴《クリリツィ》)の姿を知ることができる。ただし、彼らの数は少なく、農民の大部分は自由農民《プロスティエ・リュデ》であった。彼らは国家に対して一定の生産物(小麦、雑穀、ぶどう酒など)で租税を払い、賦役を課せられていた。また教会に対しては『教会法典《ノモカノン》』に従って「カノニコン」と称する租税や冠婚葬祭に関わる手数料を納めた。このように農村では自給自足の生活が営まれ、自然経済の状態が続いたのである。

ブルガリア・ビザンツ戦争

マジャール人やペチェネグ人の侵入に苦しめられたシメオンの後継者ペタル一世(在位九二七〜九七〇)は、ビザンツ帝国を味方につけるためにロマノス一世(在位九一九〜九四四)の孫娘マリアと結婚し、ビザンツ皇帝の親族となり、正式に「ブルガリア人の皇帝《ヴァシレフス・ブルガロン》」の称号を与えられた。スラヴ語では「皇帝」をツァール(ツァーリ)と称した。同時にブルガリア教会は総主教座教会に昇格した。しかし、ペタルの親ビザンツ政策は貴族層の反発を招き、彼らの独立傾向をうながした。支配権の弱体にともなってさまざまな矛盾が表面化し、社会不安が増大した。国家の保護を受けた教会や修道院が新たな支配階級となり、民衆を抑圧した。こうしたなかで異端のボゴミル派が起こり、後述するような民衆運動が展開された。

　さらにブルガリア攻略をめざすビザンツ帝国は、キエフのスヴャトスラフ公(在位九四五頃〜九七二)を味方につけ、ブルガリアを攻撃させた。ロシアの年代記『ロシア原初年代記』は、キエフ軍のブルガリア遠征について、「スヴャトスラフがボルガリ(ブルガリア人)を打ち負かし、ドナウに沿った八十の町を占領した。彼はグレキから貢税を取りたてながら、その地ペレヤスラヴェツ(プレスラヴェツ、小プレスラフとも呼ばれる。現トゥルチャ市付近）に公として座した」（国本哲男他訳『ロシア原初年代記』九六七年の項、以下の引用は同書による）と伝えている。さらに「私（スヴャトスラフ）はキエフにいるのが嫌です。ドナウのほとりのペレヤスラヴェツに住みたいと思います。そこがわが国の中心であり、そこにあらゆるよい物が集まってくるからです」（同書、九六九年の項）と述べ、ブルガリア占領をめざしたが、ビザンツの反撃に遭い、退却を余儀なくされた。

かくしてビザンツは九七一年にプレスラフを占領し、ブルガリア皇帝《ツァール》ボリス二世（在位九七〇～九七一）と弟のロマンを捕らえ、ブルガリアの東半部を支配下に置いた。一方、西ブルガリアは地方統治官《コミト》ニコラの息子ダヴィド、モイセイ、アロン、サムイル（在位九九七～一〇一四、サムエルとも呼ばれる）によって約半世紀のあいだ、独立が維持された。なかでもサムイルはマケドニアのオフリドを本拠として抵抗を続け、一時は東部を奪回さえしたが、のちに「ブルガリア人殺し《ブルガロクトノス》」と渾名されるヴァシリオス二世（バシレイオス、在位九七六～一〇二五）に敗れた。ヨアニス・スキリティスは一〇一四年のベラシツァの戦いのあとで、「ビザンツ皇帝は、捕虜になったブルガリア兵一万五〇〇〇人のうち一〇〇人に一人だけ片目を残して全員を盲目にさせ、サムイルのもとに帰した。これを見たサムイルは衝撃のあまり、二日後に死んだ」と記している。こうして、一〇一八年までにオフリドやペルニクといった抵抗の最後の拠点が陥落して三〇〇年以上続いたブルガリア帝国は滅亡した。

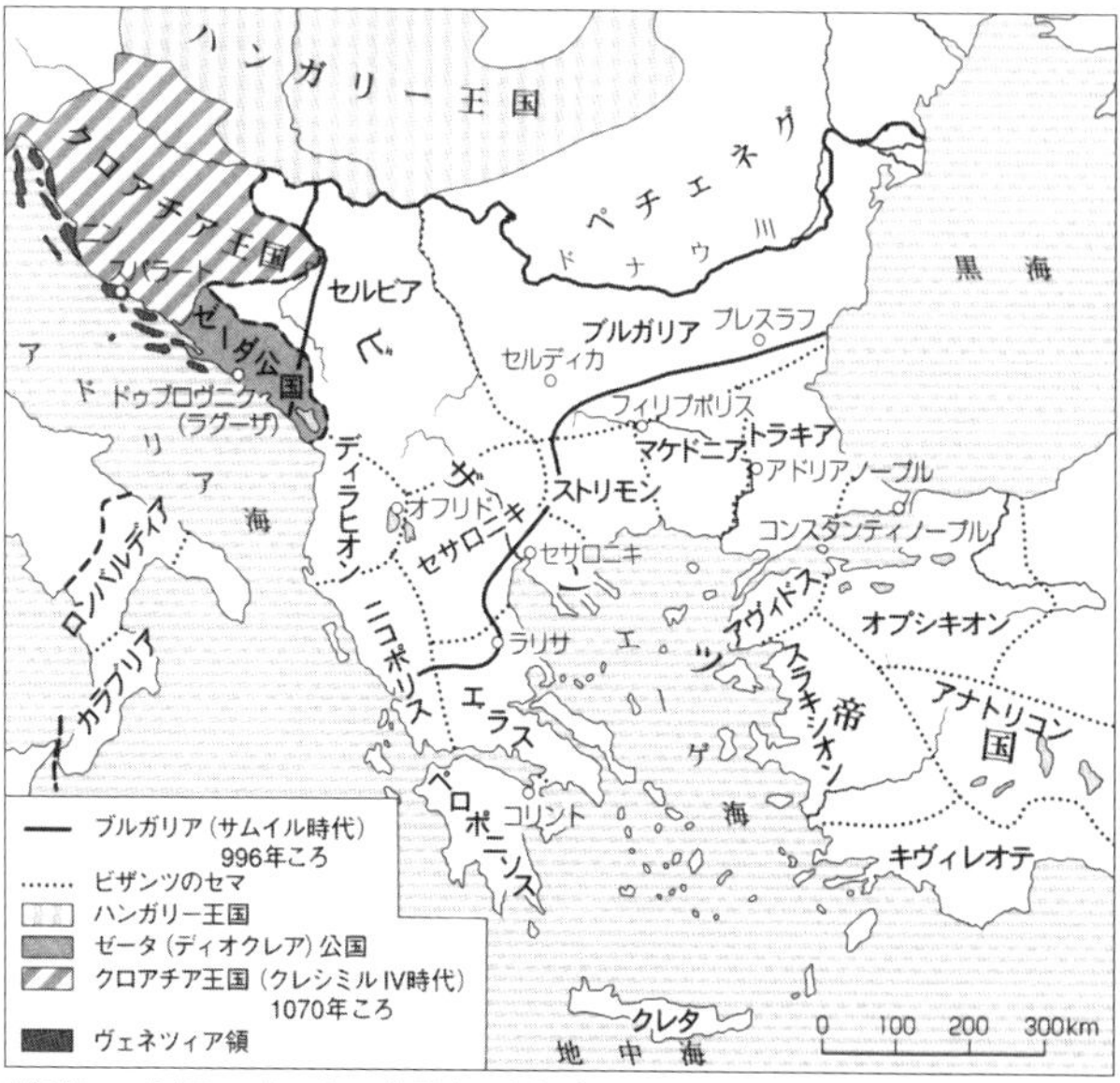

ビザンツ帝国のバルカン支配(10世紀末〜12世紀)

ビザンツ帝国のバルカン支配

ビザンツ帝国はブルガリアを征服するとバルカンの支配地にセマ制を導入し、セマ・パリストリオン（ドナウ平野、主都ドラスタル）、セマ・ブルガリア（マケドニア地方、主都スコピエ、のちにトリアディツァ）、セマ・ダルマツィア（アドリア海沿岸地方、主都ザダル）の各セマを設けた。その後セマは、ブルガリア・セルビア・ディラヒオン・ニコポリス・ペロポニソス・エラス・クレタ・セサロニキ・ストリモン・マケドニア・トラキアの一一に細分された。征服者ヴァシリオス二世は、恭順の意を表したブルガリア人貴族や高位聖職者に対して柔軟な態度を示し、従来の特権的地位を保証した。しかし、その一方で農民や都市の住民などの一般民衆の状況は悪化していった。彼らは長年にわたる戦禍、天災（旱魃）に加えビザンツ役人による搾取にも苦しめられた。オフリドの大主教セオフィラクトスは書簡のなかで「彼ら（国家の収税吏）は庇護もない民衆に略奪を働き、その子らを奴隷に売りとばす。彼らは納税者の背中から衣服を剝ぎとるだけでなく、骨から肉もそぎとる」と記している。また成人男子には軍務も課せられ、兵士として戦場に送られたのである。さらにペチェネグ族をはじめウズ、マジャール、クマンなどの遊牧民がドナウ川をこえて侵入して各地を略奪した。

ヴァシリオス二世の死後、ビザンツ政府はブルガリアに対して強硬策に転じ支配を強化した。一〇三四年にブルガリア人大主教ヨアン・デバルスキイが死ぬとビザンツの聖職者でパフラゴニア（アナトリア北部）出身のレオンが大主教に就任し、以後その地位はギリシア人によって占められた。このように宗教面でもビザンツ支配が強まり、ギリシア語典礼の導入によりブルガリア教会のビザンツ化が進行した。

一〇四〇年にミハイル四世（在位一〇三四〜四一）のもとで実施された財政改革によって、ブルガリア農民は租税の金納を義務づけられた。この農村における貨幣経済の導入は、農民の負担を増大させ、生活を逼迫させることになり、同年、大規模な民衆蜂起がマケドニア地方で起きた。蜂起はサムイルの孫ペタル・デリャンによって指導され、ブルガリア帝国の再建をめざしたが、傭兵に支援されたビザンツ軍に鎮圧された。しかし、そのあともブルガリア人とヴラフの蜂起（一〇六六年）、ゲオルギ・

ヴォイテフの蜂起（一〇七二年）、コンスタンティン・ボディンの蜂起（一〇七二年）などの反ビザンツ蜂起が繰り返されている。蜂起が多発した背景には、過酷な支配体制とともにビザンツの支配体制自体の変化があげられる。貨幣経済の進展にともない大土地所有が進み、大領主層である門閥貴族が成長して従来のセマ制が崩壊し、新たにプロニア制（プロノイア制、皇帝から家臣が軍事奉仕を条件として土地や徴税権を与えられる制度、西欧の封建制と比較される）に移行していった。ビザンツの「封建化」の時代である。中央権力の弱体化によって蜂起が頻発し、短期間のうちに一三人もの皇帝が交替し、対外的にも異民族の侵入が激化した。とりわけ、一〇七一年のマンヅィケルト（マラーズギルド）の戦いでセルジューク朝に大敗したことやノルマン人のバリ占領によるビザンツの南イタリア支配の終焉は、帝国の衰退を象徴する事件であった。

第二次ブルガリア帝国の成立と発展

一一八五年秋、ブルガリアからトドル（テオドル、のちにペタルと名乗る）とアセン（ベルグンとも呼ばれる）の兄弟がビザンツ皇帝イサアキオス二世アンゲロス（在位一一八五～九五、一二〇三～〇四）をたずねて、プロニアの下賜を願い出た。これを拒否された兄弟はブルガリア再興を訴えて、民衆の支持と遊牧民のクマン人（南ロシアの遊牧民ポロヴェッ人と同じ）の援軍を得てビザンツ軍を破り、一一八七年独立を達成した。二人は皇帝《ツァール》の座に就き、ここにブルガリアは復活し、スタラ・プラニナ山脈中部の

タルノヴォのツァレヴェツ(王城)　ヤントラ川の蛇行浸食した要害堅固な地形を利用している。現在では中央部分に総主教座教会が復元されている。

タルノヴォ(現ヴェリコ・タルノヴォ)を首都とする第二次ブルガリア帝国が誕生した。なお、トドルとアセン兄弟の出自について、ヴラフ人、ブルガリア人、クマン人、ルーシ(ロシア)人、ブルガリア人とクマン人の混血等、諸説あり、明確になってはいない。同時代のビザンツや十字軍史料に記された「ヴラフ人」が有力視されるが、民族名に限らず、特定の居住地や職業を有する社会集団を意味する場合もある。ヴラフ人は、言語的にはラテン語から分化したロマンス語派に属し、バルカン半島の山岳地帯で放牧を営む民族集団で、後述するようにルーマニア人の民族起源に関係している。このように、第二次ブルガリア帝国の民族構成は複雑で、スラヴ系のブルガリア人を中心として、ロマンス系のヴラフ人、チュルク系のクマン人に加えて混血からなる多民族国家であった。

アセン一世(在位一一八七～九六)とペタル(在位一一九六～九七)の暗殺後即位した末弟のカロヤン(ヨアンまた

はヨアニツァとも呼ばれ、カロヤンは「カロ・ヨアン」＝善良なるヨアンの意、在位一一九七〜一二〇七）は、人質として滞在したコンスタンティノープルにおいて教育を受けた人物で、かつてのシメオンと同様、ビザンツ帝国をモデルとする国家づくりをめざし、自ら「ブルガリア人とギリシア人の皇帝《ヴァシレフス》」と称して活発な対外政策を展開した。彼はブルガリア教会の独立のためにローマ教会に接近して、教皇インノケンティウス三世と書簡を交わし、一二〇四年に枢機卿レオを代表とする教皇使節をタルノヴォに迎えた。このとき、教皇使節は教会合同を意図してブルガリア総主教ヴァシリーを首座大司教に任命し、カロヤンには王冠を授けた。同年に第四回十字軍が、聖地奪回という目的を大きく逸脱してコンスタンティノープルを攻撃、占領して、ラテン帝国（一二〇四〜六一年）を建てるという事件が起きた。このためビザンツ勢力は分裂し、各地に継承国家を誕生させた。

ブルガリアはこの機をとらえて勢力拡大を企て、一二〇五年にアドリアノープル付近でラテン帝国軍と戦った。「カロヤンの軍勢がフランク勢に襲いかかり大勢を虐殺し、味方は全滅してしまった」（伊藤敏樹訳『コンスタンチノープル遠征記』）とロベール・ド・クラリが伝えているように、カロヤンは十字軍に大勝し、皇帝ボードワン一世（在位一二〇四〜〇五）を捕らえて処刑した。カロヤンはさらに一二〇七年にはマケドニアに進攻し、その大部分を占領したが、セサロニキ包囲中に急死した。その死は部下のクマン人の軍司令官マナスタルが関与した謀殺であった可能性が高い。遺体はタルノヴォに運ばれ、埋葬された。一九七二年にヴェリコ・タルノヴォの「聖四〇人殉教者」教会で金糸を織り

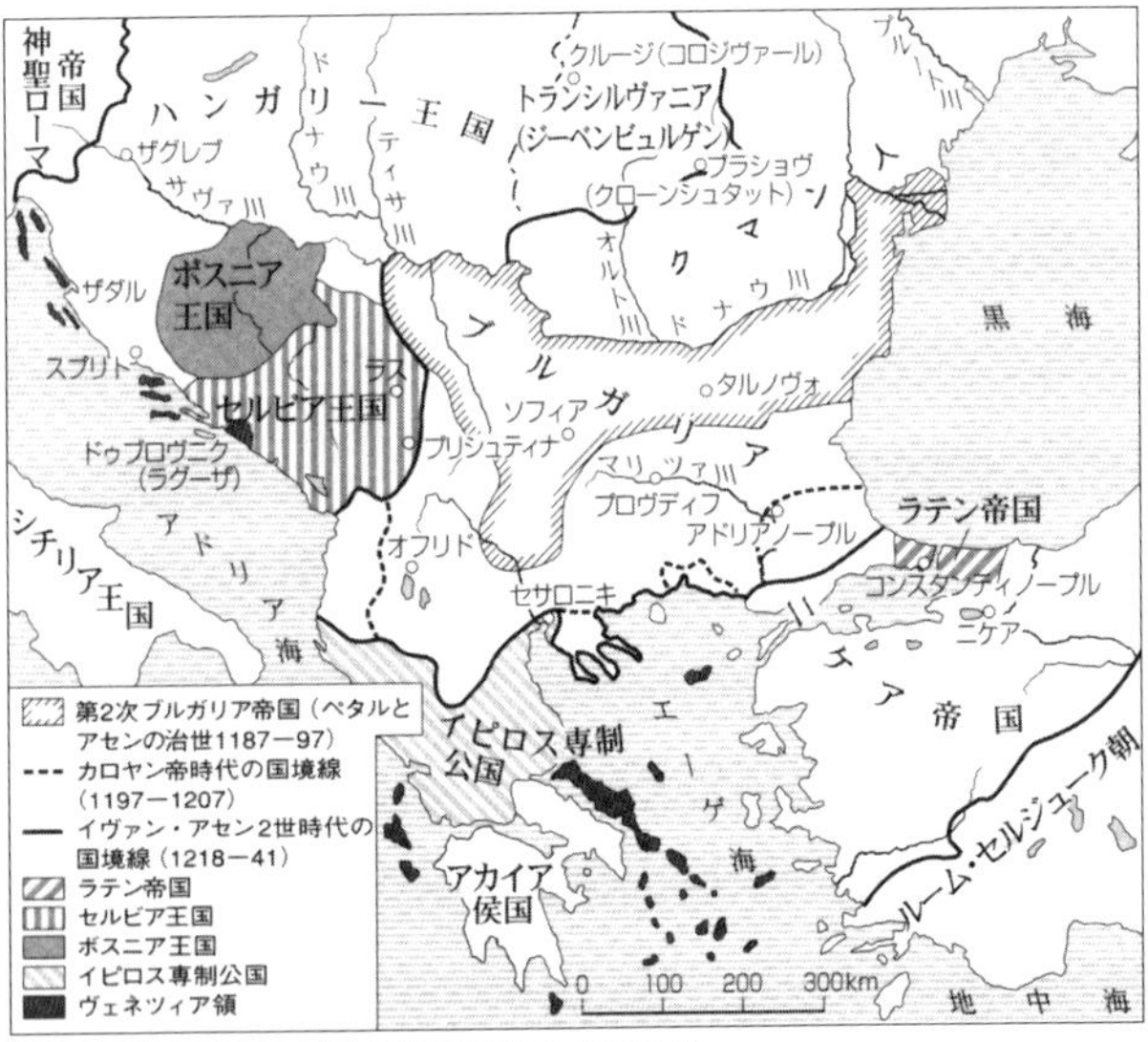

第２次ブルガリア帝国の発展（1187～1241年）

込んだ豪華な衣装を着けたカロヤンと思われる遺骨が発見されている。

カロヤンの死によって生じた政争はアセン一世の子、イヴァン・アセンによって収拾された。彼はイヴァン・アセン二世（在位一二一八～四一）として統治し、第二次ブルガリア帝国の最盛期を築くことになる。彼は国境地帯の防衛力を強化する一方、婚姻を通じて近隣諸国と関係を結んでブルガリアの国際的な地位の向上に努めた。彼自身がハンガリー王女と結婚し、娘たちはセサロニキ帝国のマヌイル・アンゲロス帝（在位一二三〇～三七頃）、セルビア王ステファン・ヴラディスラヴ（在位一二三四～四三）、ニケア帝国の皇帝セオドロス二世ラスカリス（在位一二五四～五八）に嫁いだ。また歴代のブルガリア君主としてはじめて貨幣を鋳造し、経済的発展をはかった。さらに、軍事的才能にも優れ、一二三〇年に領内に侵入したセサロニキ皇帝セオドロス・コムニノス(在位一二二四〜三〇)率いる軍勢をクロコトニッツァ(現ハスコヴォ市の北西)の戦いで破った。大敗を喫したセオドロスは重臣とともに捕虜となり、彼の国家もブルガリアの影響下に置かれることになった。この戦闘がおこなわれた三月九日はセバスティア(セバステ、現シヴァス)の聖四〇人殉教者の受難日にあたっていたことから、イヴァン・アセン二世はタルノヴォに「聖四〇人殉教者」教会を建立し、内部の大理石柱に戦勝碑文を刻した。

イヴァン・アセン二世のもとで最大版図に達したブルガリアも、同帝の死後四〇年間に六人の皇帝が即位するなど、支配権の弱体化が顕著になった。ビザンツ帝国はこの機に乗じてロドピ地方を占領し、ソゾポル、デヴェルトス、アンギアロスなどの黒海沿岸都市も奪った。さらにハンガリー王国とキプチャク・カン国がブルガリアの北部を侵食し、荒廃させた。国内では民衆蜂起が頻発した。なかでも一二七七年にドブルジャ地方で起きた豚飼いのイヴァイロ(在位一二七八〜八〇)を指導者とする蜂起はタタール勢力をドナウの北に押し返し、皇帝軍を破りコンスタンティン・アセン帝(在位一二五七〜七七)を敗死させた。イヴァイロはタルノヴォに入城し、先帝の妃マリアとの婚姻を通じて玉座に就いた。そのあいだに地方のボリャーリン(封建貴族)が台頭して政権が分裂するなど、国内の混乱に加えてタタール人の侵入やビザンツ帝国の介入によって、政治の混迷が一層深まった。

イヴァイロの失脚後、クマン族出身の貴族ゲオルギ・テルテル(在位一二八〇〜九二)がアセン家のイヴァン・アセン三世(在位一二七八)を追放して中央権力を掌握した。そのころ北西部ではヴィディン地方の領主《デスポット》シシュマンが、すでに独立勢力となっていた。さらに、ドナウ川下流地方はクマン系貴族のバリクの支配後、彼の兄弟のドブロティツァの統治下に置かれた。ドナウ川と黒海とのあいだの地域名であるドブルジャ(ルーマニア語ではドブロジャ)はドブロティツァ公に由来する。一三二三年にヴィディンの領主ミハイル・シシュマン(在位一三二三〜三〇)がブルガリア皇帝として即位し、テルテル朝にかわる第二次ブルガリア帝国最後の王朝であるシシュマン朝を開いた。ミハイルは新興勢力として台頭してきたセルビア王国を制圧しようとしたが、ヴェルバジュド(現キュステンディル市)の戦いに敗れ、戦死した。ミハイルの甥イヴァン・アレクサンダル(在位一三三一〜七一)は混乱を収拾して一時的に政情を安定させ、学芸の振興に努めた。しかし、アレクサンダルの四〇年におよぶ治世も消えゆく炎の最後の輝きであり、ブルガリアはまもなく分裂状態に陥り、たやすくオスマン帝国の軍門にくだることになるのである。

十三〜十四世紀のブルガリアでは、ビザンツ支配期以来本格化した封建化が進行し、中央権力の衰退に乗じて地方の封建領主層がインムニテートを得て勢力を増し、農民に対する封建的搾取を強めた。この結果、数百の村を所有する聖俗の封建領主が存在する一方で、農村では農民の農奴化が進んだ。国力が衰退し、民衆が重税に苦しむ反面、教会や修道院は土地や財産を寄進され、大封建勢力になっていった。封建領主は都市の民事や軍事的指導権を握り商工業にも関係した。このため職人や商人な

イヴァン・アレクサンダル帝とその家族　皇后テオドラ，皇子で最後の皇帝となるイヴァン・シシュマン，右端の皇子はイヴァン・アセン。14世紀のイヴァン・アレクサンダル帝の福音書の挿絵。大英博物館所蔵。

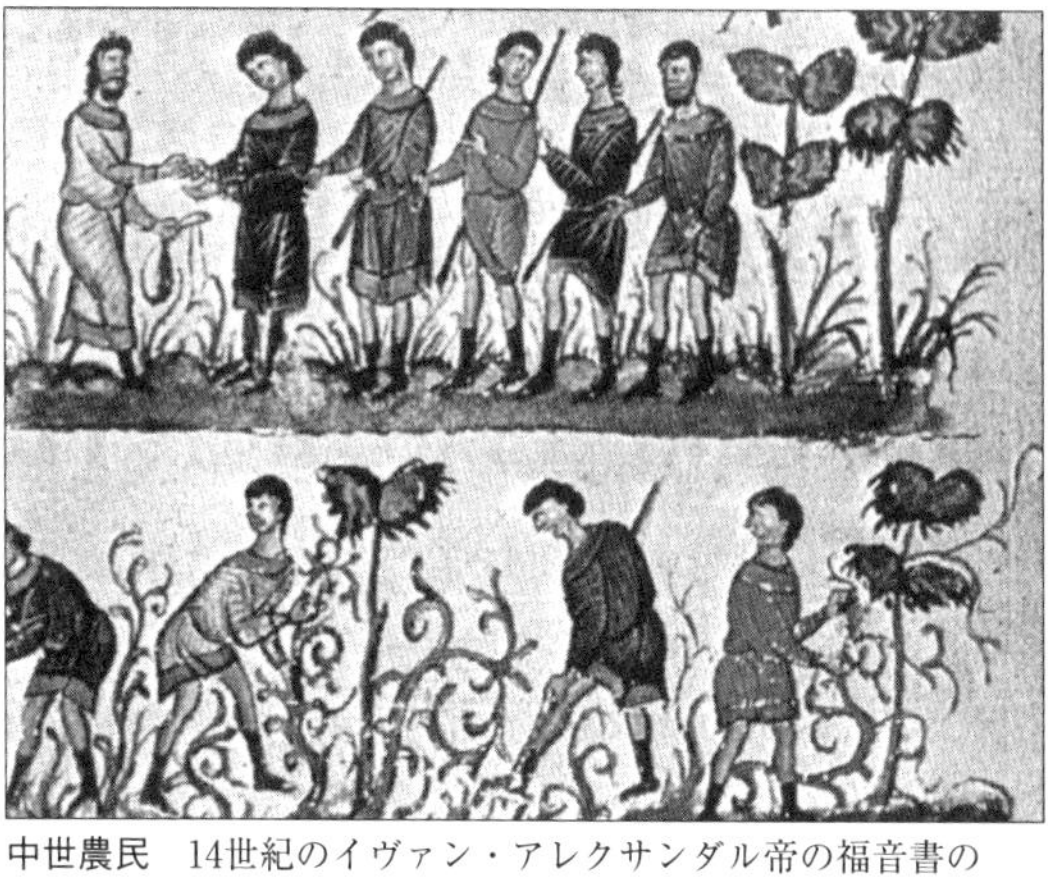

中世農民　14世紀のイヴァン・アレクサンダル帝の福音書の挿絵。大英博物館所蔵。

どの都市の住民も農民同様、封建的重圧に苦しめられた。十四世紀には、土地を奪われたり、資産を喪失した民衆のなかにはドゥルジナ（匪賊）となって修道院や領主の領地を襲撃する者もあらわれた。こうしてブルガリアは、階級間の格差の増大、封建的矛盾によって内部から崩壊していったのである。

クロアチア王国の発展

カール大帝のもとで領土拡大を進めるフランク王国は、パンノニアからダルマツィアに勢力を伸ばし、八〇三年には北部に支配権を確立させた。一方ビザンツ帝国は八七〇年代にセマ・ダルマツィアを設置し、南部の良港ディラヒオン(古代のディラキウム、現ドゥレス)を拠点としてアラブやヴェネツィアに対抗しながら交易活動を展開した。ただし、コトル(カッタロ)、ラグシウム(ラグーザ、ドゥブロヴニク)、スパラトゥム(スプリット)、トラグリウム(トラグリオン、トロギル)、ザダル(ザーラ)といったダルマツィア諸都市は名目上、ビザンツの宗主権下にあったが、独自の参事会と法をもっていた。このようにクロアチアは、当時の二大勢力の影響を受けていたため、政治に加えて東西両教会の対立・抗争の場となり、後述するように複雑な文化的状況が生まれた。

長いあいだジュパと呼ばれる部族単位の共同体にとどまっていたクロアチア諸部族はヴラニミル(在位六七九〜九二)によって統一が進み、ダルマツィアを中心として八七九年にフランク王国の支配を脱して教皇ヨハネス八世から独立国家として承認された。その後、ニンのジュパン(族長)トミスラヴ(公の在位九一〇頃〜九二五頃、王の在位九二五頃〜九二八頃)は軍事的才能に優れ、フランクおよびマジャール勢を破り、パンノニアとダルマツィアを合わせてクロアチア人の統一国家を誕生させた。この結果、ドラヴァ川が両勢力の境界線となった。さらにビザンツ帝国と同盟関係を結び、九二六年に領内に侵入したブルガリア軍の主力部隊を撃退している。

しかしながら、国王の権力基盤は脆弱で、トミスラヴが死ぬと内紛が生じて国力の衰退を招く結果となった。ペタル・クレシミル(在位一〇五九頃〜七四)は海軍力を回復させ、その子ズヴォニミル(在位一〇七五〜八九)の時代に一時政権が安定したが、彼の死後王位をめぐる抗争が激化した。このため裁定を王家と姻戚関係をもつハンガリー王ラースロー一世(在位一〇七七〜九五)に依頼した。そこで、ラースロー一世はクロアチアの政争を解決し、一〇九四年にはザグレブに司教座を開設した。ラースロー一世の死後、反乱が生じたが、後継者のカールマーン(在位一〇九五〜一一一六)がこれを鎮圧し、一一〇二年に彼はクロアチアとダルマツィアの王として戴冠された。こうしてクロアチアとハンガリーの同君連合的関係が生まれた。カールマーンはクロアチア貴族の特権とクロアチアの自治を認め、クロアチア貴族のなかから地方統治にあたる「バン(太守)」が任命された。なおビザンツ帝国の宗主権下に置かれていたザダルをはじめとするダルマツィアの港湾都市は、アドリア海と地中海とを結ぶ南北航路の要衝として重要性を増していった。このためダルマツィアをめぐる外部勢力の抗争が続いた。

ハンガリー王ベーラ三世（在位一一七二〜九六）は、一一八〇年にヴェネツィア領であったザダルを含むクロアチアとダルマツィアの諸都市をふたたび占拠し、一一八二年にはボスニアとセルビアも支配下に置いた。ビザンツ帝国が弱体化すると、ヴェネツィア共和国が台頭し、一二〇二年には第四回十字軍を教唆してザダルを奪回した。しかし、十四世紀半ばにはハンガリーおよびクロアチア王のラヨシュ一世（在位一三四二〜八二）がヴェネツィアを破り、ダルマツィアを支配することになった。このあいだにドゥブロヴニクと呼ばれるようになったラグシウムはヴェネツィアとハンガリー両国の宗主権下に置かれていたが、活発な交易活動を展開し、ドゥブロヴニク共和国として繁栄した。同国はイピロス専制公国、ブルガリア、ボスニアなどと通商協定を結びバルカンの東西関係の発展にも貢献した。続くオスマン帝国の支配下においても商業活動を保証され、バルカンと西欧との交易活動の担い手として活躍したのである。

セルビア王国の隆盛

七世紀にバルカンに移住したセルビア人は、長いあいだビザンツ帝国やブルガリアの勢力下に置かれ、部族に分かれて割拠する状況が続いていた。八五〇年ころ、ブルガリアの圧力に対してヴラスティミルを指導者とする部族連合が結成された。十世紀にはブルガリアのシメオン帝によって征服されたが、ビザンツ帝国に協力してブルガリアを牽制している。シメオン帝の死後、ブルガリアが衰退するとビザンツ帝国の支配下に置かれ、内部では部族間の対立抗争が生じたが、しだいに大きな政治集団が形成され、国家的組織へと発展していった。ゼータ（現モンテネグロ）を中心とする西部勢力は首長のヴォイスラヴ（在位一〇三五～五〇）によって独立を達成し、ゼータ王国が成立した。ヴォイスラヴの子で後継者のミハイロ（在位一〇五〇～八一）はビザンツ帝国に対抗するためにローマ教会に接近し、教皇グレゴリウス七世から一〇七七年に王冠を授けられた。さらに続くボディン（在位一〇八一～一一〇一頃）の時代には、弱体化したビザンツ帝国を攻めて最大版図を実現させたが、中央権力は脆弱で彼の没後多くのジュパ（首長領）に分かれて急速に衰退し、ビザンツ帝国に征服された。このときボスニアはセルビアから離れ、一一八〇年以降ハンガリーの宗主権下に置かれることになった。

一一六八年にステファン・ネマニャ（在位一一六八～九六）がラシュカ（セルビア南西部）のジュパンになり、ビザンツの内紛に乗じて、セルビアのほぼ全域を統一した。彼はネマニッチ朝を創設し、中世セルビア王国の基礎を固めると、二人の息子に王位をゆずって自らは修道士シメオンとして末子のサヴァ（俗名ラストコ）とともにアソス山にセルビア系のヒランダル修道院を建立した。次男のステファン（在位一一九六～一二二七）はローマ教皇から王冠を授かり、「初代戴冠王《プルヴォヴェンチャーニ》」と呼ばれた。ステファンの死後、王位争奪戦が繰り広げられたが、ウロシュ一世（在位一二四三～七六）、ミルティン（ウロシュ二世、在位一二八二～一三二一）の時代を通じて着実に領土を広げた。続くステファン・デチャンスキ（ウロシュ三世、在位一三二一～三一）は、前述したように一三三〇年に、ビザンツ帝国と同盟関係にあ

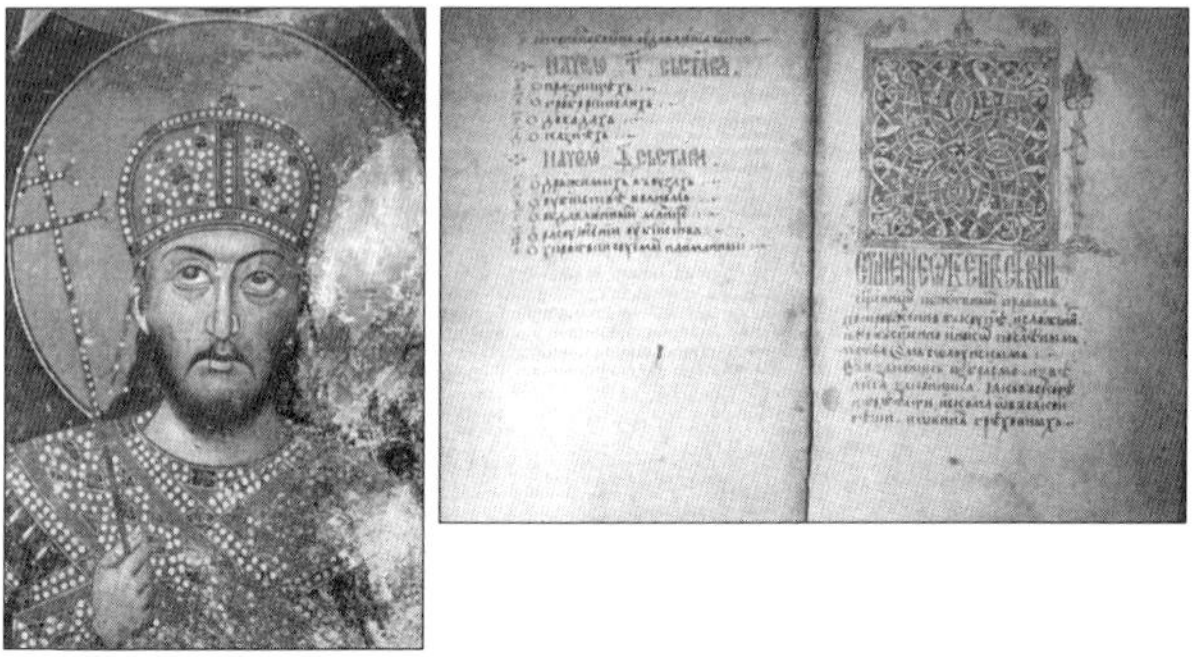

レスノヴォ修道院の壁画（1349年頃）に個性豊かに描かれたセルビア皇帝ステファン・ドゥシャンと彼が制定した「ザコニク（法典）」のブリズレン写本（15世紀）　ベオグラードの国立博物館所蔵。

るブルガリア皇帝ミハイル・シシュマンの軍勢にヴェルバジュドの戦いで壊滅的打撃を与え、シシュマン帝を敗死させた。この戦いはG・オストロゴルスキが「バルカン諸国の運命を変える一大転換期」と呼ぶように、バルカンにおけるセルビアの優位を決定づける事件であった。この戦いの翌年、彼は息子のステファン・ドゥシャン（ウロシュ四世、在位一三三一〜五五）に王位を奪われた。

ステファン・ドゥシャンは戦略家としての才能と巧みな外交によって領域を拡大させ、中世セルビア王国の黄金時代を築いた。セルビアの繁栄は、おもにドイツ人鉱夫による銀、鉄、鉛などの鉱業の発展と交易活動の進展によってもたらされたものであった。セルビアの銀貨は、国際通貨としてイタリア諸都市との貿易に用いられた。ドゥシャンはビザンツ帝国の内乱に乗じて帝国からマケドニア（セサロニキを除く）、セサリア、イピロスを奪ってバルカンの西半部を手中にし、ブルガリアにもセルビアの主権を認めさ

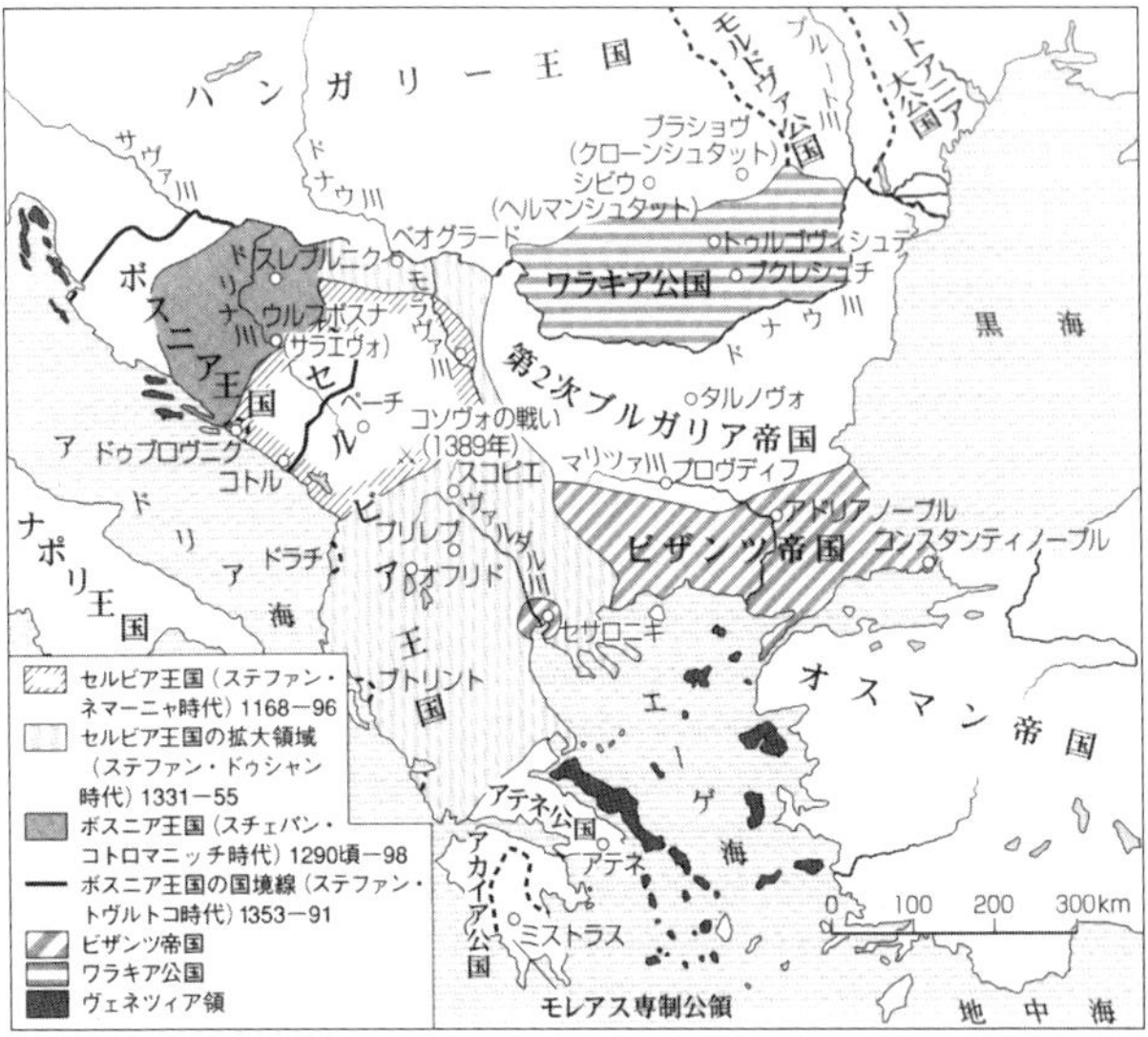

セルビア王国とボスニア王国の発展（12世紀半ば〜14世紀末）

せた。こうして一三四六年には首都スコピエにおいて、自ら昇格させたセルビア総主教ヨアニキエから「セルビア人とギリシア人の皇帝」として戴冠された。さらに彼は一三四九年に聖俗諸侯からなる「会議（サボル）」を召集し、そこで「ドゥシャン法典」として知られる「ザコニク（法典）」を制定した。この法典は二〇一条からなり、国内における法的秩序の確立と封建的特権の擁護を意図しており、ビザンツ法とセルビアの慣習法を融合したものであった。これによって封建領主は皇帝から支給される条件保有地、すなわちプロニアと世襲地の所有を法的に認められた。プロニアは十三世紀の終わりにミルティンによって導入された制度と考えられ、封建的主従関係の指標のひとつとして理解されている。封建的土地所有が確認されたことにより、領主層はネマニッチ朝のもとで団結を強め、王権を支えた。

セルビアの脅威に直面したビザンツ帝国は、この危機をアナトリアの新興勢力であったオスマン帝国の援助でしのごうとした。しかし、ビザンツのこの作戦はオスマンにヨーロッパ進出の機会を与える結果となった。ドゥシャンはコンスタンティノープル征服とオスマンのバルカン進出の阻止をめざし遠征の準備を始めたが、一三五五年、四十七歳で急死した。ドゥシャンの死後、セルビアは求心力を失い、四分五裂の状態に陥った。ドゥシャンの後継者ウロシュ五世(在位一三五五〜七一)は若く、政治・軍事の才に乏しく、大国セルビアの支配者としては不適格であった。そのため王族や地方の有力領主が中央から離反し、王の叔父シメオン・ウロシュはセサリア、甥のデヤノヴィチ兄弟はヴァルダル川左岸地域、プリレプのデスポット(公)ヴカシンは西マケドニア地方といったように、各地で独立のデスポットを宣言して公国を建てた。ガリポリ半島に橋頭堡を築いたオスマン帝国はこの機をとらえ、ただちにバルカン諸国の攻略を開始し、一三六〇年にアドリアノープルを占領した。こうしてオスマン帝国のバルカンでの優位を決定づける一三八九年六月十五日のコソヴォ・ポーリェの戦いを迎えることになる。

ボスニアの状況

旧ユーゴスラヴィアの中央部に位置するボスニア(ボスニア語ではボスナと呼ばれる)は、ディナール・アルプス山脈とその支脈が走る極度に山がちな内陸地域である。六世紀末からこの地域にもスラヴ人(スクラヴィニ)が定住し、七世紀には北からセルビア人とクロアチア人も進出し勢力を拡大した。これらのスラヴ族はポサヴィナ(サヴァ川流域)、ボスニア(中央部のボスナ川の源流地域)、フム(今日のヘルツェゴヴィナにあたる)、ドーニ・クライ(ボスニア東部)などの地域に分かれ、いくつもの小さな領邦を構成するようになる。山岳地域という地理的環境からボスニア全土を統一する政治勢力が成長しにくく、ボスニアは長いあいだ周辺諸国の支配下に置かれてきた。クロアチア、ブルガリア、ビザンツと支配者が交替し、十二世紀には北部および中央部がクロアチアやダルマツィアを領有するハンガリーに併合された。南部のフム地方は一一六八年から一三二六年まで、ネマニッチ朝のセルビアに支配されてきた。このためボスニアのキリスト教は、後述するようにカトリックと東方正教会(セルビア正教会)に二分されることになった。ハンガリーはボスニアに対して実質的な統治をすることができず、実権は地方貴族が握っていた。すでにハンガリー支配の当初から有力者のクリン(在位一一八〇～一二〇四)がバン(首長、太守)と称してボスニアの独立を唱えていた。このバンという称号は、一三七七年にトヴルトコが国王の称号を用いるまでボスニアの支配者の称号であった。

クリンの死後、ハンガリーが支配力を強めたり、クロアチア諸侯に属するシュビッチ家が君臨したりしたが、一三二二年に民衆蜂起によって倒されてスチェパン・コトロマニッチ(在位一三二二～五三)がバンに選出された。コトロマニッチは領土拡大と経済発展に努め、ボスニアの繁栄の基礎を築いた。とくにミルティン王死後の混乱に乗じてセルビアからフム地方を奪回したり、鉱山開発による鉛や銀の商品生産とアドリア海沿岸諸都市との通商関係の確立は重要である。コトロマニッチの後継者は甥のスチェパン・トヴルトコ一世(在位一三五三〜九一)であった。トヴルトコは国内の対立勢力を鎮圧し、領土をダルマツィアの沿岸地域にまで広げて、一三七七年に「セルビア人、ボスニア人、沿岸地方の王」を宣言した。さらに晩年の一三九〇年までに彼は自らの称号に「ダルマツィアおよびクロアチアの王」を加え、ここにボスニア王国は絶頂期を迎えたのである。しかし、トヴルトコの死とともにボスニアは輝きを失い、オスマン軍の進撃をとめることはできなかった。一四六三年、ボスニア王スチェパン・トマシェヴィチ(在位一四六一〜六三)がオスマンの軍門にくだり、一四八三年にはフムの支配者スチェパン・ヴクチッチの抵抗も終わり、ボスニアのほぼ全域がオスマンに征服された。なおヘルツェゴヴィナという地名は、ヴクチッチの称号「聖サヴァ公」のドイツ語形「ヘルツォグ(公)」に由来するとされている。

ルーマニアにおける民族と国家の形成

ドナウ川の北に広がるダキア地方は古代末期から民族移動の波にもまれ、剽悍《ひょうかん》な騎馬遊牧民が群雄割拠する不安定な政治状況のもとに長く置かれてきた。そのため、ここでは国家の成立ばかりか、主要民族となるルーマニア民族の形成も遅れたのである。今日、ルーマニアでは一般的にルーマニア人の民族起源をダキア・ゲタイ人とローマ人との混血によって生まれたダコ・ロマン人(原ルーマニア人)に求めている。彼らはローマ軍のダキアからの撤退以後、民族移動期を通じてカルパチア山脈の山中に避難してロマンス系の言語をはじめとする民族的特徴を維持し続け、十世紀ころからヴラフと呼ばれるようになったと考えられている。もちろん、このダキア・ゲタイ・ローマ人連続説に対する反論も根強く、ドイツ人研究者レスラーが提唱したドナウ川以南の地方からの移住者とする移民説も多くのハンガリー人歴史家をはじめシュタットミューラーやA・ボグダンなどから支持されている。この問題は、トランシルヴァニアの領有権をめぐるハンガリーとルーマニアの国際問題とも関連しているため、両国の政治的利害が絡んで解決を困難にさせている。たしかにローマ化したダキア・ゲタイ人が民族移動や遊牧民の侵略のなかで民族性を維持してきたとは、考えにくい。ビザンツ作家ケカウメノスがヴラフをトラヤヌス帝に征服されたダキア人と同一視しているが、ビザンツ作家の民族概念は注意して扱うべきで、そのまま受け入れることはできない。ヴラフはルーマニア領内のワラキアに限らず、ドナウ川以南にも居住し、広くバルカンの山岳地帯で放牧を営む集団を意味しているからである。

十四世紀初め、クマン、ハンガリー両勢力の弱体化に乗じてアルジェシュ地方のクネズ(首長)であったバサラブ(在位一三一〇~五二)は一三三〇年にハンガリー王カーロイ一世・ローベルト(在位一三〇八~四二)の派遣した遠征軍をポサダの戦いで破り、ワラキア公国の独立を達成した。さらにバサラブの息子で後継者のニコラエ・アレクサンドル(在位一三五二〜六四)はブルガリア、セルビア、ハンガリーの王室と婚姻関係を結んで公国の国際的地位を安定させる一方、コンスタンティノープル総大主教カリストス一世の承認を得て、首都アルジェシュ(現クルテア・デ・アルジェシュ)に府主教座を創設して教会組織の基礎を固めた。その後公国は、ミルチャ一世(老公、在位一三八六〜九五、一三九七〜一四一八)の治世において国力が充実し、公の権力が強化され、経済的にも外国商人に貿易特権を与えて発展した。しかしこのころ、オスマン帝国がブルガリアやセルビアを制圧し、勢力を伸ばしてきたため、ミルチャ一世やヴラド三世(ヴラド・ツェペシュ・ドラクル、串刺公、在位一四四八、一四五六〜六二、一四七六〜七)はたびたびオスマン軍と戦い、コンスタンティノープルを陥落させたメフメト二世のオスマン軍団も退けたが、最終的には貢納金を払いオスマン帝国の宗主権を認めた。

ワラキア公国の建国とほぼ同じころ、東隣りのモルドヴァにおいてもルーマニア人の国家が建てられた。モルドヴァ公国の成立である。一説によれば同国の建国は公《ヴォエヴォド》のボグダンがハンガリー軍を破った一三五九年とされている。ワラキアのミルチャ一世に支持されて公位についたアレクサンドル(在位一四〇〇〜三二)が優れた統治能力を発揮して国家の発展と国際的地位の向上に貢献した。しかし彼の死後、中央権力が弱まり、大ボイェリ(貴族)による覇権抗争が続いた。この内紛状態はシュテファン三世(大公、在位一四五七〜一五〇四)により収拾され、中央集権化が進行した。シュテファンはオスマン軍に対しても貢納を拒否し、撃退したが、後継者のボグダン三世(在位一五〇四〜一七)はオスマン帝国の圧力に屈し、宗主権を認め、オスマン帝国から自治を保証された。

「森の彼方の土地」を意味するトランシルヴァニア(マジャール語ではエルデーイ)は、カルパチア山脈とトランシルヴァニア山脈に三方を囲まれた台地で、農耕牧畜に適し、豊かな鉱物資源にめぐまれているばかりでなく、交易活動の中継地として繁栄を約束された土地であった。十二世紀後半からハンガリー王国の支配が強まると土着の住民に対する封建的搾取がおこなわれ、多くの自由農民が農奴の状態に陥った。モンゴルの侵寇(一二四一〜四三年)後、ハンガリー王ベーラ四世(在位一二三五〜七〇)は、経済復興や防衛力強化のためにマジャール人やセーケイ人を入植させたり、ドイツ騎士団を招き入れたりした。セーケイ人の民族起源に関しては、フン、アヴァール、チュルク、マジャール等、諸説あり、確定されていない。ドイツ騎士団は一二二五年に追放されたが、ドイツ人の植民は増大し、農業や商業活動を発展させた。彼らは一般に「ザクセン人」の名で呼ばれ、シビウ(ドイツ語名ヘルマンシュタット)、ブラショヴ(同クローンシュタット)、シギショアラ(同シェスブルク)などドイツ風の都市を建設した。そのためドイツ人のあいだではしだいにトランシルヴァニアを「ジーベンビュルゲン」(「七つの要塞」の意味)と呼ぶようになった。これらの都市は中継貿易によって繁栄し、建設者であるドイツ人植民者は経済力を背景にしてマジャール人やセーケイ人貴族とならぶ特権階級を構成した。

ルーマニアでは十四〜十五世紀に封建的な土地所有制度が発達し、貴族や教会などの支配階級と都

ミルチャ1世老公　ハンガリーと同盟を結び，たびたびオスマン軍を撃退した。

15世紀のドイツ語写本に描かれたヴラド3世(右)とモルドヴァ公国のシュテファン大公(左)　ヴラド3世は多数の敵に対しておこなった串刺刑から串刺公(ツェペシュ)の異名が与えられた。シュテファン大公はオスマン帝国への貢納を拒否したり政治的・軍事的手腕を発揮する一方，ヴォロネツ修道院をはじめ数々の教会を建立し，モルドヴァ公国の最盛期を築いた。

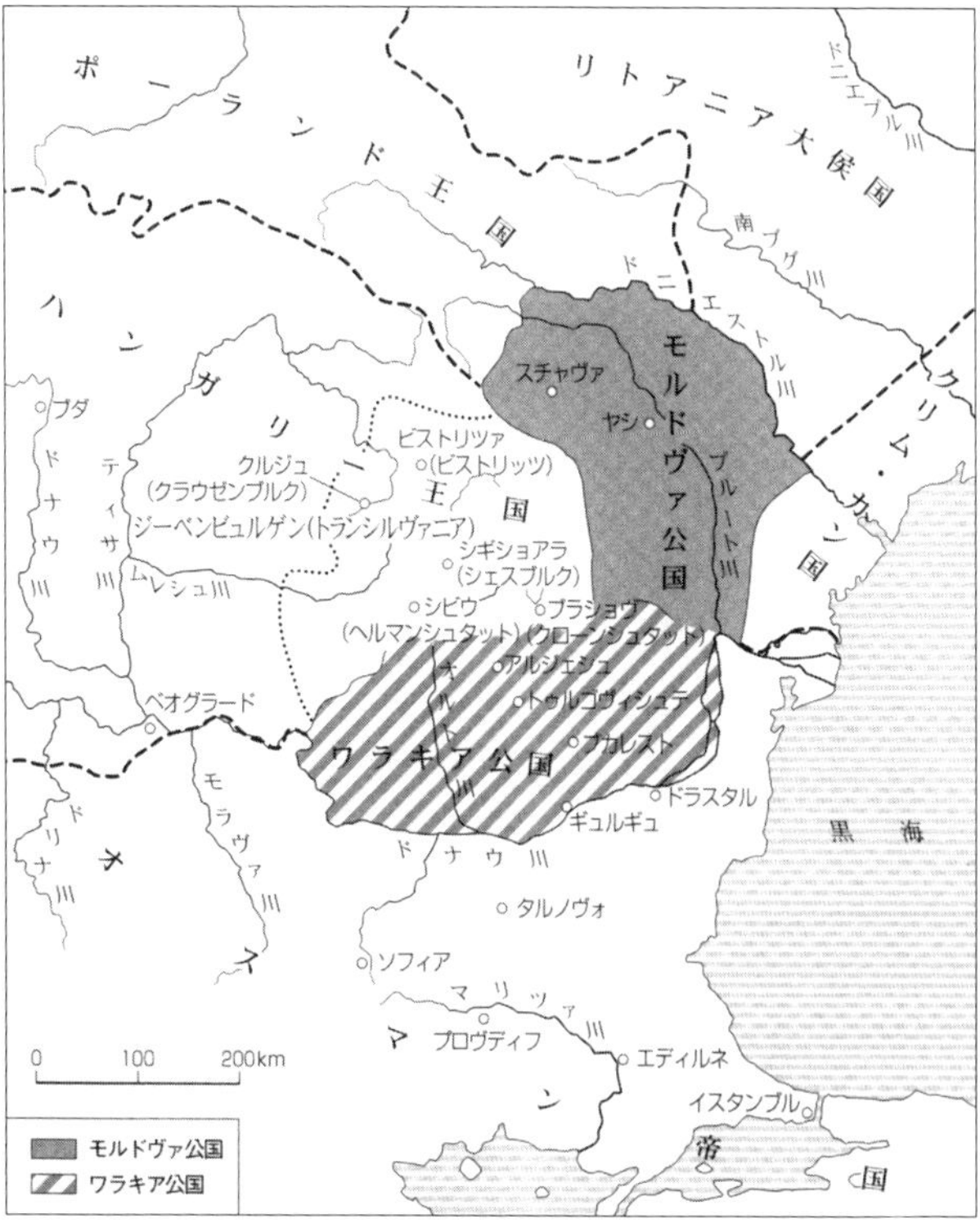

ワラキア公国とモルドヴァ公国(1480年頃)

市の商工業者、小作人、農奴などの被支配者からなる社会が形成された。支配者階級は農民に対して十分の一税をはじめとする各種の税や労務・兵役などの義務を課していた。十五世紀には義務負担の増大や移動の自由を失った農民は一四三七年にボブルナなどで一揆を引き起こした。しかし一揆側は組織力が弱く、鎮圧され、農民に対する封建的支配は強化された。

3　バルカンの中世キリスト教文化

スラヴ・正教キリスト教文化の形成

ボリスのキリスト教改宗を前にして、大モラヴィア王国のロスティスラフ王は、東フランク王国のルードヴィヒ二世とフランク教会に対抗するために、八六二年ころにビザンツ帝国に使者を送り、自らのことば、すなわちスラヴ語で教えを説くことができる主教の派遣を要請した。このとき、対外的な布教活動に熱心であった総主教フォティオスと皇帝ミハイル三世は、主教の派遣は見合わせたが、スラヴ語で伝道できるメソディオスと彼の弟キリロスを送った。兄弟はマケドニアのセサロニキ出身で、メソディオスは行政官から修道士、キリロスは哲学教授を務めた知識人で、ともにハザール・カガン国へのビザンツ使節を経験していた。今回の大モラヴィア王国への伝道に際し、キリロスは早速スラヴ語のアルファベットを考案し、アプラコスと呼ばれる典礼書抜粋集をスラヴ語に翻訳した。このアルファベットは字体が複雑なグラゴール文字とされている。また翻訳に用いたスラヴ語は、兄弟の出身地マケドニア地方のスラヴ人のことばであり、のちにスラヴ世界の共通文語として古代スラヴ語、古代教会スラヴ語または古代ブルガリア語と呼ばれることになる。

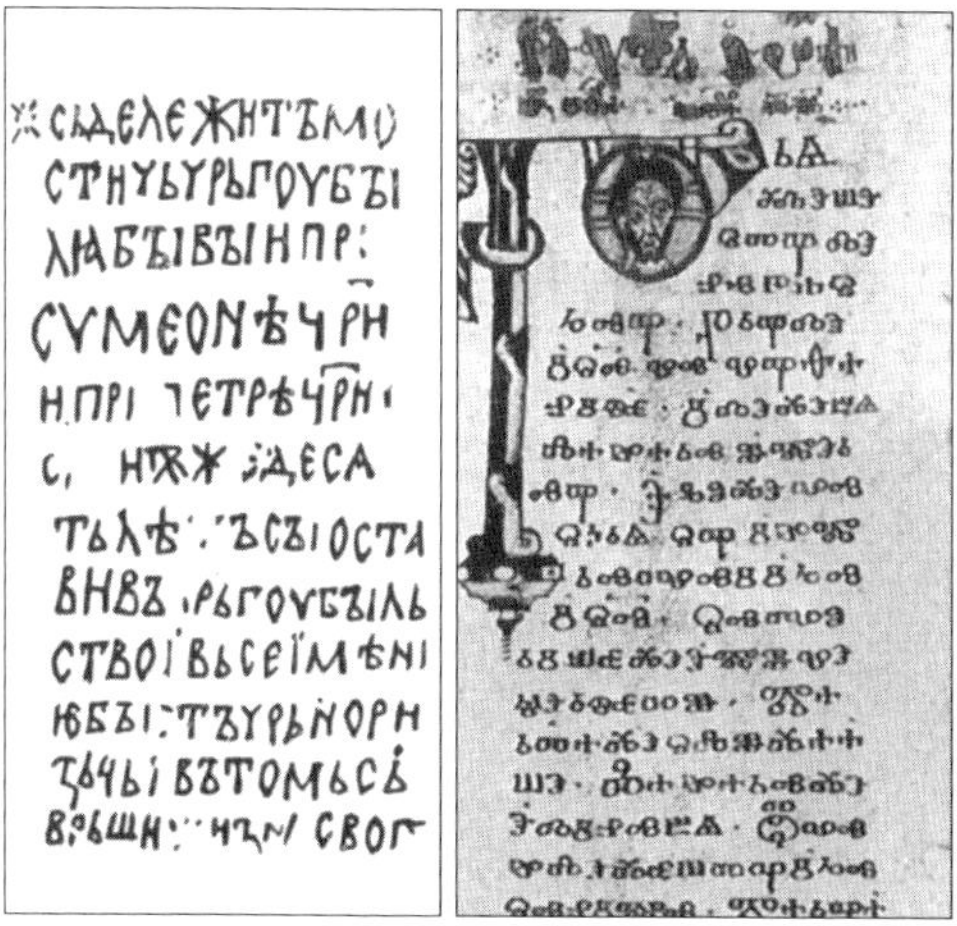

グラゴール文字とキリル文字　右はグラゴール文字を使って書かれたアッセマニ福音書。この10世紀後半の福音書はヨシフ・アッセマニによって1736年に発見された。バチカン図書館所蔵。左はキリル文字で刻まれたシメオンとペタルの重臣モスティッチの墓碑銘(10世紀半ば)。プレスラフ考古学博物館所蔵。

　八六三年の秋までにモラヴィアに到着した兄弟は、モラヴィア人聖職者の養成と翻訳活動に従事し、八六七年にモラヴィアを発ってパンノニアからヴェネツィアを経てローマに入った。兄弟のローマ訪問はローマ教皇ニコラウス一世の招待に応えたものであったが、到着時にニコラウス一世は死去しており、新教皇ハドリアヌス二世が二人を歓待した。滞在中に教皇からスラヴ語典礼を公認されたが、キリロスが病に倒れ八六九年に四十二歳で客死し、市内のサン・クレメンテ教会に葬られた。キリロスを失ったメソディオスはパンノニアとモラヴィアを管轄区とするシルミウム大司教に叙され、同年末には任地に赴き、モラヴィアでの宣教事業を再開した。しかし、翌年大モラヴィア王国ではロスティスラフが政争に敗れ、親フランク派が台頭してフランク教会が勢力を回復したため、メソディオスの懸命の努力にもかかわらず、結局ビザンツのモラヴィアでの宣教活動は失敗に終わった。ただし、メソディオスがシルミウムの大司教であったことから、ダルマツィアにスラヴ語典礼が普及することになった。

同じころ、ブルガリアでは前述したように、教会の独立をめざすボリスが、モラヴィアを追われたメソディオスの弟子を迎え入れ、スラヴ語を用いた宣教活動を通じてブルガリア人聖職者を養成し、教会文献をスラヴ語に翻訳する作業に従事させた。弟子のナウムとクリメントが中心的役割を果たすことになり、ナウムははじめ首都プレスラフで、クリメントはマケドニアのオフリドで活躍した。クリメントは七年間に三五〇〇人の弟子を養成したと伝えられる。彼らの活動はボリスとシメオンに支援されて順調に発展し、スラヴ・正教キリスト教文化を生み出した。十世紀の終わりころには、キリロスの考案したグラゴール文字にかわる新たな文字であるキリル文字がつくり出された。キリル文字はウンキアリス体(大文字書体)のギリシア文字を基礎にしたもので、かたちもグラゴール文字に比べて単純であったので普及し、今日のブルガリア語、ロシア語、セルビア語などの文字の原型となった。これらの文字を使って典礼書、聖者伝、教父の著作、経外典などのキリスト教関係の文献をはじめ、コスマス・インディコプレフスティスの『キリスト教地誌』、マラスの『年代記』や総主教ニキフォロスの『歴史抄録』などの歴史書、「エクロギ」(八世紀前半の法典)や「農民法」といった世俗の文献がスラヴ語に翻訳された。さらにスラヴ語教育を受けて成長したブルガリア人聖職者は、翻訳とならんで独自の著作活動もおこなった。それらの作品には、主教コンスタンティンの『福音書への手引き』、ヨアン・エグザルフの『六日記』、修道士フラバルの『文字について』、司祭コズマの『異端論駁の説教』などがある。シメオンも自らヨアニス・クリソストモスの説教集の翻訳に参加したようである。

改宗と同時に教会や修道院の建設が始まり、ボリスは七つの府主教座教会を建立したとされる。プレスラフとその近郊には黄金教会(円形教会とも呼ばれる)をはじめとする多数の教会建築がみられ、オフリドにも聖ソフィア教会や聖ナウム修道院などが建てられた。プリスカのバシリカ式教会は間口三〇メートル、奥行九九メートルにおよぶ大規模な建物で、その周囲の関連施設を含め教会コンプレックスを構成している。ビザンツから受け入れた修道院制度に従ってプレスラフに聖パンテレイモン修道院、オフリド湖畔に聖ナウム修道院などが設けられ、リラ山脈中には十世紀前半に隠者イヴァン、あるいは彼の弟子によってリラ修道院が創建された。これらの教会や修道院は所領を有する封建領主として支配者層を形成した。異端信仰も盛んになり、後述するようにパウリキアノイ(パウロ)派やボゴミル派などは民衆の反体制運動として発展した。第二次ブルガリア帝国時代にはイヴァン・アレク

ボヤナ教会の壁画の一部
教会の建立者カロヤン侯(上)とその妻デシスラヴァ(下)。1259年にタルノヴォ派の画家によって描かれたもので，写実的な人物表現を特徴としている。

サンダル帝の文化の保護奨励策によって、文学・芸術活動が最盛期を迎えた。芸術の分野では壁画や写本の挿絵が発達した。壁画はソフィア近郊のボヤナ教会、イヴァノヴォの岩窟教会(ルセ市の南約一五キロメートル)、リラ修道院のフレーリョの塔、西ブルガリアのゼメン修道院などに残されている。なかでもボヤナ教会は、一二五九年にスレデッツ(ソフィア)地方を治めるカロヤン侯が聖パンテレイモンに捧げるために増築した教会で、ルネサンスの胎動を感じさせる写実的で個性的な人物画で知られている。そこには、タルノヴォ派の画家によって教会の寄進者カロヤン侯《セヴァストクラトル》と妻デシスラヴァ、ブルガリア皇帝コンスタンティン・アセンと皇后イリーナの四人の王侯貴族が生気に満ちた姿で描かれている。黒海沿岸の港町ネセバル(旧メセンブリア)は最盛期には四〇の聖堂が建ち並び、画家たちが壁画の製作に腕をふるった。挿絵は四福音書、マナシスの年代記などのスラヴ語訳写本に描かれたもので、ビザンツのパレオロゴス様式を踏襲しながら、独自の発展がみられる。

静寂主義者テオドシーの弟子で、タルノヴォ大主教エフティミーは文芸活動を展開する一方、教育にも熱心であった。エフティミーのタルノヴォ文語学校からキプリアン・ツァンブラク、グリゴリー・ツァンブラク、ヨアソフ・ブディンスキ、コンスタンティン・コステネチキなど多数の優れた人材が輩出した。キプリアンはキエフと全ルーシの府主教に任じられた人物で、ロシア正教会の指導者の一人として活躍した。キプリアンの甥グリゴリー・ツァンブラクはセルビアのデチャニ修道院長を務め、さらにモルドヴァやリトアニアで活躍したあと、キエフの府主教となった。『文字について』の作者として知られるコンスタンティンもセルビアで活動し、ステファン・ラザレヴィチ公《デスポット》の伝記を著している。このようにブルガリア教会は、国家が衰退しオスマン帝国との戦いに苦戦するなかで、バルカン諸国とロシアの宗教活動におおいに貢献したのである。

セルビアのキリスト教文化

セルビア人に対するキリスト教の宣教活動は、イリュリクムの教会管轄権を有していたローマ教会によって始められた。ローマ教会の影響がどの程度であったのかはわからないが、九二四年以降ブルガリアの支配下に置かれると、ブルガリア教会を通じてスラヴ語典礼が導入された。シメオン帝はセ

セルビアの初代大主教で国民的聖人，聖サヴァ（俗名ラストコ）　ミレシェヴォ修道院内の教会のナルテックスに1220年代に描かれた肖像。1235年にブルガリアの首都タルノヴォで客死した。

ルビア人の中心地であったラシュカ（現ノヴィ・パザル市の北）に主教座を設け、スラヴ語による布教活動を展開した。

シメオンの死後、ブルガリアが衰退し、一〇一八年にビザンツ帝国に征服されると、セルビアはビザンツの保護下に置かれた。十二世紀後半にラシュカのジュパンになったステファン・ネマニャはビザンツの支配を脱し、セルビアの国家的統一を実現させ、ラシュカを首都にするとセルビア教会のビザンツ教会への帰属を決定した。ただしアドリア海沿岸の諸都市のカトリック信仰は認められた。ネマニャは一一九六年、息子のヴカン（ヴーク）とステファンに譲位し、末子サヴァのいる聖山アソスで修道生活に入り、サヴァとともにヒランダル修道院をセルビアの修道院として創建した。サヴァは一二一九年にニケアに亡命していたコンスタンティノープル教会の総主教によって大主教に任命された。ここにセルビア教会の独立と自治が事実上承認され、東方正教会への帰属が明確になった。サヴァはジチャ（現クラリェヴォ市付近）に大主教座を置き（のちにコソヴォ地方のペーチに移される）セルビア教会の組織づくりと国民の教

ペーチの聖ディミトリオス教会(1345/6年頃)に描かれた修道士姿のセルビア王ステファン・ネマニャ(洗礼名シメオン，左)と彼によって建立されたストゥデニツァ修道院　院内の聖母聖堂はセルビア独自のラシュカ派様式の建物として知られる。

化を進める一方、フォティオスの「教会法《ノモカノン》」をはじめとする多数の宗教書の翻訳や父王ネマニャの生涯を記した『聖シメオン伝』を著してセルビアの文語の確立に貢献した。こうしてサヴァはセルビアの国民的聖人として尊敬されることになった。

十三世紀末からセルビアは豊かな経済力を背景として国力を充実させ、ステファン・ドゥシャンの時代に最盛期を迎えた。このときセルビア大主教はビザンツ教会の承認を受けずに総主教に昇格し、「セルビア人とギリシア人の総主教」と称した。当然、ビザンツ教会はこれを否認し、セルビア教会を破門したが、その後一三七五年に和解し、セルビア総主教の地位を承認した。ネマニッチ朝の歴代のセルビア君主は、各地に多数の修道院を建立したことで知られている。同朝の創始者ステファン・ネマニャはアソス山のヒランダル修道院やセルビアのストゥデニツァ修道院の建設を命じている。ストゥデニツァ修道院は一一八三年に着工され、聖母聖堂や王の聖堂をはじめ一三の聖堂をもつセルビア最大の修道院に発展した。聖母聖堂はビザンツ様式とロマネスク様式を折衷させたラシュカ派様式と呼ばれる建物で、その霊廟には螺鈿で飾られた黒檀の棺に納められたステファン・ネマニャの遺体が安置された。またステファン・ウロシュ一世が一二六〇年ころ建てたラシュカ地方のソポチャニ修道院には、ビザンツ人画家の手になると思われる優れたフレスコ画が残されている。このほかにグラチャニツァ、デチャニ、レッサヴァなどの修道院が知られている。これらの修道院は宗教活動の場であると同時に、教会建築、美術、文芸の中心地として中世セルビア文化を開花させた。

ワラキア・モルドヴァのキリスト教文化

ドナウ川以北のワラキアとモルドヴァでは三世紀ころからキリスト教の布教活動が始められたと思われ、四世紀には黒海沿岸の都市トミスに主教座が設けられていた。その後、民族移動の混乱のなかで長く活動が停止し、九世紀後半からようやくブルガリア教会を通じて宣教活動が再開された。ブルガリア教会はボノニア(現ヴィディン)とドゥロストルムに置かれた主教座を中心に活動し、スラヴ語典礼を広めていった。ワラキア公国の成立以後、バサラブ公の息子ニコラエ・アレクサンドルはコンスタンティノープル教会に府主教の地位を要請し、首都アルジェシュに府主教座が開設された。彼はワラキアの教会組織の基礎を固め、各地に教会・修道院を建立しクンプルング修道院を墓所とした。

さらにアソス山のクトルムズ修道院に基本財産を寄付するなど熱心な信徒であった。

一方、モルドヴァは十五世紀までポーランドのハリチ（現ウクライナ共和国のハールィチ）府主教の管轄下に置かれていたのでカトリックの影響が強かったが、ボグダン公の後継者ラック公が政治的理由から改宗したにすぎず、カトリック信仰が民衆のあいだに浸透することはなかった。その後、一四〇

モルドヴァ公ペトル・ラレシュと彼が建立したブコヴィナ地方のモルドヴィツァ修道院の壁画の一部　1453年のコンスタンティノープル攻防戦が描かれている。

一年にコンスタンティノープル総主教マッタイオスはモルドヴァ教会の府主教を任命し、その結果首都スチャヴァに府主教座が設けられた。こうしてワラキアとモルドヴァ両国は、ブルガリア教会を介して広められたスラヴ語典礼を用いる東方正教会の一員としての地位を確立させたのである。「大公」の尊称で呼ばれるシュテファン三世とペトル・ラレシュ(在位一五二七〜三八、一五四一〜四六)の時代には、モルドヴァ北部のブコヴィナ地方にパトラウツィ、モルドヴィツァ、アルボーレ、ヴォロネツ、フモールなど、多数の修道院が建てられた。これらの教会建築はビザンツ様式に地方的特徴を加えた独自の様式でつくられており、修道院内の聖堂は内側はもとより外壁もフレスコ画で覆われている。フレスコ画は聖書や聖人をモチーフにしているが、「コンスタンティノープル攻防戦」や煉獄の炎に焼かれるトルコ人など、オスマン帝国への対抗心を想起させる場面もみられる。

ボゴミル派異端

ブルガリアではキリスト教を国教としたあともスラヴやブルガール古来の異教信仰が存続しており、さらに国境地帯にはビザンツ政府がシリアやアルメニアから強制移住させたパウリキアノイ派や単性論者のヤコブ派などの異端が存在していた。なお四世紀に成立したマッサリアノイ派も修道院を中心に宣教活動をおこなっていた。同派は肉体的な快楽を断ち、ひたすら祈ることによって魂の救済が得られるとして教会の儀式を否定した。パウリキアノイ派はマニ教的二元論に基づいて新訳聖書のみを正典として既存の教会制度を認めず、修道制も拒否した。バルカンに移住したパウリキアノイ派は積極的に布教活動を展開し、マッサリアノイ派とともにあらたな異端ボゴミル派の成立に重要な影響を与えたとされる。

ボゴミル派異端の始まりについて、司祭コズマ（コスマス）は九七〇年代に著した『異端論駁の説教』のなかで「信仰に忠実な皇帝ペタルの時代にボゴミルという名の司祭がブルガリアの地にあらわれ、そこではじめて異端の教えを説くことがあった」と述べている。「神に愛されし者」を意味するボゴミル（ギリシア語のセオフィロスのスラヴ語訳）が本名か否かはわからないが、ボゴミル派がブルガリア人の下級聖職者によってマケドニア地方で創始された可能性が高い。ボゴミルの教えは二元論に基づいて、この世をキリストの弟のサタナイルが創造した悪の世界としてとらえ、現世に存在する教会や国家の権威を否認するものであった。司祭コズマは「彼ら〔ボゴミル派〕は自分の仲間に主人に服従させず、富者を誹謗し、皇帝を憎悪し、長官を罵倒し、貴族を非難し、皇帝に仕える者たちを堕落した者とみなし、すべての農奴にたいして主人のために働くことを禁じた」（『異端論駁の説教』）と、記している。

このためボゴミル派は権力者から危険視され、多数のアナセマ（破門）が宣告され異端として迫害されることになった。同派の教団組織は不明な点が多いが、信奉者は「完成者」「信仰者」「聴講者」からなっており、「完成者」は教義の実践者として完全な禁欲生活を送り、宣教活動をおこなう指導者

民衆に説教をするボゴミル派の宣教師　フルドフ・コレクション No. 10。モスクワの国立歴史博物館所蔵。

であり、そのほかの多くの一般信者は「信仰者」か「聴講者」であった。ブルガリアの衰退にともなう社会不安や外敵の脅威を背景として、ボゴミル派は民衆のあいだに急速に信者の数を増やしていった。ビザンツ領内にも浸透し、首都においても盛んになり、貴族のなかにも信者がみられた。

教会は異端の摘発に熱心で、ボゴミル派も弾劾された。ブルガリア王ボリル(在位一二〇七〜一八)は、一二一一年にタルノヴォで主教会議を開催してボゴミル派を正式に異端とした。この会議の内容は『ボリルのシノディコン』と呼ばれる文書として伝えられている。十三世紀以降ボゴミル派はビザンツ帝国では衰退していくが、バルカンではむしろ盛んになり、さらにイタリアやフランスの二元論的異端カタリ派に影響を与えたことで知られている。ボゴミル派はカタリ派やパウリキアノイ派のような領主層の支持や強固な軍事組織をもたなかったので、武装蜂起などによる組織的な反体制運動の担い手とは考えにくい。十四世紀になると静寂主義（ヘシカスム）やそれに対立するバルラアムとアキンディノスの教えなどが流布される一方、ボゴミル派は神秘主義的傾向を強め放蕩主義に陥った。このため同派の活力は失われ、オスマン支配の確立とともに消滅していった。

バルカンのカトリック教会

　イリュリクムと呼ばれたバルカン半島の西半部はラテン文化圏に属し、ローマ教会の管轄下に置かれていた。しかし、ローマ教会は民族移動以来の混乱によって内陸部の教区を失い、アドリア海沿岸のダルマツィア地方の教区を維持していたにすぎなかった。八世紀にはビザンツ帝国が西方支配を強め、教会管轄権をローマ教会から奪ってコンスタンティノープル教会の影響下に置いた。しかし、フランク王国が勢力を強めると、ローマ教会は同国をうしろ盾にして管轄権を回復させた。八世紀半ばにフランク王国の支配下に入ったスロヴェニアは、アクィレイアやザルツブルクの司教座からの宣教活動によってフランク教会に属した。

　クロアチア人もフランク教会を通じてキリスト教を受け入れた。ダルマツィアにもアクィレイア司教座から聖職者が派遣され、スパラトゥムを中心にカトリック信仰が浸透していった。ダルマツィアではビザンツ帝国の支配下においてもカトリック信仰が守られ、おもな都市には司教座が置かれた。海運国家として繁栄したドゥブロヴニクは一〇二二年に大司教座となり、ベネディクト会をはじめフランチェスコ会やドミニコ会が修道院や教会を設け、市民の信仰生活はもとより、教育文化活動にも大きな影響を与えている。

なお、クロアチアにはシルミウムの大司教であったメソディオスの活動によってスラヴ語典礼が普及したが、ローマ教会は九二八年の教会会議でスラヴ語典礼の禁止を決定した。しかし、民衆のあいだではスラヴ語典礼が支持され、クロアチア内でスラヴ派とラテン派の対立となり、政争に発展した。この典礼をめぐる争いは、十一世紀末にはハンガリーの圧力によってラテン語典礼に決まり、決着をみた。ただしダルマツィアの一部の修道院ではそのあともスラヴ語典礼が続けられ、グラゴール文字を用いた祈禱書が使われていた。

セルビアの西隣のボスニアの宗教は複雑な状況となっていた。ハンガリーの宗主権下に置かれていたボスニア北部および中央部はカトリック圏に属し、セルビアに隣接したフム地方はセルビア正教会に所属する主教区を形成した。ハンガリーはボスニアの支配を強化するためにボスニアのカトリックを異端としてローマ教皇に働きかけ、十字軍を組織して軍事介入をおこなった。ハンガリーは、さらに教皇を通じてボスニアの教会管轄区を従来のドゥブロヴニク大司教区からハンガリーの大司教区に移そうとした。ボスニアのカトリック教会はハンガリーの任命したボスニア司教を拒否し、事実上独立教会となった。コトロマニッチが一三四七年ころにカトリックに改宗して以来、ほぼすべての歴代のボスニア君主はカトリックであった。コトロマニッチはまた、異端を否定するためにフランチェス

「ボゴミルの墓地」として知られたヘルツェゴヴィナのラディムリャの墓石群　これらの大きな手を掲げた特異な戦士像は，当地の有力者ミロラドヴィチ家の墓石の装飾。

コ会の伝道使節を招聘し、修道院の設立を援助した。
S・ランシマンをはじめとして多くの研究者は、ボスニア教会をボゴミル派の二元論異端とみなしてきた。しかし、近年、J・ファインは、ボスニア教会が孤立化によって独自性を強め、そこに異端的な状況がみられたとしても、異端が信仰の中心にはなっていないとして、異端説を退けている。たしかにカトリック側の史料には、ボスニア教会を「異端」と記したものもあるが、「異端」の種類に言及してはいない。反対に国内およびドゥブロヴニクのカトリック関係の史料は正統信仰を伝えている。ファインの説に従えば「ボゴミルの墓地」として知られるストラッツ近郊のラディムリャなどに残る特異な人物像や文様のきざまれたステチュツィと呼ばれる墓石群も、ボゴミルとは無関係であり、ボスニアの生んだ独特の地域文化の産物ということになる。「異端」研究は史料が乏しく、教会側から論じられる傾向がみられるため、「異端」の実像を描き出すのはむずかしい。ボスニア教会の場合、最近では、異端的要素として、ボゴミル派よりも、パタレン派の可能性が指摘されている。

トランシルヴァニアのルーマニア系住民はブルガリア教会の宣教活動によって東方正教会のキリスト教を信仰するようになっていった。十一世紀以降ハンガリーの勢力下に入り、ブルガリア教会との関係が絶たれ、さらに十三世紀からドイツ騎士団をはじめとするドイツ人の東方植民が始まると、ハンガリー人やドイツ人のカトリック教徒が増加し、おもな都市に司教座が置かれた。ドミニコ会の宣教師によるクマン人への改宗もなされ、アルバ・ユリアには司教座も設けられた。このようにトランシルヴァニアでは、支配者であるハンガリー人やドイツ人、改宗者によってカトリック信仰が定着する一方、ルーマニア系住民は東方典礼に従うという状況になっていたのである。

第三章　オスマン支配の時代

1　オスマン帝国の勃興とバルカンの政治統一の実現

オスマン朝の出現とバルカン征服

小アジア半島では、一〇七七年に成立したルーム・セルジューク朝が勢力を拡大するのと並行して、ムスリム＝トルコ化が進行していた。十三世紀に入ると、モンゴルの侵入を受け、ルーム・セルジューク朝は一二四二年にその属国となって衰え、他方では、第四回十字軍によってビザンツ帝国が著しく弱体化したため、小アジア各地に権力の空白が生まれた。この状況を利用してムスリム＝トルコ系の集団は、聖戦《ガザー》に従事する戦士《ガーズィー》集団として自立し、小アジア各地に独立した支配圏（ガーズィー国家）を建設した。オスマンを始祖とする王朝（オスマン朝）もこうした国家のひとつであった。

オスマン朝は、第二代のオルハンの時代にブルサを征服した（一三二六年）のを契機に頭角をあらわし、しだいにコンスタンティノープル(現イスタンブル)を脅かすほどに成長した。さらに、オルハンの息子、スレイマン・パシャは、ガリポリを奪取して(一三五四年)バルカン半島への勢力拡大の足掛りをつかんだ。一三六一年には、のちに帝国の首都となるアドリアノープル(現エディルネ)を攻略するなどトラキア地方を席巻し、オルハンのあとを継いだムラト一世の治世(一三六〇~八九年)にはバルカン南東部をほぼ支配下に置いた。

こうした状況のなか、バルカンのキリスト教徒勢力はオスマン朝の攻勢に対抗する必要に迫られた。ネマニャ朝崩壊後の混乱期にあったセルビアでは、ラザル公が近隣の小領主を結集し、ボスニア王トヴルトコと同盟を結んだ。ラザル率いるセルビア連合軍は、一三八九年六月十五日(聖ヴィドの日)に、コソヴォでオスマン軍と激突し、ムラト一世を死にいたらしめたが、戦闘自体はオスマン軍の圧勝に終わり、オスマン朝のバルカン征服は決定的となった。オスマン朝はこのあと、モレア、アルバニア、エーゲ海に進出していくが、これに対抗するため今度はヴェネツィアとハンガリーが同盟し、ハンガリー王ジグモンドのもとに十字軍が結成された。だが、この十字軍もニコポリス(現ニコポル)の戦い(一三九六年)でバヤズィト一世のオスマン軍に撃破され、バルカンにおけるオスマン朝の軍事的優位が確定するとともにイスラーム世界におけるその名声も一気に高まった。

しかし、オスマン朝は一四〇二年にアンカラの戦いでティムールに敗北し、一時的に崩壊してしまう。オスマン朝の大空位期は一〇年におよび、小アジアでは多くの征服地を失ったが、バルカン領を中心に勢力を回復し、ムラト二世の時代(一四二一〜五一年)にはバヤズィト時代の勢いを取り戻していた。この時期、フニャディ・ヤーノシュ指揮下のハンガリー軍がオスマン朝の前に立ちはだかったが、ハンガリーとポーランドを中心とした十字軍はヴァルナの戦い(一四四四年)に敗れ、ついでコソ

コソヴォの戦い　この戦いは，オスマン朝のバルカン征服の大きな節目であった。以後，長きにわたり戦いがおこなわれたとされる聖ヴィドの日はセルビア人が民族の不幸を嘆き悲しむ日となり，20世紀にはサラエヴォ事件の記念日，ついで憲法記念日として民族主義の高揚に利用された。

ヴォ(一四四八年)でもオスマン朝に敗れた。アルバニアではスカンデルベグが一四四三年にオスマン支配に反旗をひるがえしたが、六八年に彼が没するとアルバニアもオスマン支配下に組み込まれた。そして、一四五三年には「征服者」メフメト二世によってコンスタンティノープルが陥落し、ビザンツ帝国が滅亡する。オスマン朝はこのあとも征服地域を拡大し、「立法者」スレイマンの時代にはベオグラード要塞を陥落させてセルビアを最終的に併合し、モハーチの戦い(一五二六年)の結果、ハンガリーまでも支配下におくにいたった。

オスマン朝の征服を可能にした条件

オスマン朝によるバルカン征服はなにゆえにこれほどの成功をおさめたのであろうか。その理由のひとつは、オスマン朝が当時としては優れて集権的な国家体制を構築していたことにある。オスマン朝はイスラーム世界の国家的伝統を継承する過程で、アッバース朝に始まる奴隷軍人制度を導入し、すでにムラト一世の時代に強力な常備軍の建設を始めていた。また、のちに述べるように司法制度やティマール制と呼ばれる軍事封土制も整備されつつあり、より安定した支配をおこないうる条件を備えていた。これに比較して、当時のバルカンのキリスト教諸国は旧態依然とした封建制を維持しており、政治的にも分裂状態にあった。キリスト教勢力は、軍事力と戦法で劣っていたうえに、統一した戦線を形成できず、そのうえ、諸侯の相互対立がオスマン側を利することになったのであった。

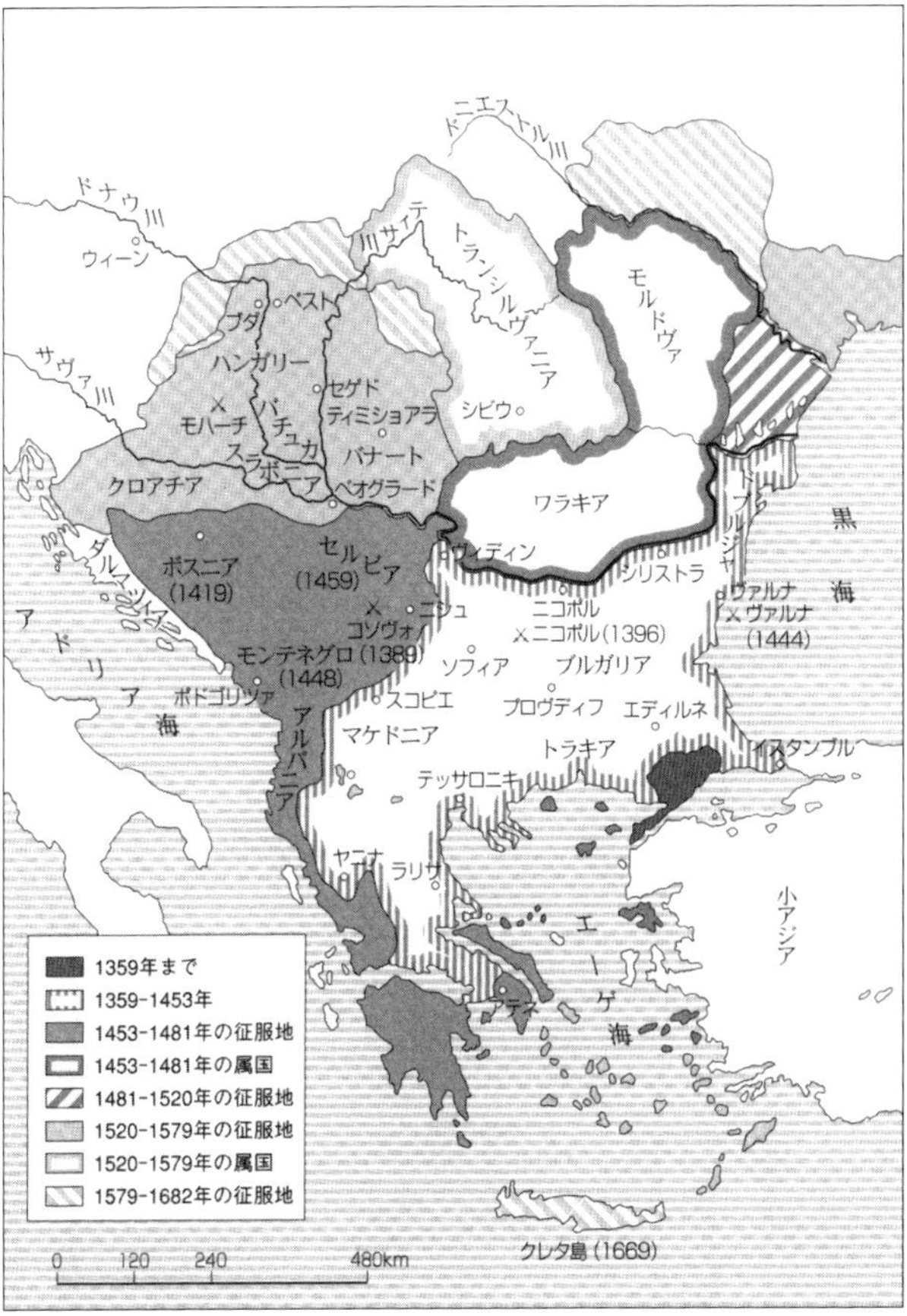

1359年まで
1359-1453年
1453-1481年の征服地
1453-1481年の属国
1481-1520年の征服地
1520-1579年の征服地
1520-1579年の属国
1579-1682年の征服地
0 120 240 480km
ドナウ川
ウィーン
サヴァ川
ドニエストル川
サイテ川
トランシルヴァニア
モルドヴァ
ペスト
ブダ
ハンガリー
セゲド
モハーチ
バチュカ
ティミショアラ
シビウ
スラボニア
バナート
クロアチア
ベオグラード
ワラキア
ボスニア (1419)
セルビア (1459)
ヴィディン
シリストラ
ドブルジャ
黒海
ヴァルナ
ヴァルナ (1444)
ニコポル
ニコポル(1396)
コソヴォ
ニシュ
ダルマツィア
アドリア海
モンテネグロ(1389) (1448)
ソフィア
ブルガリア
ポドゴリツァ
スコピエ
プロヴディフ
エディルネ
アルバニア
マケドニア
トラキア
イスタンブル
テッサロニキ
ヤニナ
ラリサ
小アジア
エーゲ海
アテネ
クレタ島 (1669)

オスマン帝国の拡大

さらに、オスマン朝は征服地にすぐさま直接支配をしくのではなく、通例は、まず、キリスト教徒の君主をいただく属国の地位を与え、そののちに直轄領に組み込み、現地の伝統に配慮しつつ徐々にオスマン朝の諸制度を浸透させていくという政策をとった。コソヴォの戦いでセルビア連合軍を破ったあとにも、ラザルの息子ステファンがセルビアのデスポット(侯)に封じられ、キリスト教徒の支配が存続した(最終的な併合は一四五九年)。ボスニアは、一四二八年にオスマン朝の属国となったが、直轄領への併合は六三年以降である。ハンガリーの場合も、モハーチの戦いのあとに、サポヤイ・ヤーノシュがハンガリー王に封じられた。彼の死後、旧ハンガリー王国の大部分は直轄領のブダ州に組み込まれた(一五四一年)が、トランシルヴァニアはサポヤイの遺児、ヤーノシュ・ジグモンドに与えられた。ドナウ両公国(モルドヴァとワラキア)では、ワラキアのヴラド串刺公やモルドヴァのシュテファン公(在位一四五七~一五〇四)がポーランドやオーストリアと結んでオスマン朝に果敢に抵抗した結果、東欧やロシアとの緩衝地帯に位置づけられ、直轄領に併合されないまま、貴族的大土地所有者階層であるボイェリによって選挙される君主が統治する自治国家として存続した。さらに、アドリア海の都市国家、ドゥブロヴニクは通商上の便宜のために自治権を承認されていた。こうした巧妙な支配体制の構築は、住民の反発を軽減することになり、また、結果的に地域的な差異を長く温存することにもつながった。

さらに、当時のキリスト教世界が宗教的な分裂をかかえていた点も見逃されてはならない。イスラームの脅威に対してキリスト教徒は一致団結して抵抗したのではなかった。ヴェネツィアやハンガリーは、オスマン朝の侵入前後のバルカン諸国の弱体化を自国の領土拡大に利用していたし、こうしたカトリック勢力の拡大は、正教徒の激しい反発を呼び、地方の正教会聖職者のなかには積極的にオスマン側に協力する者もあらわれた。コンスタンティノープル征服前夜のビザンツ帝国では、軍事援助の代償としてフィレンツェ公会議(一四三八年)でカトリックとの教会合同を受け入れたが、これを強行した皇帝ヨアニス八世は反対派を説得することができなかった。合同反対派のなかには、ローマの優位を認めるくらいならオスマン朝の支配を受け入れた方がましだと考える者も少なくなかった。

オスマン帝国隆盛期の支配の仕組み

オスマン帝国はスレイマン一世の治世で最盛期を迎えるが、十六世紀末には変化の局面に移り、社会的にも混乱が頻発するようになる。ここでは、それ以前の帝国隆盛期の国家と社会についてみてみることにする。この時期のオスマン帝国は小自営農を基盤としたティマール制によって支えられていた。

初期のオスマン朝は遊牧民を組織し異教徒の土地の征服に従事するガーズィーたちの連合国家であった。しかし、スルタンを称しはじめたムラト一世の時代からオスマン家による専制支配へと移行するようになり、メフメト二世の時代には古くからのトルコ系の軍人や有力者が排除され、スルタンの絶対的な権力が確立した。オスマン朝は、キリスト教徒の男子(十二～二十歳)を徴用し、改宗させたのちに教育をほどこして軍人・官僚として採用するデウシルメ制度を導入したが、こうして形成された官僚層は身分的にはスルタンの個人的な奴隷であり、その専制権力を支えた。カプ・クル《カプ・クル》層は、歩兵常備軍イェニチェリを構成し、大宰相をはじめとする中央および地方の主要官職を独占した。また、イスラーム国家では、教育と司法、および行政の一部をイスラーム専門知識者階層(ウラマー、ウレマー)が担っていたが、オスマン帝国では彼らを国家の官僚としてその統制下に置き、この分野でも集権化を実現した。

この集権的な国家体制を根底で支えていたのがティマール制である。ティマール制とは「封土《ディルリク》」を授与されたスィパーヒー(騎士)が、戦時において武装した一定数の従者をともなって軍役をつとめる制度である。「封土」はそこからの収入により二万アクチェ(銀貨の単位)以下のティマール、一〇万アクチェ以下のゼアメト、それ以上のハッスに区分されており、一般のスィパーヒーには主としてティマールが付与された。ゼアメトはス・バシやアライ・ベイなどの上層のスィパーヒーに与えられ、ハッスは上級地方官や中央の高官、スルタンの一族などに付与された。また封土を与えられた封建支配者層はムスリムばかりではなかった。初期には、オスマン支配を受け入れたキリスト教徒の封建領主がスィパーヒーに取り立てられる例も少なくなく、十五世紀のオスマン軍には多くのキリスト教徒スィパーヒーが存在した。

スィパーヒーは自らの封土に居住する農民から穀物の現物納を主とする税を徴収したが、徴収されるべき税目と額は細かく規定されており、逸脱行為は厳しく取り締まられていた。オスマン朝では耕作地は原則として国有地《ミーリー》であり、「封土」の私有化は禁止されており、さらに授封に際しては、毎回スルタンから直接に認可状《ベラート》が交付される必要があり、世襲も制限されていた。耕作地は、五から一五ヘクタールほどの一対の牡牛によって耕作しうる広さ(チフト)が基本単位であり、成人男子を中核とする家族単位に付与されるのが原則であった(チフトハーネ制)。オスマン帝国では、この自営農が農業生産の基本であると同時に税制の基本ともみなされていた。そのため、農民の耕作権は保証されねばならず、その権利を成文化した地券(タプ)も発行された。そしてスィパーヒーはこうした農民の権利と経営を保護する責任もおっていた。

　ティマール制は地方行政を支える制度でもあった。帝国は行政区分としてエヤーレト(州)に分けられ、各州はさらにサンジャク・ベイが統治するサンジャク(県)に下位区分されていた。南東欧には三〇ほどのサンジャクが設けられ、当初はルメリ州に一括されていたが、ブダ州設置後に北部はこれに移管され、さらに、十六世紀末にはボスニア＝ヘルツェゴヴィナにボスナ州が設置された。

　スィパーヒーは戦時には、サンジャク・ベイの配下に組織されて戦場に赴き、平時にはサンジャク・ベイやス・バシの指示に従って治安維持や警察業務にたずさわった。州の総督であるベイレル・ベイは当該州のすべてのスィパーヒーの総司令官であり、行政面ではサンジャク・ベイを監督するほか、パシャ・サンジャウと呼ばれた州都のあるサンジャクの行政官でもあった。十六世紀にはベイレル・ベイやサンジャク・ベイのほとんどがカプ・クル層出身者で占められるようになり、短期間で転任を繰り返したため、彼らが在地化することは少なく、中央政府による地方支配はティマール制に支えられて円滑に機能した。

地方支配は、同時にウラマー出身の官僚層が担う司法面での組織によっても支えられていた。全国にイスラーム法官（カーディー）の裁判区であるカザー（郡）が設置され、各郡にはさらに、イスラーム法官代理（ナーイブ）が統括するナーヒエと呼ばれる下位区分が設けられた。カーディーたちは地域のイスラーム法廷を主宰するとともに、地方行政の一端も担った。また、主要な地方都市にはイスラーム法解釈上の問題を解決する任務を負ったムフティー（イスラム法解釈者）が赴任し、カーディーの裁判所を補完する役割を果たした。こうした司法組織は集権的に運営され、カーディーは中央のルメリ・カザスケリに属し、ムフティーもイスタンブルのシェイヒュル・イスラームに従属していた。オスマン帝国ではスンナ派のイスラームが受容されていたが、司法面では地域慣行に寛容な傾向をもつハナフィー派の法学が支配的であり、イスラーム法官のほとんどはこれに属していた。法規範としてはイスラーム聖法（シャリーア）とならんでカーヌーン（行政法）が存在した。カーヌーンはシャリーアで対応しきれない政治・行政上の問題に関して支配者の権威に基づいて定められた法であり、帝国全体の統治に関するものとならんで、地方の慣行や伝統規範をまとめた慣習法としての性格をもつものもある。

オスマン帝国の最盛期の支配構造はこのように当時としては高度に集権化された一元的システムとしての側面をもっていた。帝国において、ムスリムと非ムスリムを問わず、すべての臣民は理念上、スルタンに仕えて、なんらかの軍務や行政上の公務に従事し、そのために徴税を免除される階層（アスケリー）と、農民、手工業者、商人として生産活動に従事し、税を負担する人々（レアーヤー）に大別されていた。そして、支配者であるスルタンは、アスケリーを通じてレアーヤーを保護する責任をおっていた。集権的な支配制度は、こうした理念を実現するために構築された制度でもあった。ここで留意すべきは、国家を統治した政治エリートたちが、さまざまな民族的出自から構成されていた点である。彼らのあいだには、政治エリートたる「オスマン人」としての集団意識は存在したが、特定の民族集団としての意識はなかった。つまり、全盛期のオスマン帝国は多民族的な政治エリートによる支配国家であり、しばしば、誤解されるようにトルコ人の国家ではなかった。この意味で、「オスマン・トルコ」という名称はこの国家にはなじまない。

オスマン帝国はこのように政治的には非民族的な政治エリートによる集権的支配を顕著な特質としていたが、他方では、宗教的にも民族構成の面でも多様な要素を内包する現状を反映したきわめて分権的な制度上の特質も備えていた。帝国の臣民はその宗教帰属に従って、別個の支配の枠組みにおさめられたからである。

従来、こうしたオスマン帝国の宗教別の支配制度に対してミッレト制という呼称が与えられてきた。古典的な説によれば、メフメト二世のコンスタンティノープル征服後、東方正教徒、ユダヤ教徒、アルメニア教徒がそれぞれミッレト（宗教共同体）に組織され、貢納その他の義務と引き換えに信仰の保証と一定の自治が与えられ、ミッレトの長が任命されたとされている。しかし、この根本的な制度的変革がおこなわれ、あらたな制度と特権が非ムスリムに与えられたことを裏づける史料は存在しない。ミッレト制というとらえ方は、近代に入って一般的になったものであり、次章で扱うオスマン帝国の改革の時代に明確な意味をもつようになったとみるべきであろう。征服当初の社会を論じるうえでは、むしろ既存のイスラーム国家の伝統の延長で宗教別の支配がおこなわれていたといえる。

2　オスマン時代のバルカン社会

キリスト教徒の社会——教会と国家

バルカンのキリスト教諸国では、現在でも、オスマン朝の支配を異教徒であるトルコ人のもとで隷属を余儀なくされ、民族の歴史的発展が阻害された時代とみる巷説《こうせつ》が根強く流布している。しかし、こうしたイメージは主として十九世紀の「民族復興期」以降につくられたものであり、また長期にわたるオスマン支配を過度に単純化した解釈といえよう。オスマン時代の初期にはこの地域の経済的な発展が促進されたのであり、征服された非ムスリムもおおむね支配を受け入れていた。

キリスト教会はそもそも異教徒による支配を肯定する性格をもっている。福音書のイエスは「カエサルのものはカエサルに返しなさい」と語り、異教徒への貢納を当然のこととしたのであったし、聖パウロは地上の権力はすべて神のつくったものであると述べて、異教徒の支配を受け入れるよう勧めた。その上、コンスタンティノープルの陥落以前から、東方正教圏のほとんどがイスラーム勢力の支配下に置かれ、数世紀にわたる共存の経験が積み重ねられていた。また、イスラームの側でも中東起源の一神教であるユダヤ教徒とキリスト教徒を「啓典の民」として貢納支払いと一定の制限を受け入れるかわりに宗教活動の自由と共同体内部の自治を認めて保護するズィンミー制の伝統をもっていた。そして、この二つが連動して、イスラーム国家のもとでキリスト教徒社会が共存する環境がはぐくまれたのであった。

メフメト二世は、ビザンツ帝国の都を征服した翌年、教会合同反対派のリーダーであったゲンナディオス・スホラリオスを、世界総主教に就任させた。この措置は、スルタンがビザンツの皇帝にかわる支配者となったことをキリスト教徒臣民に誇示する行為であったとともに、集権的な教会組織を再建し、オスマン帝国内のキリスト教徒の支配を容易にし、さらにローマ教皇をはじめとするキリスト教徒敵国からの影響を排除する意図のもとに講じられたものとみられている。そのため、世界総主教

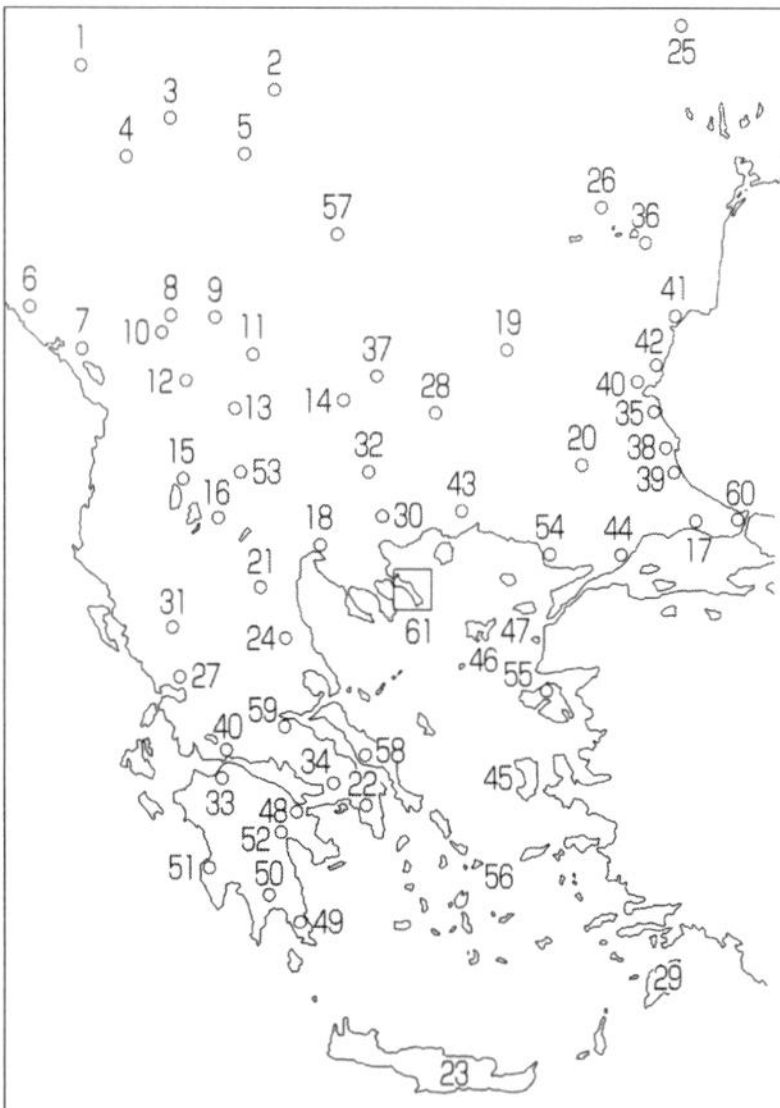

A：ペーチ総主教区
1 オラホヴィツァ
2 テメシュヴァル
3 クルシェドル
4 ペトコヴィツァ
5 ポジャレヴァツ
6 トヴルドシュ
7 ツェティニェ
8 ノヴィ・パザル
9 ヴチトルン
10 ペーチ
11 ヴラニェ
12 プリズレン
13 スコピエ
14 ドゥプニツァ

B：オフリド大主教区
15 オフリド
16 ビトラ

C：世界総主教区
17 イラクリア
18 テッサロニキ
19 トルノヴォン（タルノヴォ）
20 アドリアヌポリ（エディルネ）
21 ヴェリア
22 アテネ
23 クレタ
24 ラリサ
25 モルドヴァ
26 ハンガリー・ワラキア
27 アルタ
28 フィリプポリ（プロヴディフ）
29 ロードス
30 セレス
31 ヤニナ
32 メレンコン（メルニク）
33 パトラ
34 テーベ
35 メシンヴリア
36 ドリストラ（シリストラ）
37 ソフィア
38 ヴィジイ
39 ミディア
40 アンギアロス
41 ヴァルナ
42 ソゾポリ
43 クサンシ
44 ガノス
45 ヒオス
46 リムノス
47 イムブロス
48 コリンソス
49 モネムヴァシア
50 ラケデモン（スパルタ）
51 フリスティアヌポリ
52 アルゴス
53 プリラヴォス（プリレプ）
54 エノス
55 ミシムナ
56 ナクソス
57 ヴィディン
58 ハルキス
59 ドモコス
60 コンスタンティヌポリ（イスタンブル）

D：アトス山
61 アトス山

オスマン時代の東方正教会

には、配下の聖職者に対する管轄権と裁判権、シノド（常設の主教会議）とともに教義に関することがらを裁量するといった従来からの権限に加えて、結婚、離婚、相続といった民事裁判およびキリスト教徒同士の刑事裁判その他の世俗のことがらにたいする広範な権限が与えられた。さらに、世界総主教はオスマン帝国下のほとんどすべての東方正教徒に対して実質的な影響力を行使することになった。十五世紀には、それまでスラヴ系の教会組織の管轄下にあったバルカンの大部分が世界総主教座の管区に統合され、ルーマニアの教会にも影響力がおよんだ。ついで、十六世紀のシリアとエジプトの征服により、アンティオキア、エルサレム、アレクサンドリアの総主教座がオスマン帝国支配下に組み込まれたが、三つの総主教は理論的には世界総主教と同格の存在と位置づけられていたにもかかわらず、実際には世界総主教の影響下に置かれた。キプロス大主教座も自治教会として歴史的特権を維持していたが、一五七一年の征服以後は、ここにも世界総主教の影響がおよんだ。例外的に、マケドニアを管区とするオフリド大主教座と、一五五七年に再建されたペーチのセルビア総主教座では、スラヴ語典礼とスラヴ的文化が維持されたが、ペーチ総主教座は一七六六年に、ついでオフリド大主教座も翌年に廃止された。世界総主教はこうした特権や保護と引き換えに、キリスト教徒がオスマン支配を従順に受け入れ、税の支払いを円滑におこなうことを保証しなければならなかった。

オスマン時代の東方正教会は一般に宗教的には保守的であり、とりわけ強い反カトリック的態度をとったため西側のキリスト教世界との交流は著しく停滞したが、例外的に十六世紀前半の世界総主教キュリロス・ルカリスはカルヴァン派の影響を受けて聖書の口語訳を出版するなど教会改革を試みた。

キリスト教徒の社会——農村

バルカンの農村社会はオスマン朝の征服によってどのように変化したのであろうか。かつては、征服によって既存の社会制度や文化が破壊され、人口の大半を占めたキリスト教徒はまったくの無権利状態におとしめられ、強制的な改宗がおこなわれたとする見方が支配的であった。しかし、こうした古典的な学説は各地の農村研究の進展によって修正を余儀なくされている。先に述べたように、征服に際してオスマン朝は地域的な差異を考慮した現実的な対応をおこなったため、各地で征服以前の制度が保存され、征服に積極的に協力した異教徒にはあらたな特権が付与されたのだが、その結果、キリスト教徒のスィパーヒーが十八世紀まで存在したし、免税特権や武装を許可されたキリスト教徒の集団も登場した。

また、ボスニア＝ヘルツェゴヴィナやマケドニア、セルビアのノヴィ・パザル付近、ブルガリアの山間部などではスラヴ系のムスリムが多数暮らしており、アルバニア人の多くもムスリムであるが、彼らの祖先の多くはオスマンの征服以後にイスラーム化した人々であった。オスマン朝は、アルバニアの山岳地帯などの一部の例外を除いて、住民に対してイスラームへの強制改宗を政策的には推進しなかった。オスマン時代にはスルギュンと呼ばれる強制移住政策によって小アジアからトルクメン系のムスリムがバルカンに入植したし、行政官や軍人として赴任し土着化した人々もいた。オスマン時代の改宗は、こうした外来のムスリムと現地のキリスト教徒の融合や貢納義務の軽減や社会的上昇などの私的な動機での自発的改宗を主たる原因としており、改宗も短期間のうちに急激に進展したのではなく長い時間をかけて漸次的に進んだのである。

この時代に、農民を含むほとんどの人々は、キノーティタ、オプシュティナ、ジェマーアットなどと呼ばれるコミュニティのなかで生活していた。コミュニティは、宗教帰属別に、農村部であれば通例はひとつの自然村を単位として、都市部では街区《マハッレ》を単位として組織されていた。キリスト教徒の場合、コミュニティは末端の教会組織に重なっており、必ずしも生産関係の共同性を基礎にしてはいなかった。キリスト教徒の農民は、一般に、オスマン国家へ納める税(スィパーヒーに対する租税と中央政府に納められる人頭税《ジズヤ》と雑税)、および、教会へ納める十分の一税やコミュニティを維持するための諸負担の二種類の義務を負っていた。オスマン国家への貢納は、主として年に二回、春の聖ゲオルギオスの日(ルーズ・フズル)と秋の聖ディミトリオスの日(ルーズ・カスム)に、スィパーヒーや徴税官《エミーン》、徴税請負人などに納入されたが、個々の納税者への税負担の割当てと徴収は、コミュニティの責任で一括しておこなわれていた。つまり、コミュニティはオスマン国家との関係においては、第一義的に徴税のための装置であり、これに付随して、権力に対する服従と治安維持の任務を負っていた。国家は、この最低限の従属と引き換えに、多くの領域をコミュニティの裁量に委ねたため、コミュニティは宗教別の自治組織としての機能も果たすことになった。

自治の内容は、主として教会を中心とした信仰の維持とキリスト教徒としての慣習の保持に関するものであった。裁判は慣習法に基づいておこなわれたが、慣習法にはドゥシャンの法典やユスティニアヌス法典などの中世国家の遺産が受け継がれており、地域ごとの多様性をもっていた。またコミュニティは固有の行政組織をもっていたが、セルビアやブルガリアでは、拡大家族《ザドルガ》の家長が参加する村会がこれにあたり、ギリシアでは家長のなかから選ばれた数名が構成するディモゲロンディアがこの機能をはたした。地域によっては、カザーやナヒエを単位とする二次的な組織をもち、年に一〜二回の会合を開き、コミュニティ間の紛争の裁定や重要事項の討議をおこない、数名の代表を選出する例もみられる。選出された代表はクネズ、クメット、チョルバジヤ、コジャバシなどの名称で呼ばれ、キリスト教徒がイスラーム法廷に出頭する際の立会人やス・バシに協力した治安維持活動、各コミュニティへの税負担の割当てをおこなった。さらに、十八世紀のモレア・サンジャクや十九世紀初頭のスメデレヴォ・サンジャクのように、サンジャク内のキリスト教徒の代表が、知事の主宰する諮問会議(ディーヴァーン)に参加する例もみられた。

一般的なコミュニティとならんで、ブルガリア各地のヴォイヌクやセルビアの幹線路沿いの農村にみられるヴラフやイピロスの山岳地帯のアルマトロスなどのように税の一部免除や武器携行などの特権が与えられた特殊なコミュニティも存在していた。こうした特殊なコミュニティは、補助的な軍役に従事するヴォイヌクや、幹線道路の警備や治安維持にあたったデルベンドジと呼ばれる制度に基づいて、オスマンの軍事・警察組織の一端を担うのと引き換えに特権を与えられていたのである。このほかにもバルカン各地にはなんらかの国家への奉仕の代償にさまざまな特権を付与されたコミュニティが存在していた。モンテネグロでは一五一六年にツルノイェヴィチ朝の支配が終焉したあとも、ツェティニェの主教（ヴラディカ）が実質的にオスマン支配から独立した支配をおこなっていた。ボスニア＝ヘルツェゴヴィナでは現地のムスリムのなかからカペタンが任命され、各地に散在する要塞の守備を任され、私兵を有して地域防衛と治安維持にあたっていたが、カペタニェ（カペタン領）の多くは世襲されていた。さらに、エーゲ海の島々はオスマン海軍総督（カプタン・パシャ）のハッスとして漕手や水兵を供給する見返りに自治権を与えられ、アルバニアの山岳地帯では、貢納と軍役奉仕を担う部族が自治の単位として機能していた。

都市と経済

オスマン朝にとって、バルカン半島は、前述のようにティムールによる大敗からの復活の基盤となった政治的な拠点であると同時に、経済的にも重要であった。オスマン帝国の心臓部の経済は、第一に首都であるイスタンブルを中心に構築されていたため、バルカンは首都と中央政府を支える食糧と原材料の供給地として位置づけられた。そのため、オスマン帝国の経済的発展に連動してバルカンにはかつてない経済的繁栄がもたらされた。この結果、各地の都市が成長し十五世紀から十六世紀にはエディルネ、テッサロニキ、アテネ、ニコポル、ヴィディンなどが大都市として繁栄した。なかでも、あらたに建設されたサラエヴォの発展は目覚ましく、十六世紀半ばには四〇〇〇家族以上が暮らしていた。

都市は、周辺の農村を支配する軍事・行政の拠点であり、同時に地方の経済活動の中心でもあった。オスマン時代の都市の特徴のひとつは、都市空間を一元的に統括する自治体に相当する機構が欠如していたことにある。上下水道や道路といった都市基盤の整備や、モスク、バザール、広場などの公共空間の建設、塵芥《じんかい》回収、寡婦や孤児の保護といった各種の機能は、各ミッレトごとの自治活動やワクフ(宗教寄進財産)を通じた個人的な慈善行為によってまかなわれていた。この点ではオスマン時代の都市は宗教的なコミュニティの寄合い状態であったといえるが、必ずしも異宗教間の交流が遮断されていたわけではない。とりわけ小商工民の同業者団体である「ギルド(エスナフ)」が水平的な人々の紐帯《ちゅうたい》として機能していた。ギルドは原材料の確保と製品の生産を独占する組織であるが、構成員の利益を擁護する民主的な性格をもち、多くの場合、宗教的な差異に関係なく組織されていた。ギルドの構成主体は親方株《ギディク》をもつ親方であり、その下で、無給で修業に従事する徒弟と有給の職人が働いていた。十七世紀以降、バルカン各地のギルドでは、共通の組織的特徴がみられるようになる。親方の寄合いがギルドの最高意思決定機関となり、ここで全体の利害調整や外部との対応の協議、長老やケトヒュダー（執事）の選出や職人から親方への昇進の承認などがおこなわれた。

オスマン時代の南東欧のギルドは、中世ヨーロッパのギルドと比較すると国家の介入を受けやすい特徴ももっていた。各ギルドは原材料の割当量や製品の価格を当局との協議を経たうえで、その認可を受ける必要があったからである。こうした傾向は手工業製品に限ったものではない。主要な物品の価格は、地方のカーディーによって決定され、生鮮食料品を除くほとんどの商品の価格は国家による統制を受けていた。価格統制は、軍需物資の安定供給のための安価な原材料の確保を主眼とする経済政策の一環であり、この政策は輸出を統制し、輸入を促進するためのものだった。キリスト教徒諸国に通商上の特権を与えたカピトゥレーションと呼ばれる制度もこの政策の延長上で理解されよう。長期的にはこの政策は、オスマン経済の西欧への従属をもたらすのであるが、オスマン帝国の全盛期には、外部からの富の流入、蓄積をうながし、帝国の軍事力を強化する機能を果たすと同時に、商品流通を安定させ、経済的な不満をおさえて統治を安定させる機能を果たしていた。この特徴は首都イスタンブルに対する経済政策にもっともよくあらわれている。

イスタンブルは、十六世紀には五〇万〜六〇万人の人口をかかえていたと考えられ、帝国最大の人口をかかえる完全な消費都市であった。オスマン当局はこの町の経済を支えるため、主要な生活資材の輸送ルートをコストの安い黒海を通じた海運に求めるとともに、イスタンブルからの物資の搬出を原則として禁止し、そのうえで、強力な価格統制をおこなった。バルカンの黒海沿岸からは穀物、食肉、獣皮、木材などが大量に輸送され、これを仲介したギリシア系商人が多大な利益をあげた。最大の穀物供給地はワラキアであり、穀物はドナウ川を通じて黒海に運ばれた。ドナウ川沿岸のスメデレヴォ、ヴィディン、ニコポル、ルセ、シリストラといった都市は、モルドヴァ、ハンガリー、ポーランド、トランシルヴァニアからの物資の中継港としても繁栄した。西欧からの主たる輸入品は繊維製品であり、アドリア海沿岸のドゥブロヴニク、ヴローラ、ヘルツェグノヴィといった港湾都市が繁栄し、とりわけ、ドゥブロヴニクは例外的な通商特権を享受した。ドゥブロヴニクはオスマン朝の宗主権を受け入れていたため、外国商人が排除されていた黒海貿易にも参入できたうえ、関税面の保護やヴェネツィアなどのライヴァルとの関係においても外交的な保護を受けることができた。ドゥブロヴニク商人はこうした特権を得て、バルカン各地の通商拠点に商館を建設し、一時はバルカンの内陸通商を支配していた。バルカン内陸部の通商はキャラバン・ルートによって結ばれており、イスタンブルからエディルネを経てプロヴディフ、ソフィア、ニシュ、ベオグラードからブダにいたる街道を中心に、エディルネからスリヴェンを経てモルドヴァにいたる街道、ベオグラードからサラエヴォを経てドゥブロヴニクにいたる街道、テッサロニキからドゥラスにいたる街道が経済の動脈を形成していた。

ユダヤ教徒

オスマン帝国のバルカン征服はユダヤ教徒にも歓迎された。彼らはキリスト教徒の迫害から解放され、経済的繁栄を謳歌することになったからである。オスマン時代の初期のバルカンのユダヤ教徒社会は、ごく少数のカライ派を除くと、ギリシア語を共通語とするロマニオテスと呼ばれる人々がほとんどであったが、メフメト二世が一四五五年にバルカンの大都市からユダヤ教徒をイスタンブルに移住させたため、そのあとにヨーロッパでの迫害を逃れたユダヤ教徒が流入してきた。スペインでは一三九一年に最初のポグロム(迫害)が発生したが、この時期からユダヤ教徒のオスマン領への移住が始まった。そして、一四九二年にスペインで、九三年にシチリアおよび南イタリアで、九七年にポルトガルで、それぞれユダヤ教徒の追放がおこなわれると、オスマン帝国のユダヤ教徒人口は激増した。一五四七年に異端審問所が設置されると、キリスト教に改宗したユダヤ教徒、すなわちマラーノの移住も始まった。こうした南欧出身のユダヤ教徒はスペイン語の一種であるラディーノを共通語とするスファラディムと呼ばれる人々であり、イスラム支配下で長年暮らした経験をもち、オスマン帝国の体制にも短期間で順応した。

同じ時期には中欧でもユダヤ教徒の迫害が激しくなり、ドイツやハンガリー出身のユダヤ教徒がオスマン支配下の土地に移住した。とくに、一四七〇年にバイエルンでユダヤ教徒追放がおこなわれたあとに、その数は増加した。こうして北からやってきたユダヤ教徒はドイツ語の一種であるイディシュを共通語とするようになるアシュケナジムであった。移住によってオスマン領内のユダヤ教徒社会は急速に拡大し、十六世紀には帝国全体で一五万人ほどに増加し、宗派的にも複雑な構成をもつことになったが、数のうえでも、また社会的経済的活動の重要性においてもスファラディムが優勢であった。

オスマン帝国のユダヤ教徒は、キリスト教徒と同様の宗教的自治を認められていた。ユダヤ・ミッレトの起源について、かつては、メフメト二世によってロマニオテスのモシェー・カプサリが帝国内の全ユダヤ教徒を支配するミッレトの長(ハハムバシ)に任命され、特別な人頭税(ラヴ・アクチェスィ)の支払いの見返りに自治を認められたものと考えられていた。しかし、同時代の史料にはその権限の具体的な範囲はもちろん、彼が任命された時期すらも記録されてはいない。おそらく、カプサリは人頭税の徴収を主たる任務とするイスタンブルのユダヤ教徒の代表者にすぎなかったのだろう。カプサリの地位は同じくロマニオテスのエリヤフ・ミズラヒーが引き継いだが、一五三五年に彼が没すると後任は任命されなくなった。そもそも、ユダヤ教にはキリスト教のような聖職位階制はなく、オスマン帝国の全ユダヤ教徒を統括する集権的な権威は存在しなかった。ユダヤ教徒のミッレトは非集権的な構造をもち、それぞれの主要都市のラビのリーダーは同等の地位と権威をもっていたのである。

また、ユダヤ教徒社会の内部も一様ではなかった。ロマニオテスとアシュケナジムとスファラディムはそれぞれ異なった宗教儀礼と習慣を保持し、たがいに交流することは少なかった。バルカン最大のユダヤ教徒人口をかかえ、帝国内で唯一、ユダヤ教徒が多数派を形成していた都市であるテッサロニキでは、ロマニオテスとアシュケナジムとスファラディムが別個のコミュニティを形成したにとどまらず、同じスファラディムでもカタロニア、カスティリア、シチリア、カラブリアといったおのおのの出身地ごとに別個の集団を形成し、また、かつてのマラーノは別個の集団をつくっており、十六世紀にはこうしたコミュニティの数は二六に達した。

前述のようなキリスト教徒のコミュニティと同様に、ユダヤ教徒もカハルと呼ばれるコミュニティを形成していた。カライ派を例外として、一般的にカハルは、精神的指導者であるラビを中心に、固有のシナゴーグをもち、そのまわりに街区を形成し、独自の学校や墓地、食肉加工所などを運営していた。シナゴーグは礼拝の場であるばかりでなく、ユダヤ教の律法トーラーやその注釈であるタルムードを学ぶ教育機関であり、さまざまな会合の場であり、裁判所であり、時には病院ですらあった。ラビは、カハルの精神的指導者であるとともに、宗教裁判所《ベト・ディン》を主催する裁判官の機能を果たしていた。ベト・ディンでは、婚姻や養子縁組み、遺産相続などの裁定や、その他のコミュニティ内部の紛争の調停がおこなわれ、その決定を執行するために、罰金や体罰を科したり、シナゴーグに設置された監獄に収監する権限が与えられていた。もっとも重い罰は、コミュニティからの追放であるが、主要な生活の場がコミュニティに限定されていた当時の社会にあっては、この罰は事実上の社会的な死を意味していた。カハルはまた、パルナシーと呼ばれる世俗の指導者を選出し、選出された代表は独自の評議会を構成し、カハル内部の行政と徴税をおこなった。オスマン当局に対しては、カハルは納税や治安維持の義務を負っていたが、当局との仲介のためにカハルを代表するケトヒュダーが選出されることがあり、時にはこうした執事が支配的な影響力をもつ場合もあった。

サラエヴォのシナゴーグ(19世紀)　オスマン帝国最盛期にバルカンのユダヤ教徒はかつてない繁栄を謳歌した。各地で壮麗なシナゴーグが建設されたが，その多くは現在では衰退している。

オスマン帝国の政治的安定とその保護のもとで、スファラディム社会は十六世紀に繁栄の頂点にいたった。バルカンの通商の要路に位置するテッサロニキ、エディルネ、サラエヴォなどの都市では有力なユダヤ教徒のコミュニティがつくられ、ユダヤ教徒の商人はキリスト教徒商人を凌駕《りょうが》して地域経済の重要な位置を占めた。スルタンたちは遠隔地貿易に従事する大商人(タージル)に多くの特権を付与して保護していたが、スファラディム商人たちもこの恩恵に浴していた。そのもっとも成功した例は、十六世紀にポルトガルからアントウェルペンを経てオスマン領に移住したヨセフ・ナスィであろう。彼はセリム二世から黒海方面からのぶどう酒輸入税徴収の独占権などの特権を与えられ、東地中海の金融網を支配し、ついにはナクソス島の「公《デューク》」にも任じられた。また、スファラディムはヨーロッパから持ち込んだ技術や知識をもってオスマン社会で成功をおさめる者が少なくなかったが、なかでもグラナダ出身のハモン家は、バヤズィト二世とセリム一世に仕えたヨセフ・ハモンやその息子でスレイマン一世に仕えたモシェー・ハモンなどの宮廷の侍医を輩出し、十六世紀のイスタンブルのユダヤ教徒社会で支配的な影響力をもっていた。

しかし、十七世紀に入るとスファラディム社会の繁栄は陰りを見せ始める。そして、沈滞した社会状況を反映して終末論的な世界観が広がり始めた。こうしたなかで、カバラー神秘主義の影響を強く受けたイズミル生まれのシャブタイ・ツヴィーは一六四八年に自らがメシアであると宣言し、全世界のユダヤ教徒がまもなく最終的に救済されるだろうと主張した。彼の呼びかけは一時はオスマン領内のみならずヨーロッパ各地にまで影響をおよぼしたが、救済の年とされた一六六六年、シャブタイ・

ツヴィーはオスマン権力に捕らわれたあと、ムスリムに改宗してしまった。こののち、シャブタイ派の運動は急速に衰退するが、彼の教えを奉じる者たちは表面上ムスリムに改宗し、信仰を続けた。このドョンメと呼ばれる集団は今世紀の初めまでバルカンでもテッサロニキを中心に存続していた。

3 オスマン支配後期のバルカン社会

オスマン支配の再編

オスマン帝国の軍事的拡大は十六世紀の中盤に最盛期を迎え、やがて漸次的な縮小へと向かっていった。十六世紀末から十七世紀前半に断続的に対イラン戦争が繰り返されたが、一五九三年から一六〇六年にはオーストリアとも戦端が開かれ、この両面戦争の結果、軍事負担が飛躍的に増大した。たとえば、常備軍であるイェニチェリは一五二七年には七八八六人であったが、一六一〇年には三万七六二七人へと五倍近くに増加している。こうした負担増は財政の悪化を招き、農民への収奪強化に帰結した。また、土地制度の根幹を担うスィパーヒーもあいつぐ戦役で困窮したうえに、新大陸からの銀の流入によって貨幣価値が下落したため、多くが金納であった租税収入も減少した。この負担増も農民への収奪強化に結びつくことになり、農民の窮乏化は一層進行した。小アジアで発生した非正規《セグバ》兵《ン》を中心とし、暴徒化した農民や没落したスィパーヒーも加わったアナトリア半島のジェラーリ反乱はこうした社会背景をもっていた。

かつての歴史学では、この危機に直面しながらも、歴代のスルタンはリーダーシップを発揮できず、中央政府では権力闘争と官僚の腐敗、ウラマーの政治への介入が横行し、権力機構全体が硬直化したため、有効な対応が講じられなかったと考えられ、オスマン朝が十六世紀後半から衰退期に入ったとする考え方が支配的であった。しかし、バルカンでは小アジアでみられたような大規模な農民反乱は発生しなかったし、帝国の経済も成長を続けていた。オスマン朝の軍事力自体も、一六六九年にヴェネツィアからクレタ島を奪取するなど十七世紀を通じて十分に維持されていた。オスマン帝国の軍事的な衰退が全面化するのは十八世紀後半に入ってからである。したがって、十六世紀後半から十八世紀後半までの時代は、たんなる「衰退」の時期ではなく、むしろスルタンの専制とティマール制に象徴される古典的な支配体制が「再編」された時代であった。

実際、この時期には、中央においては、デウシルメ制度の衰退によりムスリム出身者が官僚機構に進出し、旧来の軍事行政官僚とウラマーに加えて、あらたな支配エリートである書記層が出現して官僚機構が再編された。また、十六世紀の繁栄期に都市部に蓄積された資本が農村部に投下された結果として、地方都市の発展と地域的市場のネットワークの形成がみられ、地方経済の成長によって、各地で在地の有力者が経済的にも政治的にも成長した。彼らはさまざまな地方官職を兼任し、広範な徴税請負に従事した。マケドニアやトラキアではこうした地方有力者が大土地所有を拡大し、市場向けの商品作物生産が始まった。地方行政の面でも、軍事・警察力を担っていたスィパーヒーが没落したが、かわって知事や総督が大規模な私的軍事力を保持するようになった。さらに、在地の有力者のなかには地方支配の実権を掌握し、アーヤーン職と呼ばれる役職についたが、彼らは中央に対抗すると同時に、地方行政では協力していた。

キリスト教徒社会の成長

オスマン帝国の政治的経済的な再編の過程は、キリスト教徒社会に多大な影響をおよぼした。ヨーロッパとの通商の拡大によって、キリスト教徒商人はヨーロッパの商業資本の仲介者として、ユダヤ教徒商人にかわってオスマンの国内市場で支配的な位置を占めるようになった。さらに、テッサリア地方のアンベラキアやマケドニアのナウサの木綿業、カストリアの毛織物業、マケドニア南部のタバコ産業などの地場産業の成長やこれと結びついた輸出港としてのテッサロニキの成長も、キリスト教徒商人に経済的繁栄をもたらした。

こうした変化を背景として、ロシアとの毛皮貿易の独占権を与えられて巨万の富を築いたミカエル・カンダクズィノスなど、十六世紀後半以降、キリスト教徒商人のなかから強大な経済力を身につけ、それとともに政治的な実力を兼ね備えた者があらわれ、彼らによってファナリオティスと呼ばれる商人貴族階層が形成された。ファナリオティスとは世界総主教座があるイスタンブルのフェネル地区に暮らし、東西貿易や徴税請負、銀行業によって富裕化したマヴロコルダトス家、イプシランディス家、スツォス家、カリマキス家、ギガス家などの十数家族であり、十七世紀以降、総主教をはじめとする正教会ミッレトの要職を独占した。ファナリオティスは帝国の中央政府にも進出し、十七世紀末にはアレクサンドロス・マヴロコルダトスが御前会議首席通訳官に任命され、実質的に帝国の外務大臣の役割をはたした。十八世紀の初めには、ロシアとオーストリアの脅威に直面したオスマン政府がドナウ両公国への統制強化をはかり、ニコラオス・マヴロコルダトスがモルドヴァ公、ついでワラキア公に任命されたが、これによりボイェリの選挙制度は廃止され、ファナリオティス出身者が両国の君主《ホスポダル》に任命される体制が確立した。ドナウ両公国でのファナリオティス支配は一八二一年まで続くが、歴代の君主はオスマン朝の傀儡《かいらい》として過酷な収奪をおこなった反面、コンスタンディノス・マヴロコルダトスのように財政改革や農地改革をおこなった例や、学校や図書館の設立を通じて両公国の文化的発展に貢献した例もみられる。

十七世紀から十八世紀には地方のキリスト教徒社会でも経済力をたくわえた階層が出現した。セルビアでは中欧市場向けの家畜や食肉加工品の輸出が始まり、これにたずさわる商人層が形成されたが、彼らはキリスト教徒コミュニティの名士となり、クネズ職を世襲した。ペロポネソスではキリスト教徒の大土地所有者があらわれ、十八世紀に入るとコジャバシとして地方行政に参加した。ブルガリアではイスタンブル市場向けの家畜商人《ジェレプ》をはじめとしたキリスト教徒の商人や手工業者が成長したが、彼らはチョルバジヤとしてキリスト教徒社会のリーダーとなっていった。こうしたキリスト教徒の地方名士層はコミュニティの指導者であるとともに、オスマン権力との仲介者の機能を担う両義的性格をもっていた。

ギリシアのクレフティス　バルカンの山岳地帯ではオスマン支配を逃れた匪賊たちが跋扈していた。彼らは隊商を襲い，農村を略奪する山賊であると同時に，異教徒と戦う英雄であり，自由な精神の象徴ともみなされた。

キリスト教徒社会にはハイドゥクやクレフティスと呼ばれるアウトロー集団も存在した。彼らは山岳地帯に盤踞《ばんきょ》する武装集団で、隊商や農村を略奪して生計を立てていたが、しばしばオスマン当局とも戦った。そのため、キリスト教徒民衆のイメージのなかには異教徒の支配に命懸けで抵抗する英雄としてきざみこまれ、彼らを讃える多くの民謡が残されている。セルビアではグスラールと呼ばれる一種の吟遊詩人が、コソヴォの戦いやクラレヴィチ・マルコといったオスマン帝国と戦う英雄をモチーフにした長編の叙事詩を語り伝える伝統も残されている。

オスマン支配期のキリスト教徒の文化活動の中心は、一般的には修道院であった。マケドニアのアトス山にはギリシア系の聖ラヴラ修道院やスラヴ系のヒランダル修道院などの有力な修道院が集まり、東方正教の文化的中心地となっていた。またブルガリアのリラの修道院のように各地の修道院ではイコンの製作や宗教書の手写がおこなわれ、中世の民族的な文化を後世に伝えた。修道院は同時にほとんどのキリスト教徒にとって唯一の教育機関でもあり、キリアア(庵室)学校が開かれ、修道院から遠く離れた村々では巡回修道士《タクシディオティス》が読み書きや祈禱を教えていた。

キリスト教徒の反乱とオスマン帝国の軍事的衰退

経済的な繁栄によって生み出されたキリスト教徒社会の内的変化と並行して、既存のオスマン支配との決別への萌芽も生まれていた。キリスト教徒の商人は十八世紀にはいるとオスマン帝国の対外貿易を支配したにとどまらず、地中海全域から南ロシア、中欧にも活動領域を拡大し、正教会ミッレトの言語であるギリシア語は東地中海の商業言語となり、ギリシア語を媒介として西欧との文化的な接触の機会が増大した。この文化的な変化によってオスマン帝国のキリスト教徒社会の内部ではしだいに西洋的な価値観が浸透し、西欧流の反イスラム主義と反ユダヤ主義が受け入れられていった。同時に、ヨーロッパの文化的影響は、従来の宗教的共存への認識も変化させた。異宗教間の交流は限定的となり、既存の宗教帰属が絶対視され、改宗が激減するとともに宗教的他者への敵愾心《てきがいしん》が広がり始めた。また、本来は納税大衆一般を意味するにすぎなかったレアーヤーが、イスラム支配に隷属するキリスト教徒を意味する特殊な概念である「ラーヤ」に変化したことも、既存の支配秩序を宗教的価値基準でとらえる傾向の産物といえるだろう。

　しかし、十九世紀まではバルカンにおいてオスマン支配の打破を掲げるキリスト教徒の反乱が大規模に展開されることはなかった。十九世紀以前の反乱の大部分は宗教的な使命感や民族意識に基づいたものではなく、オスマン帝国に対するキリスト教徒諸国の勝利を見込んだ打算的な性格をもっていた。ワラキアのミハイ勇敢公は、十六世紀末にオスマンに反旗をひるがえし、一時的ではあるがモルドヴァとトランシルヴァニアの支配者を兼任したことでルーマニアの統一を実現したが、これはオスマン朝とポーランドとオーストリアの力関係を利用した結果であった。同時期にはブルガリアのタルノヴォで商人を中心とした反乱が計画されたが、これもドゥブロヴニク商人を使ったオーストリアの扇動によるものであった。

とはいえ第二次ウィーン包囲の失敗後、オーストリアを中心に神聖同盟が結成され、キリスト教諸国が一六九九年のカルロヴィッツ条約でハンガリーを含むバルカン北部を奪還し、オスマン帝国の軍事的な衰退が決定的となるころには、オスマン支配下のキリスト教徒の反乱も頻発するようになった。しかし、ここでもキリスト教国家の勝利に対する期待が反乱の主要な動機であったといえる。ブルガリアのチプロヴェッツでは中世に移住したザクセン人の子孫でスラヴ化したカトリック教徒を中心とした反乱が一六八六年に勃発したが、オーストリアの侵攻を期待したものであったし、ペーチ総主教アルセニエ三世も神聖戦争へのセルビア人の参戦を促したが、やはりオーストリアの勝利に期待したからであった。この結果、九万人ほどのセルビア人がオーストリア領に亡命し、ヴォイヴォディナにセルビア人のコミュニティが生まれることになった。南方に領土を拡大したハプスブルク帝国はオスマン帝国との国境沿いにセルビア人などを入植させ、一定の免税特権と自治権を見返りに地域防衛に任ずる軍政国境地帯を設置した。

十八世紀後半に入ると、オスマン帝国はハプスブルクにかわってロシアの脅威に直面するが、第一次露土戦争中に勃発したキリスト教徒の反乱は、やはりロシアの勝利に期待したものであった。その典型的な例はモレアで勃発した「オルロフ戦争」であろう。モレアのギリシア人コジャバシたちはロシアのオルロフ艦隊に過大な期待をかけて反乱を企てたが、大衆的な決起は起こらなかった。しかし、一七七四年に結ばれたキュチュク・カイナルジャ条約は、バルカンにおけるロシアの勢力拡大の決定的な足掛かりとなった。この条約でオスマン帝国はクリム・ハン国を失い、ロシアは黒海およびボスポラス、ダーダネルス両海峡の航行権に加えて、オスマン領内の東方正教徒の保護権を手にいれた。そして、この保護権を口実として、ロシアはバルカン各地に領事館を設置し、キリスト教徒の反オスマン活動を積極的に支援し始めることになる。

こうした外部からの圧力に加えて、バルカンに対するオスマン支配は内部からもゆらいでくる。先に述べたようにオスマン支配の変質とともに在地の有力者が台頭してきたが、十八世紀後半にはバルカン各地でムスリムの有力者が領域的な支配を確立し、中央政府の統制を離れて実質的に独立した勢力圏を形成するようになった。この代表的な例は、イピロスを支配したテペデレンリ・アリー・パシャ、ブルガリア北部のルセを拠点としたアレムダル・ムスタファ・パシャ、その西方のヴィディンのパスヴァンオウル・オスマン・パシャ、イスマイル・パシャなどである。また、こうした大勢力の狭間でも小規模な武装集団が割拠し、とりわけバルカン東部ではムスリムばかりでなくキリスト教徒も加わったカルジャリイと呼ばれる一種の馬賊が、都市や農村を襲撃し、通商路を分断したため、既存の商業ネットワークは破壊され、地域経済は著しい打撃を受けた。

十八世紀末の混沌とした状況を経て、バルカンの人々はあらたな政治システムの確立を模索することになる。それはオスマン支配の再建でもこれにかわる別の帝国の支配でもなく、自らの国家の建設をめざす動きであった。

第四章
ナショナリズムの勃興と独立国家の形成

1 セルビアとギリシアの独立運動

独立運動の背景

十九世紀は、バルカン半島の諸民族が政治的な独立を獲得し、その後の社会のあり方に決定的な方向づけが与えられた時代であった。この時代を、異教徒の支配下で眠っていた民族本来の意識が「覚醒」し、発展した時代であると描く歴史観が支配的となっているが、バルカンに暮らしていたさまざまな伝統を有する集団が、明確な意識によって自己形成した政治的な民族へと編成される過程は、いくつもの歴史的な要素によって構成された現象であり、「必然的」な過程ではなかった。バルカン各地のスラヴ系のムスリムをみても、ボスニアの「ボシュニャク人」は政治的民族としての承認を受け、独自の民族意識を保持しているが、ブルガリアのスラヴ系ムスリムである「ポマク」は、イスラーム教徒のブルガリア人とされている。同じくバルカン南部のヴラフたちは、ラテン系の母語をもつ少数集団であるが、彼らが固有の民族集団であるのか、ルーマニア人であるのかは議論の余地がある。さらに、バルカンのユダヤ教徒の支配的集団であったスファラディムや各地にコミュニティを形成しているロマ(ジプシー)、さらには十九世紀中盤にドナウ流域に移民したタタールやチェルケス、黒海沿岸のトルコ系キリスト教徒のガガウズなどのマイノリティは政治的民族とはみなされていないが、周囲の民族に完全には同化されずに生き続けた。

十九世紀の初頭に起こった二つの歴史的事件もこうした観点から検討されねばならない。それはセルビア蜂起とギリシア革命と呼ばれる事件であるが、二つは、いずれも当該国の近代史において民族国家の出発点として重視されている。しかし、いずれの事件もセルビア人やギリシア人の民族意識が成熟した結果として起こったものではなく、オスマン帝国の混乱によって生じた帝国辺境部の特殊な事情のなかで発生した出来事であった。

第一次セルビア蜂起

セルビア蜂起は、ベオグラード・パシャリクと呼ばれていたバルカン中央部のシュマディア地方でのセルビア系農民の反乱を契機として始まり、しだいにセルビア人の民族解放運動の様相を帯びるようになった事件である。蜂起の舞台となったベオグラード・パシャリクは十八世紀を通じてハプスブ

セルビア蜂起で用いられた軍旗　セルビアの紋章である赤地に白の十字架とトリヴァリアの紋章である猪と矢をあしらい，王国を意味する冠を戴いている。こうしたシンボルによってセルビアの農民は自らが中世のネマニッチ王国の後継者であると自覚していった。

ルク帝国とオスマン帝国の主戦場であり、一七一八年から三九年までハプスブルク領となり、一七八九年のオーストリア・トルコ戦争でも一時占領されるなどオスマン帝国の支配が不安定な地域であった。また、この地方では古くからセルビア系農民がクネズと呼ばれるリーダーを中心として強固な自治組織を築いており、オスマンの行政官もこの伝統に配慮した統治をおこなっていた。しかし、十八世紀の末に東に隣接するヴィディンにパスヴァンオウル・オスマン・パシャが独立した勢力圏を築くと、その支援を受けた地方駐留のイェニチェリが侵入し、中央政府をないがしろにした支配を始めた。そして、一八〇四年にはダヒヤの称号をもつイェニチェリが有力なクネズたちを虐殺する事件が発生し、これが直接の原因となって、ベオグラード・パシャリクの各地で農民が反乱に立ち上がった。

こうして始まったセルビア蜂起は、スルタンの権威に服さないイェニチェリに対して向けられたものであり、当初は、オスマン支配に対する反乱ではなく、セルビア人の民族運動としての性格も希薄であった。しかし、蜂起の拡大を恐れたオスマン政府は反乱鎮圧を決定し、一八〇六年のデリグラードの戦いで両者が激突する事態となった。さらにこの年の末には、ロシアとオスマン帝国との戦争が勃発し、セルビア人はロシアの支援に期待してオスマン政府との全面対決に向かい、翌年にはベオグラード要塞を陥落させた。こうした展開のなかで、セルビア人は反乱の目的をセルビア国家の伝統を復活し、他国に支配されたセルビア人を解放することへと転換していったのである。

セルビア蜂起は、一八一二年のブカレスト条約でロシアとオスマン帝国が講和したため、うしろ楯を失って急速に勢力が衰え、翌年には瓦解するが、ほぼ一〇年間にわたって独立した状態を維持し、萌芽的な国家機構を建設するなどセルビア社会内部にのちにまで影響する変化をもたらした。

セルビア蜂起は農民反乱として出発したため、その内部は旧来のクネズなどの名望家や富裕な家畜商人、下級聖職者、ハイドゥクなど、多様な社会階層からなる地方勢力によって構成されていた。反乱の初期にカラジョルジェ・ペトロヴィチが総司令官に任命されたが、彼は政治的にもセルビア人社会を統合・支配する意思を示し、地方勢力の伝統的な権利の擁護を希望するほかのリーダーたちと対立し、しばしば武力抗争が繰り広げられた。セルビア蜂起の期間を通じてこの対立は継続したが、一方では、両者の利害を調停する政治装置もつくられた。セルビアの農民社会では重要な物事を決定するために一年に二回、定期的に各村の代表が寄り集う会合(スクプシュティナ)の伝統が存在したが、セルビア蜂起が勃発すると、蜂起に参加した全地域の代表が参加する大規模なスクプシュティナが定期的に開かれるようになり、ここでの決定が強い拘束力をもつことになった。

第二次セルビア蜂起とセルビア自治公国の成立

セルビア蜂起が鎮圧されたあとも、シュマディア地方では動揺が続き、最終的には一八一五年四月にミロシュ・オブレノヴィチをリーダーとする新たな反乱(第二次セルビア蜂起)が勃発した。第二次蜂起でセルビア側は、一定の自治権を見返りに、オスマン支配を受け入れることで合意し、ここにオスマン宗主権下の自治公国として近代セルビア国家が出発することになった。

成立当初のセルビアは、国内の制度的整備と対外関係の確定という課題を抱えていた。対外的には一八三〇年のスルタンの勅令(フェルマーン)によってオブレノヴィチ家に対するセルビアの世襲的支配権が承認され、三三年の勅書(ハッティ・ヒュマユーン)によってセルビア公国の国境と中央政府への定額貢納が決定されたことで、セルビアの地位が確定した。内政面では、ミロシュは徴税権を独占し、国庫を私的に支配するとともに恣意的な官吏任命をおこなって集権的な支配体制の構築をめざした。これに対して分権的な自治の伝統を守ろうとする地方名望家勢力は一八二五年のジャークの反乱など相次ぐ武装蜂起に訴えたため、一八一五〜三〇年だけでも七つの反乱が発生するなど不安定な状況が続いた。

一八三〇年代に入ると分権派は立憲制の導入を掲げて結集し、三五年には「迎神祭の日憲法《スレティニエ》」を制定し、ミロシュの個人独裁に終止符を打つことを試みたが、勢力を巻き返したミロシュはこれを承認せず、セルビアの国内政治はミロシュ派と反ミロシュ派の対立によって麻痺状態に陥った。ここでオスマン政府が仲介に乗り出し、一八三八年にスルタンの勅令のかたちで「トルコ憲法」が公布され、翌年にミロシュは追放された。しかし、後任のミラン公はまもなく病死したため、後継者をめぐって、オブレノヴィチ家を支持する勢力とカラジョルジェの息子でロシアに亡命していたアレクサンダルの擁立をはかる勢力が相争い、一八四二年に名望家の一人であるトマ・ヴチッチ・ペリシッチをリーダーとする後者の勢力がクーデタを成功させた。クーデタによって権力を掌握した勢力は保守的な名望家の連合体だったが、「トルコ憲法」を擁護する勢力という意味で護憲党と呼ばれ、彼らが権力を握っていた一八四二年から五八年までは護憲党時代と呼ばれる。

護憲党時代はセルビアにとって国家的な制度整備が急速に進行した近代化の出発点であると同時に、セルビアの領土拡大によってすべてのセルビア人を統合するという大セルビア主義が政治目標として構築された時期でもあった。

ギリシア革命前史

農民反乱を契機に成長したセルビア人の民族意識と比較するとギリシア人は、早い時期から明確に民族的な文化や歴史に対する意識を獲得していた。前章で述べたような経済的繁栄を基礎として、ギリシア系商人たちは他のキリスト教徒よりも遥かに高い知的発展を享受し、ヨーロッパ各地のディアスポラ・コミュニティを通じて、西欧の文化的影響をもっとも強く受けていた。さらに、ギリシア語を母語とする事実もギリシア人の民族意識の形成を容易にしていた。西欧各地、とりわけドイツに学んだギリシア系留学生たちは、ギリシア古典学に接することで、自らが西欧文明の源流に直接に結びついているという誇りを身につけたからである。こうした人々の代表者は、アダマンディオス・コライスである。彼は一七四八年に現在はトルコ領のイズミルに生まれ、アムステルダムで商業を、次いでモンペリエで医学を学んだのち、一七八八年にパリに移り、ここでギリシア古典の研究に取り組んだ。フランス啓蒙主義の影響を受けたコライスは、教育レヴェルの向上がギリシア人の民族解放につながるとの確信から、ギリシア古典のギリシア世界への紹介に尽力したが、古代文明を礼賛する姿勢は反正教的・反ビザンツ的思想でもあった。

ギリシア人の民族意識の基礎は、東方正教に媒介されたビザンツ的価値観と言語に媒介された古典古代の価値観の二つに求めることができるが、近代ギリシア民族主義のこの二つの源流はたがいに矛盾する性格をもっていた。前者の価値の担い手である教会は、近代的な民族としてのギリシア人と、かつてのビザンツ帝国の臣民を意味するロメオス（ローマ人）に由来する名称である「ルーム」と呼ばれていたオスマン帝国内のすべての正教徒の区別を曖昧にしていたのに対して、後者はギリシア国家（エラス）の国民たるべきものとしてのギリシア人（エリネス）がギリシア語とそれが支える文化を共有する均質な集団であると考えていた。この差異はギリシア独立後に明確になるが、それ以前から両者のあいだには緊張関係が生まれていた。古代ギリシア的価値観への共鳴から新生児に古代の偉人の名を用いる習慣が広まったのに対して、教会がこれを「異教的」として非難するといったことから始まって、最終的にはオスマン帝国の支配を容認する教会と異民族支配を否定する民族解放運動の対立にまで行き着いた。

オスマン支配からの解放をめざす政治意識の発展には、リガス・ヴェレスティンリスの思想と活動も影響を与えた。フランス革命思想に感化された彼は、ウィーンで政治結社をつくり、一七九七年にはその政治綱領を記した『ルメリ、小アジア、エーゲ海諸島、およびワラキア・モルドヴァの住民たちの新政治憲法』を出版した。この綱領で彼は、トルコ人を含むすべてのバルカン諸民族が共和制連邦国家の樹立によってオスマン朝の専制支配から解放されることを提唱し、その意味で、近代バルカンの解放思想とバルカン連邦構想の始祖ともみなされるが、同時に、彼の構想は共和制の衣をかぶったビザンツ国家の復活であり、ギリシア民族解放思想の肥大化したプロトタイプでもあった。

フィリキ・エテリアと革命の勃発

一八一四年にオデッサで結成されたフィリキ・エテリアは、パン・バルカン的志向性においてもギリシア民族解放構想の面でもリガスの思想を忠実に継承した組織であった。フィリキ・エテリアはエマヌイル・クサンソス、ニコラオス・スクファス、アタナシオス・ツァカロフの三人の商人によって結成されたフリーメイソン型の秘密結社であり、一八一八年以降、急速にディアスポラ商人のあいだに広がり、最盛期には一〇〇〇人ほどの成員を抱えるほどに成長した。エテリアは当初、イスタンブルでの武装蜂起を含む、バルカン全土の一斉蜂起によって、「祖国(ミテーラ・パトリーザ)」の解放をめざしていた。その一環として、ベッサラビアに亡命していた第一次セルビア蜂起の指導者カラジョルジェにも接触するなど、バルカン各地のキリスト教徒勢力の連携を模索し、クレフティスやアルマトロスのリーダーたちやモレアのコジャバシの一部にも支持者を見出した。しかし、カラジョルジェは蜂起を準備すべく一八一七年にセルビアに潜入したが、武装蜂起に反対するミロシュ・オブレノヴィチの手により暗殺されるなど、全バルカンの一斉蜂起という計画は現実離れしたものだったので、エテリア内部はより現実的なロシアの後押しによる目標達成に傾いていった。その一環として、ロシア皇帝アレクサンドル一世の外務大臣であったヨアニス・カポディストリアスに代表就任を要請したが拒否され、かわって、前ワラキア公コンスタンディノス・イプシランディスの息子でアレクサンドル一世の副官を務めていたアレクサンドロスが代表に就任した。しかし、期待したロシアの支援は得

処刑される総主教　ギリシア革命勃発後，世界総主教グリゴリオス５世は熱心にスルタンへの服従を説いたが，キリスト教徒の忠誠確保を怠った科で処刑された。ギリシア民族主義と宗教の融合が進むと，彼は民族の殉教者に祀り上げられ，死後100年を経て聖人に列せられた。

られぬまま、二〇年冬のオスマン軍による対アリー・パシャ戦役に乗じてペロポネソスで計画されていた蜂起に呼応するため、二一年三月にエテリア軍はプルート川を渡ってモルドヴァに進入した。同時に、ワラキアではトゥドル・ヴラディミレスクが反乱を組織し、首都ブカレストを占領した。ここに、ギリシア革命が勃発するのである。

ナポレオン戦争後の秩序回復を最優先する当時のヨーロッパ諸国は、バルカンでの政治的混乱を望まず、エテリアの蜂起を非難し、オスマン帝国に好意的な態度を示した。こうした孤立状況にあって、五月二十九日にはブカレストがオスマン軍によって占領され、翌月にはイプシランディス軍もドラガシャニの戦いに敗れたため、ルーマニアでの反乱は早々に鎮圧された。しかし、ギリシア革命の中心地となるモレアでは着実に革命が進行し始めていた。この地方では一八二一年一月に各地の代表がエテリアの蜂起に呼応することで一致していた。伝統的には、ギリシア革命の開始は、パトラ府主教ゲルマノスがカラヴリタ近郊の聖ラヴラ修道院でトルコ人に対する一斉蜂起の旗を掲げた三月二十五日とされ、現在でも独立記念日となっているが、実際にはさらに早い時期からイドラ、プサラ、スペッツァの三島やペロポネソスと大陸ギリシアの各地で革命が始まっていた。

ギリシア革命の経緯

革命の第一期にあたる一八二一年から二五年には革命勢力はオスマン側に対して優勢であった。とりわけ、一八二二年二月まではオスマン軍の主要な目標はキリスト教徒反乱者ではなくイピロスの大アーヤーン、アリー・パシャであったため、軍事的な空白に乗じて、革命勢力は各地で勝利した。この時期のギリシア革命勢力は、三つの社会階層から構成されていた。軍事力の主体は、セオドロス・コロコトロニスに代表されるクレフティスやアルマトロス出身者であったが、彼らは軍事的な貢献に相応するほどの政治力をもたなかった。政治的な指導勢力は、伝統的な支配階層を形成していたコジャバシ、および島嶼部の船主たちであり、自らの特権の維持と割拠的な地方支配の実現を望んでいた。第三の勢力は、ファナリオティス出身者であるが、外来者である彼らは軍事的にも政治的にも無力であったにもかかわらず、その知識と人脈によって西欧列強とのパイプ役となり、分裂したギリシア革命勢力の組織的結集のために活動した。

革命当初から、ギリシア各地には自律的な地方勢力が割拠し、相互の利害対立から党争が繰り広げられたが、この傾向は独立後のギリシア政治にも影響を与えた。まず、革命直後には三つの政体が形成された。それは、革命以前の伝統にさかのぼるペロポネソスのコジャバシたちの連合体、ファナリオティスのアレクサンドロス・マヴロコルダトスを代表とする大陸ギリシア西部、および、同じくファナリオティスのセオドロス・ネグリスを代表とする大陸ギリシア東部であった。革命勢力の結集を訴えるディミトリオス・イプシランディスの呼びかけによって一八二一年十二月には国民議会が開かれ、翌年一月にはエピダヴロスでギリシア共和国の樹立宣言と憲法が採択された。共和国の初代大統領にはネグリスとともに憲法の起草にたずさわったマヴロコルダトスが選ばれた。しかし、この決定は実効性をもたずギリシア内部は依然として三つの勢力に分断されたままであったため、一八二三年三月に憲法改定のための国民議会がアストロスで開かれた。会議はコロコトロニスとペトロス・マヴロミハリスの勢力が主導し、両者が主催する政府がナフプリオンにつくられた。これに対して反対派はイドラ島の実力者ゲオルギオス・クンドゥリオティスの保護を受けてクラニディに別の政府を樹立し、ギリシアには二つの政府が並立することとなった。両者はまもなく内戦状態に突入し、クラニディ政権は一八二四年十月にナフプリオン政権を倒した。

革命の第二局面は、一八二五年から二七年にかけて、オスマン側が軍事的に優勢になり、革命勢力が崩壊の危機に立たされた時期である。スルタン、マフムト二世の支援要請を受け入れたエジプトの支配者、ムハンマド・アリーは、息子のイブラヒム・パシャ率いるエジプト海軍を一八二四年七月にアレクサンドリアから送り出していた。イブラヒム・パシャはまずクレタ島を占領し、翌年初めにペロポネソスに残っていたオスマン側の拠点のひとつ、メトニに上陸した。そして、一八二五年五月にナヴァリノの要塞を攻略し、翌年四月には大陸ギリシア西部の革命勢力の拠点であるメソロンギを占領し、八月にはアテネを陥落させるなど、革命側の拠点を次々に奪っていった。分裂を繰り返していたギリシア側はこの危機の打開のため、一八二七年四月にトリジナで第三回国民議会を開き、対外支援の要請で一致し、そのために外交手腕に優れたカポディストリアスを大統領に選出し、翌月には新憲法を採択した。

独立国家ギリシアの船出

先に述べたように西欧列強はギリシア革命に不介入の態度をとっていたが、ギリシア革命に好意的な世論の広がりによってしだいに態度を変化させていた。もっとも積極的な態度を示していたのはロシアであったが、ロシアによる一方的な介入が東地中海での勢力均衡を崩すことを懸念したイギリスも協調し、両者のあいだで一八二六年四月にはサンクト・ペテルブルクでギリシアの自治国化を盛り込んだ議定書が取り交わされた。この動きに、フランスも参加したため、一八二七年七月に三国間でロンドン条約が調印され、三国はギリシアの自治国化と即時停戦を要求した。オスマン帝国はこの要求を拒否したため、三国の連合艦隊はナヴァリノ停泊中のオスマン・エジプト連合軍を攻撃、壊滅させた。そして一八二八年四月にはロシアがオスマン帝国に宣戦を布告し、敗北したオスマン帝国はエディルネ(アドリアノープル)条約(一八二九年九月)を結んでギリシアの自治国化を受け入れた。これによって、ギリシアに対するロシアの影響力は絶大なものとなったが、これに対抗しようとするイギリスは、外交交渉によりギリシアを英仏露三国の保護のもとで世襲君主制をもつ独立国家とするロンドン議定書を一八三〇年二月に締結することに成功した。

この間、カポディストリアスは一八二八年一月にギリシアに上陸し、ナフプリオンに政府を樹立していた。彼は、有利な国境策定のためにはギリシア側の軍事支配域の拡大が重要と考え、その障害となる割拠的な地方勢力の抑制と集権的な軍事、行政機構の建設をめざして、一八二七年憲法を無視した独裁体制を構築した。さらに、公教育体制の建設や通貨制度と銀行組織建設、社会的インフラストラクチャーの整備といった近代国家の基盤づくりを急いだが、敵対するマヴロミハリス家の刺客の手によって暗殺され(一八三一年十月)、ギリシアはふたたび無政府状態に陥った。

英仏露三国は一八三二年五月の条約によって、ギリシアをバイエルンのヴィッテルスバッハ家のオットー(ギリシア名、オトン、在位一八三二〜六二)を国王とする独立国家とすることに同意し、翌年二月にオトン一行はナフプリオンに上陸した。こうしてギリシア独立は達成されたが、新国家は独立戦争の過程で生まれた多くの負の遺産を抱え込んでいた。革命中に顕在化した地方勢力間の対立は、保護国となった英仏露の三国とそれぞれ結びついた党派闘争に引き継がれた。さらに、外部から押しつけられた不自然な君主制は、国王の独裁傾向とともに党派闘争に結びつき、政治的な不安定要因として、以後一世紀半にわたってギリシア政治を蝕む病巣となった。

しかし、最大の問題は、新国家がギリシア民族の国家として建設されたこと自体にあった。独立当初のギリシアは七五万人ほどの人口を抱えるにすぎず、その領土はペロポネソスとエーゲ海の一部、および大陸ギリシアの南部という狭い範囲に限定されていた。一方、エリネス(ギリシア人)は東地中海のほぼ全域に分布し、総人口二〇〇万以上を数えていた。ギリシア世界の最大の文化的経済的中心地たるコンスタンティノープル(イスタンブル)はもちろんのこと、当時のギリシア人の商業の中心であったイズミルもテッサロニキもアレクサンドリアも、すべてが国境の外にあった。新国家とギリシア人居住地域の地理的乖離を、領土拡大によって埋めようとする領土修正主義が以後のギリシア外交の中心的なテーマとなり、しばしば経済的な後進性に起因する社会問題を隠蔽するために利用された。

2　近代国家の模索

オスマン帝国と改革運動

　オスマン帝国ではすでに十七世紀後半にキョプリュリュ・メフメト・パシャが国家機構の改革に着手し始めていた。この時期の改革は、綱紀粛正を通じた帝国の黄金時代への回帰をめざす復古主義的な改革であった。次いで十八世紀に入ると西欧諸国の軍事的優位を国家の衰退として認識し、危機の打開には伝統的な国家のあり方を改革する必要を痛感する人々があらわれた。新しい観点から西欧への関心がみられたチューリップ時代が開花し、フンバラジュ・アフメト・パシャ(フランス貴族クロード・アレクサンドル・ド・ボンヌバル)やバロン・ド・トットによる軍政改革がおこなわれた。しかし、この時期の改革者たちは、軍事技術の部分的導入による危機打開を考えていたにすぎなかった。例外的に、一七八九年に即位したセリム三世は、ニザーミ・ジェディードと呼ばれる国家改造に着手し、本格的な西洋式軍隊の設置、各種軍事技術学校の開設、戦術書の翻訳などをおこなった。この改革は、国家財政や地方行政の再編をも射程に入れていた点で新たな可能性を有していたが、十分な成果があがらないままに、一八〇七年のクーデタによって挫折した。

　セリムの遺志はマフムト二世に引き継がれた。マフムトの即位当初、中央政府は「同盟の制約《セネディ・イッティファク》」によって帝国各地のアーヤーンたちの存在を認め、彼らの協力によって国家を運営する方向に進みかけていた。しかし、マフムトは、一八二六年にイェニチェリ制を廃止し、改革実現への最大の内的障害を除去すると、アーヤーンの勢力抑制と集権的な官僚機構の整備へと改革の方向を変えた。マフムト治世の後半には行財政から教育までの広い範囲で本格的な改革の基礎が据えられた。これは続く二代のスルタンの治世に継承され、オスマン帝国は全面的な改革の時代を迎えた。一八三九年に、ムスタファ・レシト・パシャの起草したギュルハネ勅令によって緒に就くタンズィマート改革の時代である。

ギュルハネ勅令ではムスリムと非ムスリムの差別なく帝国の全臣民の法の前での平等、生命・名誉・財産の保証、裁判の公正、徴税請負制の改善が盛り込まれていたが、とりわけ、法の前での平等の原理は、帝国内に暮らすすべての人々が等しくオスマン国家の国民となるべき思想(オスマニズム)の基礎となった。その一環として、従来の宗教別の権利の確認と世俗の代表のミッレト行政への参加を保証することを期待して「ミッレト憲法」の策定が進められ、正教会(一八六二年)に続いて、アルメニア教会(一八六三年)、ユダヤ教徒(一八六五年)の「憲法」が制定された。さらに、ヨーロッパに範をとった法制度の改革や行政機構の改革によって、非ムスリムの権利が拡大され、彼らが支配機構へ参加する道も広がった。

非ムスリムの行政参加は、いくつかの地方で先行的に進められた。すでにマフムト時代の末期には、知事の諮問機関として現地の代表者の資格でアーヤーンたちとともに非ムスリムの宗教指導者の参加する評議会（メシュヴェレト・ディーヴァーヌ）が一部の地方で設立されていた。タンズィマート期に入ると、地方行政改革が徐々に進行して軍事と行政と司法の分立が明確化されるが、これと並行して、住民の政治参加も拡大された。一八七一年に公布された地方行政法はその頂点であり、選挙によって選ばれたムスリムと非ムスリムそれぞれの代表が地方裁判所や地方議会を運営するシステムが確立された。

オスマン社会の特徴である多民族的多宗教の都市空間にも改革は少なからぬ影響をおよぼした。前章で述べたように、オスマン都市は、ミッレトがそれぞれの空間を別個に運営する場という特徴をもっていたが、一八七七年の地方都市自治体法によって西洋型の統一的な都市自治体の建設が進められた。ここでは従来の各ミッレトの代表が共通の自治体運営組織を設立し、広場や上水道や道路の整備といった都市の基盤整備、公共衛生、さらには福利厚生事業を統一的におこなうことを定めていた。この結果、世紀転換期にはオスマン領であったマケドニアなどでは短期間ではあるがコスモポリタンな都市文化が生まれた。

オスマン帝国の改革に対しては、長いあいだ、否定的な評価が与えられてきた。結果からみると、改革は最大の目的であった非ムスリム住民の分離主義を抑えられず、オスマン市場はヨーロッパを中心としていた国際分業体制に包摂され従属が決定的となるなど、批判の根拠はたしかにある。しかし、バルカン諸国の歴史家のタンズィマート改革批判の焦点は、オスマン政府が非ムスリムの待遇改善の努力を放棄し、改革が内実のない空手形であったという点に置かれているのであり、これは歴史の実像をゆがめる評価といわざるを得ない。中央政府が計画した改革の多くが地方官僚の怠業や能力欠如の理由によって実施されなかったことも事実ではあるが、タンズィマート改革はそれを補う成果をあげたし、それによって生じた近代社会に向かう変化は、バルカン諸民族の独立運動を刺激した。

バルカン各国の国家体制の整備

十九世紀には、先にみたギリシアとセルビアに加えて、モンテネグロ、ワラキア、モルドヴァでも近代国家としての体制整備が進んでいた。小規模な独立自営農が大勢を占めるセルビアやギリシア、中世にさかのぼる貴族＝地主階級を抱えるドナウ両公国、そして、部族連合の残存するモンテネグロでは、社会構成や政治的伝統の差異が著しく、近代化の進展も一様ではなかったが、それでも同じ南東欧に位置する国家として一定の共通点をもっていた。各国ともに王権は例外なく専制的な傾向をもち、強権的な近代化の推進を希求したし、これに対する地方分権的な勢力による反発や自由主義的な志向をもつ官僚や知識人層の抵抗がみられた。また、各国ともに経済的には弱体であり、それゆえに経済に占める国家セクターの割合が過度に増大した。さらに、領土拡大をめざす戦闘的な民族主義が外交と内政の双方に無視し得ない影響力を保持していた。

ギリシア立憲政治の形成

　ギリシアでは、一八三三年にオトン王にバイエルンから同行した三人の摂政によって、この国に西欧国家の体裁を与えるべく強権的な近代化が着手された。法制面ではギリシアの伝統とは乖離した大陸法に基づく刑法(一八三三年)と民法(三四年)が導入され、地方行政ではカポディストリアス時代につくられた制度を基礎にして全国を一〇の州に区分し、国王が任命する知事を配置した集権的な統治体制がめざされた。教育制度もフランスとドイツの制度を下敷きにしており、一八三四年にナフプリオンに師範学校が設置され、三七年にはアテネ大学の基礎が敷かれた。集権化の矛先は、教会にも向けられ、一八三三年に国内の教会組織が国王を首長とする自治教会であると規定された。この措置は、フランス型の国家による教会支配を意図したものであったが、これによって世界総主教座との関係が決定的に悪化したことで、ギリシア民族主義がオスマン領内のギリシア系住民へ影響力を拡大する上で大きな障害を抱え込むことにもなった。

　摂政制は一八三五年に公式には廃止されたが、アーマンスペルグを中心に強権的な政策は継続され、主要ポストがバイエルン出身者に独占される状況にも変化はなかった。バイエルン人の支配に対する不満は、独立の際に対外的に認められていた憲法制定要求に収斂《しゅうれん》し、ギリシアの保護国である三国大使と結びついた派閥が形成された。マヴロコルダトスを中心とするイギリス派と戦闘的な領土修正の提唱者でもあったヨアニス・コレッティスのフランス派はともに立憲制を要求したが、コロコトロニ

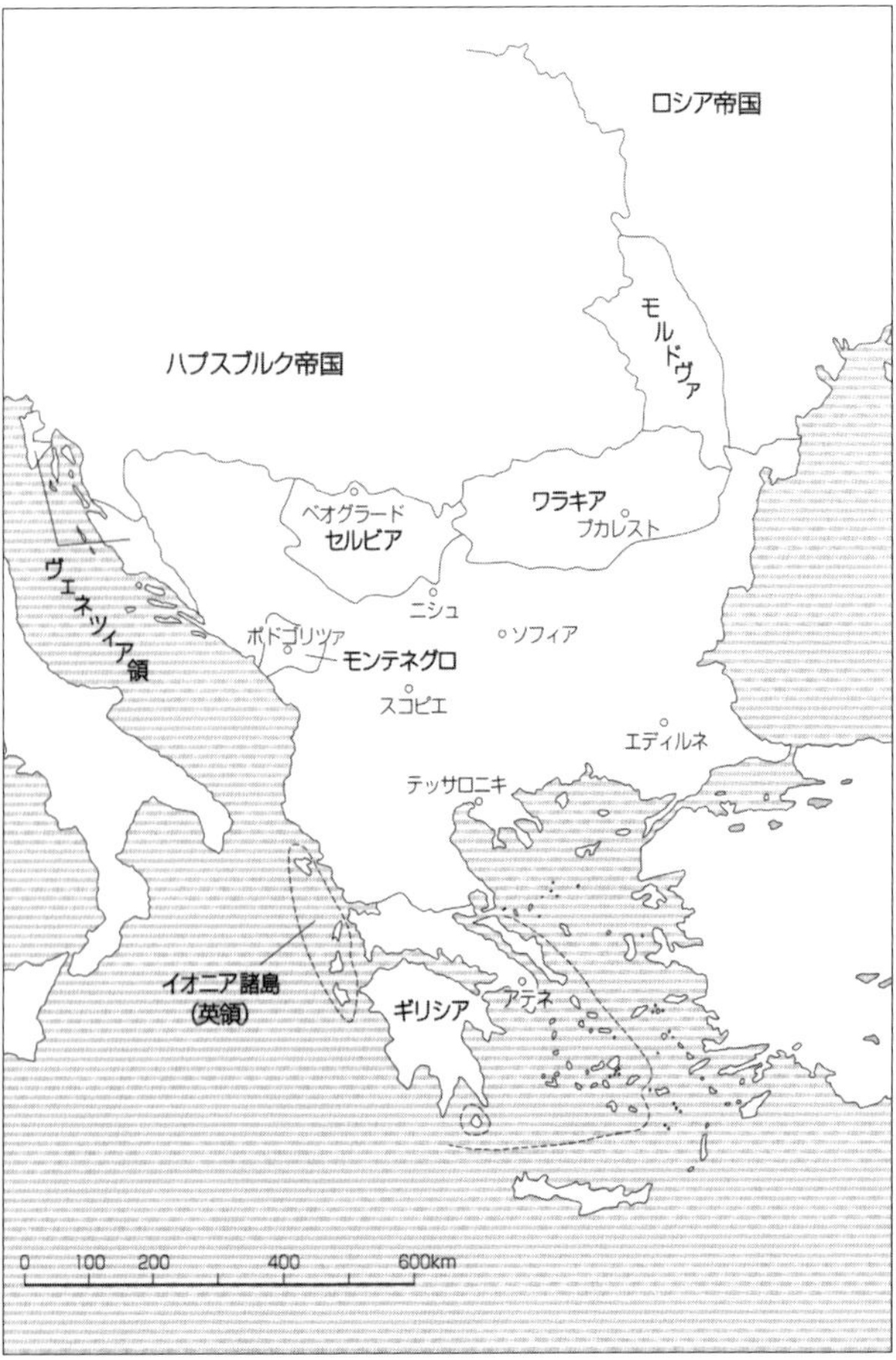

19世紀前半のバルカン半島

スを中心とする保守勢力は立憲制よりむしろ自治教会化による世界総主教座との分離を主たる不満に掲げ、ロシアの庇護を求めた。これらの勢力は、革命期の諸勢力の連合を基盤にしており、近代的な政党とは異なるものであったが、その祖型として位置づけることができる。彼らの圧力によって一八三七年には、アーマンスペルグが解任され、国王親政に移行したが、国王はかたくなに立憲制を拒み続けたため、ついにアテネの守備軍と民衆は一八四三年九月に王宮を包囲し、近代ギリシア最初のクーデタが発生した。

これによって国王はやむなく立憲派に譲歩し、一八四四年に新憲法が公布された。憲法は代議制をとる下院で実質的な男子普通選挙制を採用するなど先進的な性格をもつ反面、終身制の上院議員がおり、国王には議会の解散権のほか、判事任命権によって司法権も留保されるなど、依然として強大な権限が残されていた。

クーデタ後、自己の政治基盤の弱さを痛感したオトンは、集権制を指向するコレッティスを首相に登用し、自らも積極的な対外拡張政策を推進した。国王は戦闘的民族主義の旗頭となることで政治基盤の強化に成功したが、唯一の庇護者であったロシアの影響力がクリミア戦争により後退すると、領土拡大をともなわない無謀な対外政策への批判と議会を無視した政治運営への不満が顕著となった。さらにイギリス統治領となっていたイオニア諸島では自由主義的政治潮流が台頭していたが、これも本土の反国王派に影響を与えた。そして、一八六二年に再度クーデタが発生し、オトンは国外に亡命

1843年９月のギリシアのクーデタ　このクーデタは，立憲制を要求する軍とアテネ市民の連携によって達成された。以後，政治問題のクーデタによる解決はギリシア政治の常套手段となっていった。

した。

新国王はイギリスの斡旋でデンマークのグリュックスブルク家のウィルヘルムが指名され、一八六三年にギリシア王ゲオルギオス一世（在位一八六三〜一九一三）として即位した。イギリスは餞別《せんべつ》としてイオニア諸島をギリシアに割譲したが、これによって制憲議会内部では自由主義派が優勢となった。そのため一八六四年に公布された新憲法は四四年憲法と比べて遥かに民主的なものになった。すべての権力の源が国民にあることが宣言され、一院制の議会が立法権を握った。選挙権は二十一歳以上のすべての有職の男子国民に拡大され、言論の自由も保証された。行政権は国王に属し、内閣は国王に責任を負っていたが、一八七五年以降は議会の多数党から首相が指名される原則が確立し、実質的な議院内閣制が定着した。

セルビアとモンテネグロ

セルビアでも護憲党時代には、主としてオーストリア領出身のセルビア人官僚の手によって近代化が進められた。一八四四年にはオーストリアのモデルに従った民法が制定され、ついで上訴審制度の導入を柱とする司法改革がおこなわれ、司法権がセルビア公から切り離された。官吏の俸給化、ロシア式の官位・官職制度の導入により官僚制の基礎が敷かれるとともに、いまや国内でもっとも特権的な身分となった官吏をめざして民衆のあいだでも教育熱が広がった。一八三〇年に創設された高等《ヴェリカ・》学校《シュコーラ》（ベオグラード大学の前身）に続いて商業学校、軍事アカデミーといった専門学校が設立され、五三年には国立図書館がつくられ、五五年には教育制度の改革がおこなわれて、教師の任命制と公務員化が定められた。学校数も一八三六年の七二校から五八年には三四三校にまで増加した。護憲党時代にはこのほかにも郵便制度（一八四三年）や電報（一八五五年）の導入、国立銀行の開設など、近代国家の基盤整備が進行した。

護憲党時代は枢密院に権力が集中する寡頭政を特徴としているが、枢密院内部の対立を利用してセルビア公アレクサンダル・カラジョルジェヴィチはしだいに専制的に振る舞うようになった。さらに、中堅の官僚のなかからは自由主義的思想に共鳴する者たちがあらわれ、硬直化した護憲党体制への抜本的な批判勢力も台頭しつつあった。こうした権力中枢部の対立を解決すべく一八五八年には一〇年ぶりに議会が招集されたが、議会では護憲党体制に対する地方の不満を追い風にオブレノヴィチ派が主導権を握り、アレクサンダル公の廃位とミロシュの復位が決定された。

しかし、一八五八年のセルビアの政変はギリシアの四三年クーデタと同じく自由主義の勝利には結びつかなかった。復位したミロシュは旧来の政治手法を改めず、一八六〇年にあとを継いだミハイロも、保守派のガラシャニンと共同して専制的な体制の構築を進めたからである。ミハイロは積極的な対外拡張政策のために軍事増強をめざし、枢密院の権限縮小と地方行政法により中央集権の強化を進め、検閲法を導入して反対派を封じ込めた。その反動として、一八六〇年代には自由主義的傾向をもつ官僚がミハイロによる啓蒙専制政治に反発するグループとしてヨヴァン・リスティチを中心に結集し、のちの民主党の基礎となった。

一八六八年のミハイロ暗殺事件によって自由主義派に有利な状況が生まれた。事件後、陸軍大臣ミリヴォエ・ブラズナヴァツがベオグラードの守備隊を掌握して政治の実権を握り、ミハイロの従兄弟ミランの擁立を決定するとともにリスティチを加えた摂政体制を樹立したからである。リスティチは政策の主導権を握り、翌年制定された憲法では、枢密院の廃止と議会制度の確立がおこなわれた。一院制の議会は毎年定期的に開催されることになり、立法権をもつとともに、その議員は実質的な男子普通選挙によって選ばれることになった。予算審議権、立法権、秘密投票といった議会政治のために必要な制度は一八八八年憲法を待たねばならなかったが、制度的な不備を抱えていたとはいえ、六九年憲法はセルビア政治に民主的な枠組みを与え、立憲制の確立、責任内閣制の出現、近代的政党組織の形成に道を開いたのである。

モンテネグロでは、十八世紀末に即位したペータル一世(在位一七八四〜一八三〇)の時代にヴラディカへの権限集中がはかられ、部族によるゆるい連合体にすぎなかった従来の体制を改革するいくつかの政策がとられたのに続いて、詩人としても有名なペータル二世ニェゴシュ(在位一八三〇〜五一)は元老院を設置するなど部分的な統治機構の改革にも着手した。しかし、十九世紀前半の動きは旧来の体制の部分的な手直しにとどまるものであり、モンテネグロの近代国家としての出発点はダニーロ二世(在位一八五一〜六〇)の治世であったといえるだろう。ダニーロは、一八五二年にヴラディカ制を廃止し、聖俗の権力を分離して主教にかわって世俗の君主が統治権を握る体制を確立した。次いで、一八五五年にはモンテネグロ法典を発布し、近代的な法治国家の体裁を整えた。一八六〇年にダニーロが暗殺されると、彼の甥、ニコラ(在位一八六〇〜一九一八)が即位した。彼は一八六二〜六三年、七六〜七八年にモンテネグロ軍の総司令官としてオスマン帝国と戦い、ベルリン条約によって正式な独立を獲得するなど対外政策には成功をおさめたが、国内では専制的な支配をおこなった。

ルーマニアの統一

ドナウ両公国では、キュチュク・カイナルジャ条約以後、オスマン帝国にかわってロシアの影響力が顕著となり、オスマン支配下で課されていたさまざまな制約から解放され、近代的な国家体制の構築が緒に就いた。トゥドル・ヴラディミレスクの反乱ののち、一八二二年以降にはファナリオティスによる支配が終焉し、現地出身の君主が任命されるとともに、聖俗両界の公職からギリシア人が排除され、ボイェリが政治力を発揮する機会が拡大し、二六年に結ばれたアッケルマン条約では両公国の宗主権をロシア、トルコが共同で行使することが取り決められるとともに、ボイェリによる選挙制が実質的な力を取り戻した。さらに、オスマン政府はエディルネ条約で両公国に対してもっていた経済的諸権利を放棄するとともに、君主の終身任命制と行政自治権を承認したが、これは戦時中のロシア軍による占領と軍政支配を追認し、両公国を実質的にロシアの保護国とする意味をもっていた。

ロシアの軍政官キセリョーフ伯は両公国への支配を安定化させるために改革に着手し、一八三〇年に四名のボイェリからなる臨時政府に命じて組織規定を起草させ、ワラキアとモルドヴァの特別議会がこれを承認した。この措置によって両公国はロシア領事の監視下で同じような体制をもつことになった。執行権はボイェリの選挙によって選ばれる終身制の君主と六名の大臣からなる行政府が握り、立法権は総主教を議長とする市民議会に委ねられ、地方行政は中央が任命する知事に委任されていた。また、賦役の軽減を柱とする大土地所有の部分的手直しもおこなわれたが、これは借地農経営を刺激し、農業生産が拡大した。この時期、ワラキアでは、アレクサンドル・ディミトリエ・ギガス(在位一八三四〜四二)とギョルゲ・ビベスク(在位一八四二〜四八)が、モルドヴァではミハイ・ストゥルザ(在位一八三四〜四九)が君主となったが、彼らは道路の建設、郵便制度の整備、学校の設立などの基盤整備に成果をあげた。

ロシア占領期にはさらに、パリに留学したボイェリの子弟を中心に両公国の統一と立憲制をめざす自由主義的な政治潮流も生まれ、一部のボイェリや都市の上層市民層がこれに共鳴し、ロマン主義的な愛国心と結びついたルーマニア民族主義が育まれた。パリの二月革命に始まる一八四八年の「諸国民の春」の影響はハプスブルク領内を除くと南東欧ではごく限られたものにすぎなかったが、両公国だけは例外であった。モルドヴァでは自由主義的改革要求が出されたにとどまったが、ワラキアでは現実の革命に発展したからである。ワラキアではニコラエ・バルチェスクを中心にブカレストで結成された革命委員会が、一八四八年六月九日にイズラズで、一連の自由主義的改革と外国保護制の廃止、さらにユダヤ人とロマの解放と賦役農民の解放を含む社会変革を盛り込んだ要求を掲げた。ワラキア公は革命派に譲歩して退位し、バルチェスクたちは臨時政府を樹立した。しかし、農民の解放に対するボイェリの反発や革命指導部内の軋轢《あつれき》が生じ、農民層は革命と距離を置き始めた。そして、大衆化の契機を失った革命は九月にロシアとトルコによって鎮圧された。革命後は、ワラキア公バルブ・シュティルベイとモルドヴァ公グリゴレ・アレクサンドル・ギガスによって反動的な政策がおこなわれた。

革命崩壊後、自由主義者の一部はパリに亡命し、ルーマニアの合同を求めて活動していたが、彼らの努力によってクリミア戦争後のパリ講和会議でルーマニア問題が議題として取り上げられることになった。条約では両公国の合同は実現されなかったが、ロシアの保護国から脱却し、組織規定改革のための暫定議会が招集されることになった。一八五七年の暫定議会の選挙では、両国合同派が勝利をおさめ、モルドヴァとワラキアの議会は合同の実施とヨーロッパ王族を君主にいただく立憲制を要求した。しかし、パリで開かれた七カ国会議で合同問題は棚上げにされたため、一八五九年にモルドヴァとワラキアの議会はともにアレクサンドル・ヨアン・クザを君主に選出し、ここに事実上の両公国の統一が実現した。

クザの選出後も公式には両国は別個の国とされていたが、一八六一年に行政的統一が認められ、翌年には統一政府が設置された。農業問題をめぐって保守派と対立したクザは自由主義的なミハイル・コガルニチャヌを登用し、教会財産の国有化、軍の近代化、行財政組織の集権化、農地改革による農民賦役の廃止と土地の分配、フランスをモデルとした法制改革、義務教育制度の導入などの成果をあげた。改革に不満をもつ保守派は権威主義的なクザの手法に反発する自由主義派と連合して一八六六年にクザを廃位し、かわってホーエンツォレルン家のカール(カロル一世、在位一八六六〜七八)がルーマニア公に即位した。

3　バルカン近代国家の諸問題

近代化と伝統社会の矛盾

十九世紀の後半にバルカン諸国が共通に抱えていた問題は、実質をともなわない形だけの民主主義、国家と宗教の癒着、国民意識の基盤となるべき文化的伝統の未完性、そして、外交における領土修正主義であった。

民主主義の問題は、各国が比較的早い時期に立憲制に基づく西洋型の議会政治を制度として導入したことに関係する。法制面での整備にも共通することだが、新国家の制度の多くは、既存の慣習や伝統の頭越しに、フランスなどの西欧の自由主義的なモデルを移植することで始まったが、社会の実状は制度に対応しなかった。逆に、社会は旧来の規範に基づいて新制度を解釈したので、西欧と類似した制度が存在するにもかかわらず、これとは異質なシステムが機能することになった。それゆえに十九世紀の旅行者たちはバルカンの人々に接して戸惑いを覚えたのであった。その典型的な例は、バルカン各国の政党政治にみることができる。

十九世紀後半はバルカン各国で政党政治が本格化し始めた時期であった。ギリシアでは一八七五年以降、議会の多数党の党首が首相に任命される慣習が確立し、保守派のセオドロス・ディリヤニスと改革派のハリラオス・トリクピスが交替で政権を担当する二大政党制ができ上がり、セルビアでも六八年の第二次摂政期以後、責任内閣制が定着した。しかし、この時期の政党政治は、二十世紀初頭に出現する大衆的な政党とは異なる特徴をもっており、ギリシアでは、こうした十九世紀に形成された政治スタイルをとくに「パレオコンマティズモス（古い政党政治）」と呼んでいる。

十九世紀のバルカンのほとんどの政党は有力な政治家を中心とした私的な結びつきによって成り立っており、思想や政策の共通性は二義的な意味しかもたなかった。また、政治家と選挙民との関係も私的な便宜供与を媒介とするもので、政策への支持や政治理念への共鳴は投票行動の規定要因ではなかった。バルカン諸国では全般に産業化が進展せず、国家とそれに結びつくセクターがなによりも重要な雇用の源とみなされていたため、政治家に期待されたことは、公務員や国営事業への就職斡旋であった。こうした風土にあっては、血縁や地縁による結びつきが必要以上に重視され、それが政治的なネットワークの形成に重要な役割を果たした。その一例として、洗礼を通して形成される象徴的親子関係、いわゆる名づけ親（クム、クンバル）の関係が政治的有力者との関係に利用される現象が頻繁にみられた。十九世紀末のギリシアの政治家、ディミトリオス・ラリスは一〇〇〇人近くの名づけ子をもち、そのすべての名の日の祝いをおこない、就職の面倒をみていたといわれる。こうしたバルカン諸国に共通する縁故主義《ネポティズム》とコネ社会の伝統は、近代国家体制の建設と並行して深化したのである。

近代バルカンにおける縁故主義、もしくは政治的パトロン・クライアント関係の形成は政治のあり方自体にも決定的な影響を与えた。ギリシアやセルビア、さらにブルガリアでも相対的に早い時期から男子普通選挙制が施行されたが、大衆政治の制度的基盤とはならず、国民の大多数である農民は政治の世界から排除されていた。十九世紀のバルカンの政治家は選挙民の歓心を買うことには熱心であったが、彼らの政治的利害を代弁する必要を感じてはいなかったからである。政党が有力な政治家の取り巻きにすぎなかったのと同様に、地方の政治組織も議員と政治ブローカの私的関係の上に成り立っていた。こうした関係においては、政治は特定の地域や社会階層の利害実現の手段ではなく、特定の個人的派閥に結びついた特権と意識されることになり、社会的変革への展望は生まれ得ない。つまり、農民の政治的関心の低さは、彼らの識字率の低さや外部の世界への無関心の結果ではなく、彼らの利害を実現する政治勢力が不在だったことの結果であった。

国家、民族、そして教会

国家と宗教の問題も近代への指向と結びついていた。バルカン諸国では中央における体制整備が急速に進む一方で、それを実行する官僚組織の内実がともなっていなかったため、国家は国民統合の重要な媒体として教会組織を統制下に置こうとした。すでに述べたようにギリシアでは一八三三年に教会独立が宣言されたが、同様の政策はセルビアでは三一年におこなわれ、ルーマニアでも両公国統一にともなって六五年に教会の独立が宣言された。こうした政策は、絶対主義期の西欧でみられた現象と共通する面をもっているが、南東欧の宗教的伝統は西欧的な市民社会と教会の相対的分離を許さず、国民国家と教会の密接な関係が固定化した。ここには東方正教特有の自治教会制の影響があった。近代の南東欧では自治教会制は国家の教会ではなく民族の教会という観念に変質したからである。この最たる例は、領域国家が存在しないにもかかわらず民族意識を基礎として生まれたブルガリア人の教会独立運動にみることができる。

ブルガリアでは十八世紀以来、東方正教ミッレト内部でのギリシア化の圧力が強まっていた。世界

イラリオン・マカリオポルスキ　彼の進めたブルガリア教会独立運動は，民族主義と宗教の融合をもたらした。

総主教座を支配するギリシア系聖職者たちは民族主義的な使命感から正教会ミッレトの純化をめざし、スラヴ語典礼の撲滅と教会におけるギリシア語の強制を進めたからである。これに、腐敗した高位聖職者による教会上納金の不正徴収の横行に対する教区民の経済的不満が結びついて、一八二〇年代には、マケドニアやブルガリア北西部でギリシア系聖職者と世俗のリーダーであるチョルバジヤに率いられた教区民の対立事件が続発した。一八四〇年代には、ブルガリア中央部のタルノヴォ府主教座でもギリシア系聖職者とブルガリア人教区民の対立がエスカレートし、ブルガリア人のリーダーとなった二人の僧侶、ネオフィト・ボズヴェリとイラリオン・ストヤノフ(のちのマカリオポルスキ)は、ブルガリア人が多数を占める教区にはブルガリア人の府主教を任命せよと要求するにいたった。

その後、二人は活動拠点をイスタンブルに移し、ブルガリア各地に運動を広げるとともに、当時進行中の正教会の「ミッレト憲法」制定論議にブルガリア人の利害を反映させようと努めた。しかし、一八五〇年代に入ると、「ミッレト憲法」にブルガリア人の要求が盛り込まれなかったばかりか、カトリックとの教会合同派が台頭し始めたため、マカリオポルスキらは一層強硬な路線を採択し、一八六〇年に世界総主教の権威の否定とブルガリア人の教会の独立を宣言した。こうして一方的に出された独立宣言はブルガリア各地で支持者を広げ、オスマン政府は一八七〇年にブルガリア総主教代理座を正式に承認した。教会独立運動の過程でブルガリア人は、教会を民族的な利害を体現する組織として認識するようになり、宗教を民族と同一視する風潮が定着した。ブルガリアでは国家形成に先行して民族と教会の一体化が進んだため問題がはっきりとあらわれたが、宗教的同質性を民族の基礎とする意識は、他のバルカン諸国にもあてはまる。

国民文化の問題

宗教が市民社会に強い影響をおよぼす傾向は、近代期の国民文化の形成過程の特殊性とも無関係ではない。一般に近代国民国家の文化的均質性の形成には、教育システムが重要な影響を与えるものだが、十九世紀のバルカン各国も教育のもつ強力な統合力を自覚し、積極的に公教育体制の構築をめざしていた。しかし、ギリシアやセルビアにおいては、教会の専管領域であった教育の分野に世俗的国家的規範が徐々に浸透する単線的な過程であったのに対して、オスマン領内では多元的な社会構成を反映して、一元的な公教育体制を樹立しようとする国家の意思と、これに対する諸民族の接近と反発が錯綜する様相を呈していた。前近代のオスマン社会における教育は各ミッレトの自治に委ねられていたが、伝統的な教育システムの近代化も基本的にはミッレトごとに別々に進んだため、近代的世俗的な教育が不可避的に宗教性をもつことになった。

スファラディム系ユダヤ教徒社会では、オスマン帝国の政治的な枠組みのなかで各地のコミュニティの文化的統合が始まっていた。すでに十六世紀には法学者ヨセフ・カロによって諸法規の集成『シュルハン・アルーフ』が著されるなど法規範の共通化が進んだが、十八世紀に入ると、文章語としてのユダヤ・スペイン語（ラディーノ）の確立が始まった。この過程にはヤコブ・クリによって一七二〇年に出版が開始されたメアム・ロエズが果たした役割が大きい。メアム・ロエズはタルムードや神話、民話、生活知識を簡明に解説した一種の百科事典であり、しだいにスファラディム家庭の常備品となっていった。こののち、ラディーノによる出版物が増加し、独自の文学も生まれた。こうして十九世紀にはオスマン領内のスファラディム社会では固有の文化的一体性が形成されつつあったが、彼らが独自のナショナルな集団意識を発展させることはなかった。伝統的なタルムード教育を墨守するラビ層の抵抗により、ユダヤ教徒の近代的世俗教育への内発的契機は生まれず、近代的教育の普及は「世界イスラエル人連盟」などの西欧のユダヤ教徒組織に委ねられたことにその原因の一端がある。こうして、オスマン領内のユダヤ教徒は、一部はシオニズムに結びつき、他の人々は周囲の支配的民族に文化的に同化されたのである。

これとは対照的にブルガリア人の社会では内的契機によって教育システムが形成され、これを媒介として民族的な文化が成長した。ギリシア革命後、オスマン帝国内でのギリシア人商人の独占的な地位が崩れ、かわってブルガリア人商人がヨーロッパ向けのタバコや綿花の輸出、軍用のアバ織・ガイタン織の製造、イスタンブルへの食肉供給などによって富裕化したが、彼らは黒海沿岸から南ロシアにも足掛かりをもち、西欧式の教育に接する機会をもった。こうしたなか、一八三五年には、オデッサで商人として成功したヴァシル・アプリロフの提唱でガブロヴォに最初の近代的な学校が設立され、これをモデルとした学校が各地に普及した。新しい学校では西欧式の教育手法(ベル・ランカスター方式)が採用され、ブルガリア語による教育がおこなわれた。学校教育においては、ユーリー・ヴェネリンが提唱したロシア語に近いヴァリアントにかわって、イヴァン・ボゴロフの文法規範が支配的となり、近代ブルガリア語の形成も同時に進行した。また、セルビア起源の読書室《チターリシュテ》運動もブルガリア人の内発的な文化運動として注目される。読書室とは本や新聞を備えた図書館機能と演劇の上演や講演会場を兼ねた施設であり、都市におけるブルガリア人の文化活動の中心となった。

さて、オスマン政府にとっての公教育体制の確立は、各ミッレトごとに多様であった教育システムの一元化に加えて、伝統的ムスリム教育の近代化を達成するという課題を同時に達成することをめざしていた。ムスリム教育はウラマーが一元的に支配する領域であったが、彼らは改革に非協力的であった。政府は一八四七年に文部省を設立し、義務教育制度の確立をめざしたが、その主眼は相対的に進んでいた非ムスリムの学校にムスリムの学校を統合することで二つの課題を一挙に達成することであった。しかし、非ムスリムの学校関係者、ウラマー双方の反発も強く、一八六九年に施行された文教法では非ムスリムの「民族学校」の存続が容認され、一元的な公教育体制の確立にはいたらなかった。

オスマン政府による教育改革の障害のひとつは、国家としての共通語の確立が進まなかったことであった。この原因は、当時のトルコ語(オスマン・トルコ語)が高度に技巧的な文章語であり、口語トルコ語と著しく乖離していたこと、もうひとつは、非ムスリムもそれぞれの文章語を確立しつつあったことにある。オスマン政府は統一的な公用語の制定が困難だったことから、地方ごとに複数の言語を公用語に定めるシステムを採用し、結果的に宗教帰属と結びついた言語的な多様性が強化された。

言語的統一の問題はバルカン各国でそれぞれに異なる傾向を示していた。南スラヴ語地域に属するセルビアでは当初、ロシア語の影響を強く受けた文章語が用いられていたが、ヴク・カラジッチはシュト方言を基礎とした文章語としてのセルビア語の確立に尽力し、文法書と辞書の編纂をおこなった。この動きに、クロアチアで「イリリア語」の文芸運動を進めていたリュデヴィド・ガイが共鳴し、双方の協力によってセルビア人とクロアチア人の共通の文章語としてセルビア・クロアチア語がつくられていく。しかし、この動きは文芸運動を中心に展開されたので、文章語の規範が教育を通して標準化されたブルガリア語とは対照的に、方言的差異を長く温存することになった。

口語優先の文章語形成は、バルカン各国で一般的な傾向であったが、唯一、ギリシアにおいては逆の現象がみられた。ギリシアでは、民族主義の根拠を古典古代文明に求めるロマン主義の強い影響の下で、古代アッティカ方言を規範とする擬古文(カサレヴサ)が公用語の地位を獲得していったからである。これは一般の口語ギリシア語(ディモティキ)とは乖離しており、長いあいだ、教育の普及と識字率の向上を阻害した。

十九世紀のバルカン各地でみられた近代的な教育の希求、共通の文章語の形成とこれを用いた文芸運動の展開は、つまるところ、国民文化の形成の一過程と理解することができる。この過程は、国家によって主体的に推進されることもあれば、国家をもたない民族の場合のように、篤信家たちの自己犠牲的な営為によって進められることもあった。しかし、十九世紀のバルカンの国民文化の形成には共通するひとつの特徴がある。それは、歴史的に形成されたエリート文化の欠如であり、これは文化的統合の中心となる都市部の文化がオスマン的多元主義に彩られていたことが原因だった。都市に民族固有の文化が存在しなかったので、新たに構築された国民文化の祖型は民族的に「純粋な」農村部に残る伝統に求められ、バルカンの諸民族は自らの固有性の根拠をさがすため、農民が伝えるフォークロアや民俗衣装、歌謡や舞踊を収集し、それをもとに独自の文化をつくり上げようとした。こうした営為の結果として、バルカン各国では農民文化への憧憬と賛美が文化的コードとして埋め込まれ、時には、これが反都市的、反近代的性格をもつ政治運動の母体となった。しかし、基本的には多様な農村部の文化的伝統のなかから具体的な国民像をつくり上げることは不可能ではないにせよ至難の業であり、この脆弱《ぜいじゃく》性を埋める要素として、宗教的同質性が強調され、さらに、「民族」の存在理由を歴史に求める肥大化した歴史主義が横行したのだった。

4　バルカンのナショナリズム

領土拡大主義

国民文化形成の一環としての歴史の重視は、バルカンの民族主義思想の特質である排外性と表裏一体の関係にある。ギリシアにおいてはコンスタンディノス・パパリゴプロスの労作『ギリシア民族の歴史』によって国民史観が体系化されたが、ここでは古典古代からビザンツを経て独立国家にいたる「ギリシア人」の歴史が単線的な発展として描かれ、万古不易の「ギリシア人」像がつくられたのであった。この歴史観は、ギリシアが古典古代文明の正統な末裔であるとの意識を定着させるとともに、かつての「ギリシア人」国家の再建が民族的権利であると主張される根拠にもなった。オトン王時代の一八四四年にコレッティスが議会演説で用いた「大理念《メガリ・イデア》」は、こうした歴史意識が現実政治に利用された一例であり、すべてのギリシア人居住地域のギリシア王国への統合を掲げた領土拡大主義は、一九二二年にケマリストの手によって最終的な挫折を経験するまでギリシア外交の基本であった。

セルビアにおいても民族的国境を中世王国の伝統に求める領土修正主義と結びついた歴史主義は、ギリシアに劣らず強力な力をもっていた。この最たる例は、十九世紀セルビア外交の基本であった「ナチェルターニェ（指針）」である。この文書はイリア・ガラシャニンによって一八四四年に作成され、パリ亡命中のチャルトリスキ機関の強い影響を受けつつも、セルビア固有の民族主義の特質を備えている。「ナチェルターニェ」ではオスマン帝国の解体を不可避と考え、その領土を列強による分割ではなく、現地の住民自身による国家建設によって継承する方向を打ち出していた。つまり、ロシアとオーストリアの圧力に対抗し得る一大バルカン国家がめざされていたのである。

この意味では、大国のパワーポリティクスに対抗する小国の利害保全の意図のもとに作成されていたともいえるが、この一大バルカン国家とはあくまでバルカンの「ピエモンテ」たるセルビアの主導下で建設されることが前提であった。具体的にはボスニア＝ヘルツェゴヴィナ、モンテネグロ、アルバニア北部のセルビア人居住地を併合した大セルビア建設であり、その思想的根拠は「セルビアは、かつてのセルビア帝国の古きよき遺構の上に新しきセルビア国家を建設し得るように、トルコ国家という建造物から礎石をひとつひとつ剝ぎ取り、このよき石材を手に入れるよう努めねばならない」と述べられているように、中世国家の伝統に置かれていた。

国家なき民族のナショナリズム

ブルガリアにおいても民族的な文化と民族主義の形成に歴史主義がおよぼした影響は大きい。ブルガリア民族覚醒の父とされるパイシー・ヒランダルスキは、ブルガリア民族主義の原型をすでに十八世紀半ばには提示していた。彼の思想は、中世ブルガリアの国家と教会の歴史を綴《つづ》った『スラヴ・ブルガリア史』として知られる書物にまとめられたが、ここには強烈な反ギリシア主義と中世ブルガリア国家の賛美が語られ、ブルガリア人が自己の歴史と言語に対する誇りをもつようにとの熱烈なアピールがちりばめられていた。

パイシーの思想は、ソフロニー・ヴラチャンスキによって継承された。ヴラッァの主教であったソフロニーは、一八〇六年にブカレストで最初のブルガリア語の出版物を刊行するなどの文化活動をおこなうとともに、〇六～一二年の露土戦争に際してはブルガリアの解放に向けた秘密組織を設立し、

イリア・ガラシャニン　彼の模索した外国支配を排したセルビアの自立への道は，同時に排外的な大セルビア主義をもたらしたが，これは，ある民族の「解放」が他の民族の抑圧を意味するバルカン的矛盾の一例といえよう。

ロシア皇帝にブルガリアの自治を支援するよう嘆願した。しかし、ソフロニーの先駆的な活動はブルガリア人の民族的解放をうながす直接の契機とはならなかった。十九世紀前半のブルガリア人社会はオスマン帝国内での発展の可能性に期待する人々が支配的な地位を占めていたからである。ブルガリアでは商業や手工業で成功したキリスト教徒の裕福な階層がチョルバジヤとして地方の名望家となっていたが、彼らはオスマン帝国の存在を自己の経済活動の安定の条件と考えており、タンズィマート改革に期待を寄せていた。そのため、民族解放をめざす運動は国外のブルガリア人ディアスポラのなかからあらわれた。

ブルガリア民族解放の思想的な基礎を築いたのはゲオルギ・ラコフスキである。彼はブルガリアの解放には諸民族の一斉蜂起によるオスマン支配の打倒が不可欠と考え、独立後の体制としてキリスト教諸民族によるバルカン連邦を構想していた。ラコフスキは武装闘争の準備としてベオグラードでセルビアの援助を受けたブルガリア人連隊を創設したが、一八六二年にセルビアを追われ、ブカレストに拠点を移した。ここで、「ブルガリア秘密中央委員会」という名称の政治組織を結成し、同時に、武装闘争をアピールする実力部隊としてチェティと呼ばれるゲリラを組織した。一八六七年にはパナイヨト・ヒトフとフィリップ・トチョの率いるチェティがオスマン領内に侵入し少なからぬ成果をあげたが、翌年に派遣されたハジ・ディミタルとステファン・カラジャの部隊は悲劇的な末路をたどった。

ラコフスキの死後、彼の思想は三人の革命家たちに受け継がれた。その一人、リュベン・カラヴェロフはロシアのナロードニキに思想的影響を受けており、ラコフスキのチェティ運動の限界を痛感して、ブルガリアの農民層の意識改革こそが解放の課題と考えた。もう一人のヴァシル・レフスキは、この思想を実行に移し、ブルガリア各地で組織づくりに努め、まさにブルガリア解放の使者（アポストル）の役割を演じたが、オスマン当局に捕らえられ一八七三年にソフィアで処刑された。第三の革命家、フリスト・ボテフはアナーキズムの影響を受け、真の意味での民族解放は、異民族支配の打倒だけでなくブルガリア社会を支配する封建的なチョルバジヤ階層の打倒を含む社会革命に結びついて達成されねばならないと主張した。

この間、ゲオルギ・ベンコフスキの指導下でブルガリア全土に一斉蜂起のための組織づくりが進んでいた。ブルガリアの革命勢力はボスニア危機の勃発を好機ととらえ、全土での一斉蜂起を計画、武装闘争は一八七六年四月にコプリフシュティツァで開始されたが、時期尚早であったため、期待された大衆的広がりはみられなかった。しかし、オスマン当局は事態の収拾のため、ポマクなどからなる非正規軍（バシボズク）を動員したことから、ヨーロッパではこの非正規軍の残虐行為が非難の的となり、ブルガリア問題は国際的な注目を集めることになった。

アルバニア人の場合は、特殊な事情から十九世紀末にいたるまで顕著な民族覚醒の動きはみられなかった。アルバニア人の多くが暮らしていた地域ではモンテネグロと同様に現地の自律的な権力にオスマン朝が広範な自治権を与えていたが、十八世紀末には北部のシュコダルを拠点とするブシャトリ家と南部のヤニナを拠点とするテペデレンリ・アリー・パシャが事実上の独立した支配をおこなうまでになっていた。しかし、両者の勢力は一八二〇年代の集権化政策の一環として激しく弾圧、解体されたため、アルバニア人の民族的政体の祖型とはならなかった。また、アルバニア人は宗教的にはムスリムのほかにカトリックや正教徒を含んでおり、ほかのバルカン諸民族に共通してみられる宗教的均質性を欠く上、言語的にもゲグとトスクという二つの有力な方言集団に分かれていた。さらに、ナショナリズムの核となる知識人階層に関してもムスリム系の上層階層はオスマン朝のエリートと同化する傾向が強く、カヴァラ出身でのちにエジプトの支配者となるムハンマド・アリーの例のようにアルバニア民族への帰属意識は希薄であった。しかし、こうしたなかにあっても一八四四年にナウム・ヴェキルハルジが最初のアルバニア語の表記法を考案するなどアルバニア人の固有の文化への関心も芽ばえていた。とはいえ、アルバニア人の民族主義運動がはじめて政治的な実体を獲得するのはサン・ステファノ条約によって大ブルガリアが建設されアルバニア人が暮らす地域が分断される危機に直面した一八七七年以降のことである。この年の十二月、イスタンブルでアブドュル・フラシャリを代表とする「アルバニア民族の権利擁護のための中央委員会」が結成された。さらに翌年六月にはコソヴォのプリズレンでアルバニア各地の代表が参加した「プリズレン連盟」が結成され、オスマン政府の後押しを受けて、ベルリン会議に参加した列強に向けて「アルバニア人の領土の保全」を要求する覚書を提出した。

バルカン連帯の希求

十九世紀の南東欧で生起した民族主義思想は一様に排外主義に染められていたわけでもなかった。南東欧の民族分布は複雑に錯綜し、各都市はほぼ例外なく多民族的構成をもっていたことから、いかなる尺度をもってしても合理的な民族の境界線を策定することは不可能であった。この条件のもとで政治的経済的な現状を変革する可能な方策のひとつとして諸民族の協調を基礎としたさまざまな形態の連邦制が模索された。

バルカンの解放には諸民族の政治的な連帯が必要とする考え方は、一八六〇年代にとりわけ顕著となった。こうした構想の先駆は、バルカンの外部の自由主義者によってもたらされた。コッシュートのドナウ連邦構想やガリバルディのバルカン一斉蜂起計画がその代表例である。またロシアのパン・スラヴ主義者もバルカンに関心をいだき、南スラヴ系諸民族の連帯運動に関与した。

バルカンの内部からもいくつかの連邦国家の構想が提示された。ヴォイヴォディナのセルビア人政治家ミハイロ・ポリト＝デサンチッチは一八六二年にスイスをモデルにしたバルカン連合構想を提唱した。同じ時期には、セルビア自由主義人民党の指導者、スヴェトザル・ミレティチも同様の構想を有していた。自由主義者的政治組織オムラディナの指導者ヴラディミル・ヨヴァノヴィチもセルビア政府の排外主義的な国権主義を批判して連邦主義を唱えていた。スヴェトザル・マルコヴィチやフリスト・ボテフといったバルカンの初期の社会主義者たちも連邦制を志向していたが、彼らは自由主義者の連邦制プランとは異なって、農村共同体の自治的伝統に基づいた政治連合を基礎にした国家を構想していた。

こうした構想は、ほとんどの場合、現実性を帯びた政治潮流には結びつかなかったが、例外的にクロアチア人とセルビア人のあいだでは南スラヴ主義的な連帯を求める動きが一定の規定力をもった。クロアチアではフラニョ・ラチュキとヨシプ・シュトロスマイエルが一八六八年に南スラヴ諸民族の文化的同一性を促進する意図のもとでユーゴスラヴィア科学芸術アカデミーを創設した。シュトロスマイエルはクロアチア人民党の指導者としてハンガリー王国内でのクロアチア人の自治要求を掲げていたが、南スラヴ主義の一環としてセルビアのガラシャニンにも接近し両民族の協力を模索した。同時期、ダルマツィアでもイタリア人の自治要求に対抗するためクロアチア人とセルビア人の政治勢力が協調したことで一時的ではあるが南スラヴ主義的風潮が生まれた。

しかし一八六〇年代にもっとも注目される政治的な連携の動きは、対オスマン戦争を想定した共同戦線構築のための外交努力であった。この中心は軍備拡張を進めるセルビア公、ミハイロ・オブレノヴィチであった。セルビアは一八六〇年以降、ギリシアとの軍事同盟締結を模索し、最終的に六八年末に両国の同盟が締結された。これと並行して一八六六年にはセルビアとモンテネグロの同盟も締結され、六八年にはルーマニアとの友好条約の締結によってきたるべき戦争に際しての好意的な中立が確保された。こうして第一次のバルカン同盟は完成したが、一連の外交過程によって、各国の領土的利害が調整不可能なほどに錯綜していることも浮き彫りとなり、ミハイロの暗殺によって各国の同盟関係は解体した。

5　オスマン支配終焉への道

東方問題

十九世紀の東地中海世界はオスマン帝国からの分離主義が活発となったため、いくつもの政治的動揺を経験した。この政治過程は、ヨーロッパ側からは、オスマン帝国の領土的犠牲の上で進められるロシアの南下政策と、自国の利害にかなった現状維持を擁護する英仏の対抗関係として認識され、「東方問題」という名称が与えられてきた。しかし、バルカンにとってはオスマン帝国の近代化にともなって進行する政治的統合圧力への反発から生まれた地域主義が根底にあり、それぞれの地方の伝統を維持したまま近代社会の一員に加わり得る政治的枠組みの追求が、さまざまな機会をとらえて実体化した歴史であった。バルカンの民族運動の性格も、十八世紀以前のようにオスマン帝国とヨーロッパ列強の戦争に誘発された受動的なかたちから、セルビアやギリシアの先例にならった自らの力による「解放」をめざす運動へと変化した。

シリア領有を要求するエジプトの支配者ムハンマド・アリーの前に、オスマン朝が一八三九年に敗北すると、イギリスを中心とするヨーロッパ四カ国は共同してエジプトに圧力をかけ、ムハンマド・アリー家によるエジプト支配の国際的承認と引き換えに征服領土の放棄を強要した。この事件は、オスマン帝国の軍事的弱体化を象徴するものであったが、さらに一八五三年の聖地管理権を契機としたロシアとの戦争に、英、仏、サルデーニャが参戦したクリミア戦争以後、オスマン帝国の西欧列強への政治的従属は決定的となっていく。これより先、一八三八年にはイギリス・トルコ通商条約が結ばれたが、この条約は領事裁判権に保護された外国商人の経済活動を保証する不平等条約であり、このあと、ヨーロッパ列強はオスマン帝国と同様の条約を締結したので、貿易不均衡が拡大した。クリミア戦争中の一八五四年にオスマン帝国は初めて外債を導入したが、これ以後、累積する対外債務が財政を圧迫し、ヨーロッパへの経済的な従属が決定的となっていく。

こうしたなかでバルカン各地ではオスマン政府に敵対する反乱が繰り返された。一八三〇年代初めにはシュコダルのアーヤーン、ムスタファ・パシャが改革に対するムスリム領主層の不満を代弁して反乱を起こし、ボスニアでもフセイン・グラダシュチェヴィチを指導者とする同様の反乱が勃発した。次いで、一八三〇年代末から四〇年代にはセルビア東部のニシュ地方やブルガリア北東部のヴィディン地方でムスリム領主の封建的土地支配に反発するキリスト教徒農民の大規模な反乱が展開された。この時期の反乱はいずれも農村部の経済的な不満を背景とした社会運動の性格を色濃くもち、民族主

クレタ蜂起に参加したギリシア人義勇兵(1868年)　ギリシア独立後，統一を求めるクレタの住民は1841年，58年，66〜69年，77〜78年，88〜89年，96〜97年と相次いで蜂起し，97年に自治領となった。

義的な要素は二次的であったが、クリミア戦争を境に社会的な矛盾の解決を民族解放に求める傾向が支配的となっていく。

クレタ島では一八六六年にオスマン帝国の改革への失望を背景にギリシア系住民が蜂起したが、ここで掲げられた要求はギリシア本土への併合であった。ヘルツェゴヴィナでは一八五七年にルカ・ヴカロヴィチが指導する反乱が勃発し、六一〜六二年にも再度、反乱が勃発したが、これらの事件にはモンテネグロが強力な支援を与えていた。

東方危機

一八七五年七月、ヘルツェゴヴィナのネヴェスィニェで発生した地方役人と住民との衝突事件をきっかけとして、大規模な農民反乱が発生した。この反乱にもモンテネグロが軍事的支援をおこなっており、オスマン政府の派遣した鎮圧軍を各地で撃退するとともにヘルツェゴヴィナの境界をこえてボスニアにも波及していった。ヘルツェゴヴィナの反乱は正教徒ばかりでなくカトリック教徒も加わっており、封建的な土地支配に対する農民運動の性格をとどめていたが、ボスニアの場合はほとんどがセルビア人から構成された民族蜂起の性格を強くもち、ボスニア中央部から北西部に広がるムスリムの居住地域はオスマン政府に従順なままであった。

ボスニア＝ヘルツェゴヴィナの蜂起は、バルカン全土に衝撃を与え、各地でこれに呼応した蜂起や社会的な衝突が発生した。セルビア政府は義勇兵の派遣や資金援助といった支援をおこなうとともに、一八七六年六月にはモンテネグロと共同でオスマン帝国と開戦した。先に述べたようにブルガリアでも一八七六年春に一斉蜂起計画が準備されたほか、ギリシア政府の働きかけによってイピロスとテッサリアでも反乱が発生した。一八七六年四月にはテッサロニキでブルガリア人女性の改宗問題を契機に、ムスリム住民の暴動が発生し、ドイツとフランスの領事が殺害されたが、この事件は当時のバルカン社会が民族主義に共鳴する非ムスリムのみならず広くムスリム大衆を巻き込んで動揺していたことを物語っている。

この危機的な状況にあって列強は事態の収拾に乗り出した。オーストリア＝ハンガリーの外相アンドラーシはバルカンの現状維持を望み、オスマン帝国の部分的な改革によって危機打開を試みたが、失敗し、最終的にボスニア＝ヘルツェゴヴィナに関する利害の保証と引き換えにロシアの介入を容認した。ロシアは、ブルガリアでの「大虐殺」を非難する国内世論の圧力とセルビアとモンテネグロが優勢なオスマン軍の前に壊滅の危機にさらされていた状況から、早い時期に介入の意志を固めていた。ロシアは一八七七年四月にオスマン帝国に宣戦を布告したが、オスマン軍の頑強な抵抗に直面し、プレヴェン要塞での長期にわたる包囲戦を余儀なくされた。しかし、十二月にこの要塞を陥落させると、戦況は一転し、翌年一月にはプロヴディフとエディルネを攻略し、首都イスタンブルに迫った。そして、ロシア側の圧倒的に優勢な状況のもとで、三月にはイスタンブル郊外のサン・ステファノ（イェシルキョイ）で講和条約が締結された。

サン・ステファノ条約は、モンテネグロ、セルビア、ルーマニアの独立承認、ボスニア＝ヘルツェゴヴィナへの自治権付与とならんで、マケドニアを含む広大な大ブルガリア公国の設立、および、ベッサラビアと小アジア東部のロシアへの割譲というロシアにきわめて有利な内容となっていた。そのため、バルカンにおけるロシアの影響力の拡大を危惧するイギリスとオーストリア＝ハンガリーはこの条約に反発し、各国の利害の調整をはかるためビスマルクの仲介で一八七八年六月十三日から七月十三日にベルリンで国際会議が開かれた。この会議の結果、サン・ステファノ条約にかわってベルリン条約が締結された。大ブルガリアは三分割され、ドナウ沿岸地方にはブルガリア公国の建設が認められたが、トラキアはキリスト教徒の総督のもとで行政自治権を付与された東ルメリ州（東ルメリア）

ハプスブルク占領地
モンテネグロ領（1878）
セルビア領（1878）
ルーマニア領（1878）
ギリシア領（1881）
サンステファノ条約の
ブルガリアの国境
ルーマニア
（モルドヴァ）
ヤシ
ドブルジャ
ブカレスト
（ワラキア）
コンスタンツァ
黒海
バニャルカ
ボスニア
ベオグラード
ヴィディン
セルビア
ヘルツェゴヴィナ
ニシュ
プレヴェン
ルセ
シリストラ
ブルガリア
シュメン
ヴァルナ
ノヴィ・パザル州
ポドゴリツァ
（コソヴォ）
ソフィア
（東ルメリ）
プロヴディフ
アドリア海
シュコダル
スコピエ
マケドニア
セレス
エディルネ
イスタンブル
アルバニア
オフリド
テッサロニキ
トラキア
ヤニナ
ラリア
テッサリア
メソロンギ
ギリシア
イズミル
パトラ
アテネ
クレタ島
ハニャ
イラクリオン
0 100 200 400 600km
サン・ステファノ条約とベルリン条約

となり、マケドニアはオスマン帝国の直轄領に戻された。また、オーストリア＝ハンガリーには改めてボスニア＝ヘルツェゴヴィナ占領が認められ、イギリスはロシアがカフカスでの領土を獲得した代償としてキプロス島を獲得した。

セルビアの状況

ベルリン会議の結果、これまで「トルコ領ヨーロッパ」と呼ばれていた南東欧は、小規模な民族国家が集い合う「バルカン」へと政治的に変貌することになった。逆にいえば、ベルリン条約は十九世紀のあいだに、バルカンの各国、各地域で進行してきた政治的変化を完成するステップであった。

セルビアでは一八七五年のボスニア蜂起に際してミラン公と保守派の政治勢力が開戦に慎重であったのに対して、自由主義派は積極的な主戦派の主張を繰り広げていた。一八七六年四月に政権に復帰した自由主義派のステフチャ・ミハイロヴィチ内閣は七六年六月の対オスマン戦争の敗北後、翌年十二月にふたたび開戦し、露土戦争の勝利の分け前にありつく資格をかろうじて確保した。しかし、セルビアはサン・ステファノ条約には参加できず、さらにベルリン会議でもロシアから冷遇され、むしろオーストリア＝ハンガリーの後押しによってようやくニシュ、ピロト、ヴラニェを含む南方への領土拡大を承認されたのであった。こうした経緯から、ボスニア＝ヘルツェゴヴィナの占領にもかかわらずセルビアは外交的にオーストリアに接近することとなった。

ベルリン条約後、政権は自由主義派の大立者、ヨヴァン・リスティチが握ったが、この政権がセルビアにおける自由主義派支配の最期となった。リスティチはオーストリア＝ハンガリー二重王国との通商条約締結をめぐって国王と対立し、以後しばらくは保守派が政権を独占したことに加えて、戦費償却のための新税制に不満をもつ農民が急進党支持に傾くことになったからである。ミラン公はリスティチを更迭すると、懸案であった二重王国との関係確立に乗り出し、一八八一年に通商条約とともに秘密協定を取り結んだ。この通商条約は相互に最恵国待遇を承認するものであったが、相対的に工業化が進んでいた二重王国がセルビア市場を支配し、セルビアは農産物の輸出に特化することになり、経済的な従属が決定づけられた。さらに、秘密協定はセルビアの王政移行の承認と引き換えに、対外協定締結の際にオーストリア＝ハンガリーの事前の承認を受ける義務や、二重王国に敵対する政治活動の阻止を受け入れる内容であり、外交面での従属を意味していた。

リスティチにかわって政権に就いたのは若手の保守派グループを代表するミラン・ピロチャナツであった。この政権は保守派というよりもむしろ進歩派と評すべき政策を推進し、言論の自由の保証や集会・結社法の制定などの自由主義的側面をもつ政策をおこなうとともに、西欧化に向けた教育改革や軍政改革を試みた。しかし、戦費負担のために財政は破綻状況にあったことに加えて、対外公約であった鉄道建設に絡む経済スキャンダルによって、税負担の主体たる農民層が激しく反発した。農民は一八八三年の総選挙では急進党を支持し、八三年十一月にはフリスティチ内閣が強行した私有武器の強制回収に抵抗してティモク地方で反乱を起こした。

こうしたなかでセルビアでは新たな政治勢力が成長していた。ニコラ・パシッチに率いられる急進党である。パシッチはかつて、スヴェトザル・マルコヴィチの主宰する新聞『オスロボジェニェ(解放)』に参加し、マルコヴィチの思想的影響を受けていたが、その影響は農民の自治伝統の積極的評価という側面に集中していた。それは急進党の政治綱領となる一八八一年の『サモウプラヴァ(自治)』誌に掲載された宣言文で積極的な地方自治推進が掲げられていたことにもあらわれている。この宣言は単なる政治的プロパガンダにとどまらなかった。ペーラ・トドロヴィチを先頭とする急進党の活動家は農村部に入り込み、全国規模の支部組織をつくり上げるとともに農民を政治的に動員することに成功したからである。こうして、セルビア急進党は政治綱領と支部組織を備えたバルカン最初の近代的政党となり、また、農民的価値観への迎合と反近代性の面ではクロアチア農民党やブルガリア農民同盟、さらにはヴェニゼロスの自由党といったバルカンのポピュリズム型政党の先駆ともなった。

ブルガリアの政党政治と東ルメリ統一

ブルガリアでは、ベルリン条約によって大ブルガリア構想が挫折したあと、国家建設の基礎となる憲法制定作業が一八七九年二月からタルノヴォで進められていた。露土戦争後、ブルガリアはロシアの占領下で軍政支配がおこなわれていたが、こうした状況の長期化がロシアの衛星国という国際的非難に口実を与えることを恐れたロシアも早期の憲法制定を支持していた。そのため一八七九年四月に採択された憲法は、自由主義派の主張に沿ってまとめられ、セルビア型の男子普通選挙制による一院制議会と、ブルガリア公の指名により議会から選出される執行機関としての内閣制などを備えた、自由主義的内容であった。初代のブルガリア公にはロシア皇帝の甥、アレクサンデル・バッテンベルク(在位一八七九〜八六)が即位した(アレクサンダル公)。しかし彼個人も、またロシア政府も自由主義的なタルノヴォ憲法には当初から不満をもっていた。

このため、ブルガリアでは当初から議会とブルガリア公の対立によって頻繁に政権交代が繰り返された。一八七九年九月の憲法制定後最初の選挙では自由主義派が勝利したが、アレクサンダルはまもなく議会を解散した。しかし、翌年一月の選挙でも自由主義派が勝利し、ドラガン・ツァンコフが首相に就任した。アレクサンダルは、ツァンコフやその後任のペトコ・カラヴェロフと対立を繰り返した結果、憲法改正による自由主義派の放逐を画策し、一八八一年三月のロシア皇帝アレクサンドル二世暗殺を契機にロシア政府が反自由主義傾向を強めた機をとらえて、七月にスヴィシュトフで改憲を強行した。

しかし、翌年に入ると軍隊の改革、および、鉄道建設問題をめぐってアレクサンダルとその庇護者たるロシアの関係が悪化した。この政治危機打開のために保守派と自由主義派の妥協がなされ、一八八三年九月にタルノヴォ憲法が実質的に復活した。この間、自由主義派内部はツァンコフ派とカラヴェロフ派に分裂し、前者は自由党を、後者は民主党を形成することになった。一八八四年六月の選挙はこの両者のあいだで争われ、カラヴェロフ派が勝利した。

オスマン主権下の自治州となっていた東ルメリ州では、キリスト教徒の総督下で独自の州議会と民族の比例代表制による自治行政がおこなわれていたが、住民の多数を占めるブルガリア人が議会と行政を支配していた。東ルメリ州のブルガリア人はベルリン条約による大ブルガリアの挫折後もブルガリア公国との統一を支持していたが、統一に反対する新総督ガヴリル・クラステヴィチの就任は統一運動を刺激した。一八八一年の政変以後、ブルガリア公国の自由主義者の一部が東ルメリ州に亡命し、政治基盤を固めていたが、一八八五年二月にはザハリ・ストヤノフを中心に具体的な統一をめざす政治組織、ブルガリア秘密中央革命委員会が結成された。この組織は一八八五年九月に東ルメリ州の民兵部隊による武装蜂起を敢行し、州都プロヴディフを含む主要拠点を奪取した。ブルガリア公アレクサンダルはこの既成事実を受け入れ、ブルガリアの統一を宣言した。

セルビアとギリシアは、ブルガリア統一がバルカンの安全保障を脅かすとして反発したが、とりわけセルビアが強硬であった。セルビア・ブルガリア関係はベオグラード府主教ミハイロの亡命問題やティモク反乱の容疑者の身柄引き渡し問題で以前から悪化していたが、セルビア公ミランと保守派政府は統一問題を契機に一八八五年十一月十三日ブルガリアに宣戦を布告した。しかし、ブルガリア軍はソフィア近郊のスリヴニツァでセルビア軍を撃退し、逆にセルビア領内に攻め込むにいたった。セルビアの危機に対してオーストリア゠ハンガリーが仲介に乗り出し、一八八六年四月にブカレストで和平条約が締結された。

セルビア・ブルガリア戦争は両国政治に少なからぬ反響をおよぼすことになった。セルビアでは主戦派のミラン公と保守派の勢力が後退し、かわって戦争反対を主張していた急進党が勢力を拡大した。ブルガリアでは、戦争の結果として得たものが単に東ルメリ州の総督をブルガリア公が兼任する事実の承認にとどまったため、国内の失望はアレクサンダル公への非難に変わっていった。アレクサンダルは一八八六年八月の親露派将校のクーデタによって亡命を余儀なくされた。ステファン・スタンボロフ首相はアレクサンダル支持者を組織して帰還をうながしたが、ロシアの圧力に屈したアレクサンダルは正式に退位した。

ギリシアとボスニア゠ヘルツェゴヴィナ

ギリシアは一八七五年のボスニア危機以降の事態の進展に直接的な利害関係をもたなかったため、当初の反応は鈍いものだった。しかし、一八七六年にクレタ島でギリシア系住民の蜂起が勃発してアテネ政府に支援を求め始め、次いで、七七年に露土戦争が勃発すると、ギリシアもこの領土拡大の絶好の機会を逃すまいと動き始めた。急進的な民族主義者はブルガリスに率いられてイピロス、テッサリアおよびクレタで蜂起の準備と支援活動の組織化に着手し、オスマン領南バルカンの各地で小規模な反乱が始まった。ギリシア政府もプレヴェン要塞の陥落後、開戦準備を急ぎ、アレクサンドロス・クムンドゥロス内閣は一八七八年二月二日にオスマン領への正規軍の進撃開始を指示した。しかし、このときすでにロシア軍はオスマン側と停戦協定を結んでおり、ギリシア軍は孤立した状況に陥り、撤退を余儀なくされた。こうした不手際からベルリン会議でも具体的な領土獲得は達成できず、三年にわたる交渉の末、イギリスの仲介によってようやく一八八一年にテッサリアとアルタ付近のイピロスの一部を獲得した。

ボスニア＝ヘルツェゴヴィナでは、ベルリン会議によってオーストリア＝ハンガリーの占領が認められたが、二重王国の占領軍は各地で激しい抵抗に直面した。抵抗の主力は旧オスマン帝国の正規軍であったが、これに地域防衛にあたっていた各地のムスリム非正規軍が加わり、少なからぬ数の正教徒住民も参加した。唯一、カトリック系住民は占領を歓迎したが、ボスニア全土でのゲリラ的抵抗は一八七八年末まで続き、二重王国は最終的に予定の四倍近い二七万の兵力の投入を余儀なくされた。この抵抗がオーストリア＝ハンガリーの占領政策の方向性に大きな影響を与えた。ハプスブルク帝国はボスニアを皇帝に直属する大蔵省の管轄とし、この地方の伝統的社会構造を維持したまま統治を進める方針を採用した。ボスニアではクメットストヴォという独特の小作人制が発達していたが、ここでは地主の大半がムスリムであるのに対して、小作人のほとんどはキリスト教徒という具合に、社会階層と宗教の相関性が高かった。住民の構成も正教徒が四三％、ムスリムが三九％、カトリックが一八％であり、いずれの宗教も過半数を占めてはいなかった。

また、この地方の住民はほとんどが南スラヴ語の方言を母語としていたが、正教徒住民のあいだにはセルビア意識が浸透しつつあり、カトリック系住民のあいだではクロアチア意識が広まっていた。こうした状況のなか、ハプスブルク帝国は、この地方のスラヴ系住民の分離主義、とりわけセルビア民族主義の広がりを警戒し、カトリック系住民に加えてムスリムの支持を拡大する政策を講じた。地主への配慮もそのひとつであるが、一八八二年に大蔵大臣となったベンヤミン・カーライは、さらに、既存の民族意識にかわるボスニア固有の愛国主義としてのボシュニャシュトヴォ（ボスニア主義）の育成をはかる文化政策をおこなった。

以上のように、ベルリン条約によって、オスマン支配の時代は終わりを告げ、バルカンの各国、各地域には固有の地域的特性を備えた社会政治体が明確なかたちをもって出現することになった。同時に、二十世紀の前夜において、バルカンの従来の伝統的な社会のあり方も漸次的ではあるが変化し始めた。その推進力となったのは、独立国家の形成によって加速度的に進む近代化のモメントである。バルカンにおける近代化は、なによりも「欧化」であり、経済的文化的先進地帯とみなされた西ヨーロッパの社会的・政治的諸制度の導入が意識的にはかられた。もちろん、ここでいう西ヨーロッパとは、あくまでバルカン側で認識された「理念」であり、その具体的な「モデル」も、「理念」の実体もまちまちではあった。そして、きたるべき時代の政治的変化の最大の要因は、住民の大多数を占める農民が、この「欧化」との接触を通じて受け取るストレス、つまり、近代化のもたらす社会的変化と残存する伝統的な社会的価値観の軋轢となっていく。

YAMAKAWA SELECTION

バルカン史《し》　上

2024年 4 月15日　第 1 版 1 刷　印刷
2024年 4 月25日　第 1 版 1 刷　発行

編者　佐《さ》原《はら》徹《てつ》哉《や》

発行者　野澤武史

発行所　株式会社山川出版社
〒101-0047 東京都千代田区内神田1-13-13
電話03(3293)8131(営業)8134(編集)
https://www.yamakawa.co.jp/

印刷所　株式会社太平印刷社

製本所　株式会社ブロケード
装幀　水戸部功

 ISBN978-4-634-42402-9

『新版　世界各国史第十八　バルカン史』
一九九八年十月　山川出版社刊

執筆者紹介(執筆順)

柴 宜弘 しば のぶひろ

1946年生まれ。早稲田大学大学院文学研究科博士課程単位取得退学
東京大学名誉教授
主要著書:『もっと知りたいユーゴスラヴィア』(編著, 弘文堂 1991),『ユーゴスラヴィアで何が起きているか』(岩波書店 1993),『ユーゴスラヴィア現代史』(岩波書店 1996),『バルカンの民族主義』(山川出版社 1996),『世界の歴史26 世界大戦と現代文化の開幕』(共著, 中央公論社 1997),『連邦解体の比較研究——ソ連・ユーゴ・チェコ』(共著, 多賀出版 1998)
執筆担当:序章, 第9章

金原 保夫 きんばら やすお

1952年生まれ。東海大学大学院文学研究科博士課程単位取得退学
東海大学名誉教授
主要著書・訳書・論文:『世界の考古学26 トラキアの考古学』(同成社 2021),『ビザンツ帝国とブルガリア』(訳, ロバート・ブラウニング著, 東海大学出版会 1995),「第一次ブルガリア王国における君主号」(『オリエント』第40巻第2号 1997)
執筆担当:第1章, 第2章

佐原 徹哉 さはら てつや

1963年生まれ。東京大学大学院人文科学研究科博士課程中退
現在, 明治大学政治経済学部教授
主要著書:『近代バルカン都市社会史——多元主義空間における宗教とエスニシティ』(刀水書房 2003),『国際社会と現代史 ボスニア内戦——グローバリゼーションとカオスの民族化』(有志舎 2008),『中東民族問題の起源——オスマン帝国とアルメニア人』(白水社 2014), *War and Collapse: World War I and the Ottoman State*(共著, University of Utah Press 2016), *1989 yılında Bulgaristan'dan Türk zorunlu göçünün 30. Yılı*(共著, Trakya U. P. 2020)
執筆担当:第3章, 第4章, 第10章3節

木村 真 きむら まこと

1960年生まれ。東京大学大学院総合文化研究科博士課程単位取得退学
現在, 東洋大学文学部非常勤講師
主要著書・論文:『東欧政治ハンドブック——議会と政党を中心に』(分担執筆, 伊東孝之編, 日本国際問題研究所 1995),「『民主化』後のブルガリア——権利と自由のための運動を中心に」(『外交時報』1993年11・12月合併号 1303号),「ブルガリア語を母語とするイスラム教徒——ポマク」(『歴

史と地理』485号 山川出版社 1996）
執筆担当：第５章，第６章

六鹿 茂夫　むつしか しげお
1952年生まれ。ブカレスト大学大学院法学研究科博士課程修了
静岡県立大学名誉教授，一般財団法人霞山会常任理事
主要著書・論文：『ルーマニアを知るための60章』（編著，明石書店 2007），『黒海地域の国際関係』（編著，名古屋大学出版会 2017），「モルドヴァ「民族」紛争とロシア民族派・軍部の台頭」（『国際問題』 1992年12月号），「NATO・EU 拡大効果とその限界」（『ロシア・東欧学会年報』 第27号 1999），「欧州国際システムとバルカン紛争との相互連関性に関する予備的考察」（『ロシア研究』 第29号 1999）
執筆担当：第７章，第８章

山崎 信一　やまざき しんいち
1971年生まれ。東京大学大学院総合文化研究科博士課程単位取得退学
現在，東京大学教養学部非常勤講師，明治大学政治経済学部兼任講師
主要著書・論文：『セルビアを知るための60章』（編著，明石書店 2015），『スロヴェニアを知るための60章』（編著，明石書店 2017），『ボスニア・ヘルツェゴヴィナを知るための60章』（編著，明石書店 2019），「イデオロギーからノスタルジーへ――ユーゴスラヴィアにおける音楽と社会」（柴宜弘ほか編 『東欧地域研究の現在』 山川出版社 2012），「文化空間としてのユーゴスラヴィア」（大津留厚ほか編 『ハプスブルク史研究入門――歴史のラビリンスへの招待』 昭和堂 2013）
執筆担当：第10章１節

中島 崇文　なかじま たかふみ
東京大学大学院総合文化研究科博士課程修了
現在，学習院女子大学国際文化交流学部教授
主要著書・論文：「ルーマニア人の民族意識におけるローマ概念――「ローマと合同した教会」の地位の変遷を中心に」（歴史学研究会編 『幻影のローマ――〈伝統〉の継承とイメージの変容』 青木書店 2006），「トランシルヴァニアのハンガリー人問題――言語・教育面における複数民族の共存と分離」（第46章，他７章，六鹿茂夫編著 『ルーマニアを知るための60章』 明石書店 2007），「冷戦終結後のルーマニアにおける民主主義の進展」（第９章，永松雄彦・萬田悦生編 『変容する冷戦後の世界――ヨーロッパのリベラル・デモクラシー』 春風社 2010），「ルーマニア語」（庄司博史編 『世界の文字事典』 丸善出版 2015）
執筆担当：第10章２節

■索　引

人名索引

●アーオ

アヴェレスク　下20
Averescu, Alexandru　1859-1938
アウレリアヌス　上59, 60
Aurelianus, Licius Domitius 214-275(位270-275)
アキンディノス　上131
Akindynos, Grēgorios　1300頃-1348
アグロン　上52
Agron　?-前230
アスパルフ　上76, 78
Asparuh (Isperih)　650頃-700頃
アセン1世　上97, 98
Asen I (Belgun)　(位1187-96)
アッティラ　上65, 66
Attila　406頃-453(位434-453)
アプリロフ　上207
Aprilov, Vasil　1789-1847
アポストル　上215
Apostol, Gheorghe　1913-2010
アポロドロス　上59
Apollodoros　1世紀-2世紀初め
アーマンスペルグ　上191, 193
Armansperg, Couvt Joseph von 1787-1853
アリー・パシャ　上170, 181, 182, 216
Alî Paşa Tepedelenli　1744-1822
アリア　下177, 178
Alia, Ramiz　1925-2011
アルセニエ3世　下14
Arsenije III Carnojević　1633-1706
アルヌルフ　上88
Arnulf　850頃-899(位889-899)
アールパード　上89
Árpád　?-907?
アレクサンダル・カラジョルジェヴィチ　上177, 195, 196, 下66
Aleksandar Karadjordjević 1806-85
アレクサンダル1世・カラジョルジェヴィチ　下68, 69, 76, 78, 93
Aleksandar I Karadjordjević 1888-1934
アレクサンダル・バッテンベルク　上228-230, 下23, 24
Aleksandar Battenberg 1857-93
アレクサンドル　上114
Alexandru cel Bun　(位1400-32)
アレクサンドロス　上90
Alexandros　870頃-913(位912-913)
アレクサンドロス　下40
Aleksandros　1893-1920
アレクサンドロス大王　上46, 54
Alexandros III　前356-前323(位前336-前323)
アレクサンドロフ, Č.　下173
Aleksandrov, Čudomir　1936-
アレクサンドロフ, T.　下81
Aleksandrov, Todor　1881-1924
アレムダル・ムスタファ・パシャ　上170

Alemdar Mustafa Paşa 1765-1808
アロン 上94
Aron 10世紀
アントネスク, I. 下84, 104, 113, 115, 118, 119, 134
Antonescu, Ion 1882-1946
アントネスク, M. 下115
Antonescu, Mihai 1904-46
アンドラーシ 上222
Andrássy, Gyula 1823-90
アンドリッチ 下10
Andrić, Ivo 1892-1975
アンミアヌス・マルケリヌス 上65
Ammianus Marcellinus 330頃-400頃
イヴァイロ 上101
Ivajlo (位1278-1280)
イヴァン(リラの) 上121
Ivan Rilski 876頃~880-946
イヴァン・アセン2世 上100, 101
Ivan Asen II 1195/96頃-1241(位1218-41)
イヴァン・アセン3世 上102
Ivan Asen III 1259/1260-1303(位1279-80)
イヴァン・アレクサンダル 上102
Ivan Aleksandâr 1301-71(位1331-71)
イェラチッチ 下7
Jelačić, Josip 1801-59
イサアキオス2世アンゲロス 上97
Isakios II Angelos 1156頃-1204(位1185-95, 1203-04)
イスマイル・パシャ 上170
İsmail ağa Tirsinikliŏglu ?-1806
イゼトベゴヴィチ 下187, 188
Izetbegović, Alija 1925-2003
イーデン 下116, 123
Eden, Robert Anthony 1897-1977
イプシランディス, アレクサンドロス 上180, 181
Ipsilandis, Aleksandros 1792-1828
イプシランディス, コンスタンディノス 上180
Ipsilandis, Konstandinos 1760-1816
イプシランディス, ディミトリオス 上183
Ipsilandis, Dimitrios 1793-1832
イブラヒム・パシャ 上184
Ibrāhim Paşa 1789-1848
イブン・ファドラーン 上75, 76
Ibn Fadlan 10世紀前半
イラクリオス(ヘラクレイオス) 上73, 75
Hērakleios 575頃-641(位610-641)
イリエスク 下192, 193, 248, 249
Iliescu, Ion 1930-
イリーナ 上122
Irina 13世紀
インノケンティウス3世 上99
Innocentius III 1160-1216(位1198-1216)
ヴァシリー 上99
Vasilij 12世紀-13世紀
ヴァシリオス2世(バシレイオス) 上94-96
Vasileios II Boulgaroktonos 958-1025(位976-1025)
ヴァルク 上73
Valuk 7世紀前半
ヴァルラツィ 下124

Vërlaci, Shefqet 1877-1946
ヴィショイアヌ 下118
Vişoianu, Constantin 1897-1994
ヴィシンスキー 下136
Vyshinskii, Andrei Yanuar'evich 1883-1954
ヴィットーリオ・エマヌエーレ3世 下76
Vittorio Emanuele III 1869-1947(位1900-46)
ヴィデノフ 下192
Videnov, Źan 1959-
ウィルソン 下41
Wilson, Woodrow 1856-1924
ヴィルヘルム・ヴィート 下69
Wilhelm Wied 1876-1945(位1914-25)
ヴェキルハルジ 上216
Vegilharxhi, Naum 1797-1846
ウェステンドルプ 下189
Westendorp, Cabeza 1937-
ヴェニゼロス 上227
Venizelos, Eleftherios 1864-1936
ヴェネリン 上208
Venelin, Yurii Ivanovich 1802-39
ヴェルチェフ 下81
Velčev, Damjan 1883-1954
ヴォイスラヴ 上107
Vojslav, Stefan ?-1043~52(位1035-50)
ヴァイダ=ヴォイェヴォド 下14
Vaida-Voievod, Alexandru 1872-1950
ヴォドニク 下4
Vodnik, Valentin 1758-1819
ヴカシン 上110
Vukašin, Mrnjavčević 1365-71
ヴカロヴィチ 上221
Vukalović, Luka 1823-73
ヴカン 上124
Vukan Nemanjić 初12世紀末-13世紀
ヴクチッチ 上112
Vukčić, Stefan 1435-66
ヴチッチ・ペリシッチ 上177
Vučić Perišić, Toma 1787-1859
ヴラスティミル 上106
Vlastimir 9世紀
ヴラディミル(ラサテ) 上88, 89
Vladimir (位889-893)
ヴラディミレスク 上181, 198
Vladimirescu, Todor 1780-1821
ヴラニミル 上104
Branimir 879-892(位679-92)
ヴラド・ツェペシュ(串刺公) 上114, 140
Vlad Țepes 1431-76(位1488, 1456-62, 1476)
ウランゲリ 下71
Vrangel', Pyotr N. 1878-1928
ウロシュ1世 上107, 126
Uroš I Stefan ?-1277(位1243-76)
ウロシュ2世 上107
Uroš II Stefan Milutin (位1282-1321)
ウロシュ3世 上107
Uroš III Stefan Dečanski (位1321-31)
ウロシュ4世 ⟶ ドゥシャン
ウロシュ5世 上110

Uroš V Stefan　1336/37-71(位1355-71)
エフティミー(タルノヴォの)　上123
Evtimij Târnovski　1320~30-1400頃
エリヤフ・ミズラヒー　上158
Elijah Mizrahi　?-1535
エンラヴォタ(ヴォイン)　上82, 84
Enravota (Voin)　7世紀初め
オウィディウス　上54
Ovidius, Naso Publius　前43-後17頃
オクタウィアヌス(アウグストゥス)　上54
Octavianus, Gaiua Julius Caesar (Augustus)　前63-後14(位前27-後14)
オストロゴルスキ　上108
Ostrogorski, Georgije　1902-76
オットー1世　上73
Otto I　912-973
オトン(オットー)　上185
Othon　1815-67(位1832-62)
オムルタグ　上82, 83
Omurtag　?-831(位814-831)
オルハン　上135, 136
Orhan Gazi　1288-1360

●カーコ

ガイ　上209
Gaj, Ljudevit　1809-72
ガヴァツィ　上19
Gavazzi, Milovan　1895-1992
カーザー　上9
Kaser, Karl　1954-2022
カポディストリアス　上180, 184, 185, 191
Kapodistrias, Ioannis　1776-1831
カーライ　上232
Kállay, Benjamin　1839-1903
カラヴェロフ, L　上214
Karavelov, Ljuben　1837-79
カラヴェロフ, P　上228, 229
Karavelov, Petko　1843-1903
カラジッチ　上209
Karadžić, Vuk Stefanović　1787-1864
ガラシャニン　上196, 211, 218
Garašanin, Ilija　1812-74
カラジョルジェ　上175, 177, 180
Karadjordje (Petrović, Djordje)　1768-1817
カリストス1世　上114
Kallistos I　?-1363(位1350-54, 1355-63)
カリネスク　下84
Călinescu, Armand　1893-1939
カール(大帝)　上69, 104
Karl I Magnus (Charlemagne)　742-814(位768-814)
カール1世　下40
Karl Franz Joseph　1887-1922
カルダム　上79
Kardam　735-803(位777-803)
カルプ　下17
Carp, Petre P　1837-1918
カールマーン　上105
Kálmán　(位1095-1116)
ガレリウス　上60
Galerius, Valerius Maximianus　242頃-311(位305-311)
カーロイ1世・ローベルト　上113
Károly I Róbert　1288-1342(位1308-42)

カロヤン　上98-100
Kalojan (Joan, Joanica)　1180頃-1207(位1197-1207)
カロヤン　上122
Kalojan　?-1259以後
カロル(カール)　上200
Carol (Karl) de Hohenzollern-Sigmaringen　1839-1914
カロル2世　下82-84, 93, 104
Carol II　1893-1953
カンダクズィノス　上164
Kandakuzinos, Michail　?-1630
カンチョフ　下30
Kănčov, Vasil　1862-1902
ギガス，アレクサンドル・ディミトリエ　上199
Ghica, Alexandru Dimitrie　1796-1862(位1834-42)
ギガス，グリゴレ・アレクサンドル　上199
Ghica, Grigore Alexandru　1807-1857(位1849-53, 54-56)
キプリアン・ツァンブラク　上123
Kiprian Camblak　1330頃-1406
キリロス(俗名コンスタンディノス，スラヴ名キリル)　上88, 118-120
Kyrillos(Konstantinos, Kiril)　827頃-869
キュリロス・ルカリス　上150
Kirillos Lukaris　1522-1638
キョセイヴァノフ　下82
Kjoseivanov, Georgi　1884-1960
ギンブタス　上70
Gimbutas, Marija　1921-94
クヴェル　上78
Kouver　7世紀
クエン＝ヘーデルヴァーリ　下8
Khuen-Hédervāry, Karl G.　1849-1918
クザ，アレクサンダル　下83
Cuza, Alexandru　1857-1956
クザ，アレクサンドル・ヨアン　上200
Cuza, Alexandru Ioan　1820-73(位1859-66)
クサンソス　上180
Ksanthos, Emmanuil　1772-1851
クピ　下114, 124
Kupi, Abaz　1892-1976
クブラト　上74-76, 78
Kubrat (Kobrat)　590頃-651以後(位632-651以後)
クムンドゥロス　上231
Kumunduros Aleksandros　1814-83
クラウディウス2世　上60, 64, 65
Claudius II Gothicus　220頃-270(位268-270)
クラステヴィチ　上229
Krâstević　1817/20-98
グラダシュチェヴィチ　上220
Gradašćević, Husein　1802-33
グラチョフ　下205
Grachyov, Pavel Sergeevich　1948-2012
クラッスス　上54
Crassus, Marcus Licinius　前1世紀後半
クリ　上207
Culi, Jacob ben Meir　1690-1732
グリゴロフ　下196, 209
Gligorov, Kiro　1917-2012

クリメント(オフリドの)　上88, 120
Kliment Ohridski　?-916以後
クリソストモス　上121
Chrysostomos, Iōannēs
340~350-407
クリン　上111
Kulin　(位1180頃-1204頃)
クルサーン　上89
Kurszán　7世紀後半-904
クルム　上79-82
Krum　755-814(位803-814)
クルヤ　下124
Kruja, Mustafa　1887-1958
グレゴリウス7世　上107
Gregorius VII　1020頃-85(位1073-85)
グローザ　下136
Groza, Petru P　1884-1958
クンドゥリオティス　上183
Kunduriotis, Georgios　1782-1858
ゲオルギ・ヴォイテフ　上96
Georgi Voiteh　?-1073?
ゲオルギエフ　上33
Georgiev, Kirnon　1882-1969
ゲオルギオス1世　上194, 25, 26
Georgios I　1845-1913
ゲオルギオス2世　下72, 85
Georgios II　1890-1947
ゲオルギオス　下26, 27
Georgios　1869-1957
ゲオルギ・テルテル　上101
Georgi Terter　?-1308/1309(位1280-92)
グリゴリー・ツァンブラク　上123
Georgi Camblak　1365頃-1419
ケカウメノス　上113
Kekaumenos　1020~24-1070年代以後
ケマル・ベイ　下33
Kemal bey, Ismail　1844-1918
ゲルマノス　上182
Germanos, Paleon Patron
1771-1826
ゲンナディオス・スホラリオス
上147
Gennadios Scholarios　1405-72
コガルニチャヌ　上200
Kogălniceanu, Mihail　1817-91
コスイギン　下155
Kosygin, Aleksei Nikolaevich
1904-80
コストフ, I.　下192, 210, 265, 269, 270
Kostov, Ivan　1949-
コストフ, T.　下145, 146, 152
Kostov, Trajčo　1897-1949
コズマ(コスマス)　上121, 129
Kozma (Kosmas)　10世紀後半
コスマス・インディコプレフスティス
上121
Kosmas Indikopleustes　6世紀
コチュス1世　上46
Kotys I　?-前358(位前383/382-前360/359)
コトラグ　上75
Kotrag　7世紀
コドレアヌ　下83
Codreanu, Corneliu Zelea　1899-1938
コトロマニッチ　上111, 112, 132
Kotromanić, Stjepan II
?-1353(位1322-53)
コピタル　下4
Kopitar, Jernej　1780-1844
コライス　上178

Korais, Adamandios 1748-1833
コラロフ 下146
Kolarov, Vasil P. 1877-1950
ゴルバチョフ 下175, 181
Gorbachyov, Mikhail Sergeevich 1931-2022
コルミソシュ 上79
Kormisoš (Kormesij) 8世紀前半
コレッティス 上191, 193, 211
Kolettis, Ioannis 1774-1847
コロコトロニス 上182, 183
Kolokotlonis, Theodoros 1770-1843
コロシェツ 下42, 68, 79
Korošec, Anton 1872-1940
コンスタンティネスク 下193, 248
Constantinescu, Emil 1939-
コンスタンティヌス 上60, 62, 63
Constantinus I Gaius Flavius Valerius 274頃-337(位306-337)
コンスタンディノス4世 上76
Konstantinos IV 650頃-685(位668-685)
コンスタンディノス7世 上73, 83, 90
Konstantinos VII Porphyrogenetos 905-959(位913-959)
コンスタンディノス1世 下40, 72
Konstandinos I 1868-1922
コンスタンティン(プレスラフの) 上121
Konstantin Preslavski 9世紀-10世紀
コンスタンティン・アセン 上101, 122
Konstantin Asen ?-1277(位1257-77)
コンスタンティン・コステネチキ 上123
Konstantin Kostenecki 1380頃-1431以後
コンスタンティン・ボディン 上97
Konstantin Bodin ?-1101/08

●サーソ

ザイミス 下73
Zaimis, Aleksandros 1855-1936
サヴァ(ラストコ) 上107, 124, 125
Sava (Rastko) 1175-1235
サナテスク 下135
Sănătescu, Constantin 1885-1947
サポヤイ・ヤーノシュ 上140
Szapolyai János 1487-1540
サムイル(サムエル) 上94, 96
Samuil (Samuel) 958-1014(位997-1014)
ジヴコヴィチ 下58
Živković, Petar 1879-1953
シェフ 下151, 168
Shehu, Mehmet 1913-1981
ジェレフ 下191
Želev, Želju 1935-2015
ジグモンド 上136
Zsigmond 1368-1437
シシュマン 上102, 108
Šišman 13世紀
シタルケス 上45
Sitalkes 前445~前440頃-前424
シートン・ワトソン 下132
Seton-Watson, Hugh 1916-1984

ジフコフ　下152, 154, 157, 158, 164, 165, 172, 173, 275
Živkov, Todor　1911-1998
シマ　下84
Sima, Boria　1906-1993
シミティス　下210
Simitis, Konstandinos　1936-
シメオン　上88-90, 92, 99, 106, 120, 121, 123, 124
Simeon　863-865-927(位893-927)
シメオン2世　下266, 275
Simeon II　1937-
シメオン・ウロシュ　上110
Simeon Uroš　1359-1372
シモヴィチ　下111
Simović, Dušan　1882-1962
シャグナ　下13
Șaguna, Andrei　1809-1873
シャブタイ・ツヴィー　上161
Shabtai Tzvi　1625-1671
シュタットミューラー　上113
Stadtmüller, Georg　1909-1985
シュタドレル　下9
Stadler, Josip　1843-1918
シュティルベイ　下116, 118
Știrbei, Barbu　1807-1887
シュティルベイ　上199
Știrbei, Barbu　1873-1946
シュテファン(3世，大公)　上114, 128, 140
Ștefan cel Mare　1433-1504(位1457-1504)
シュトロスマイエル　上218
Štrosmajer, Josip Juraj　1815-1905
ジューヨヴィチ　下144
Žujović, Sreten-Crni　1899-1976
ジョルジェスク　下146
Georgescu, Teohari　1908-1976
ジラス　下153, 168
Djilas, Milovan　1911-1995
シンカイ　下11
Șincai, Gheorghe　1754-1816
ズヴォニミル　上105
Zvonimir　1075-1089
スヴャトスラフ公　上93, 94
Svjatoslav　942-972
スカンデルベグ(本名ギェルギ・カストリオト)　上74, 138
Skanderbeg (Gjergi Kastoriot)　1404-1468
スクファス　上180
Skufas, Nikolas　1779-1818
スターリン　下100, 105, 119, 131, 136, 141-148, 150-154, 157, 158, 168, 170, 171
Stalin, Iosif Vissarionovich　1879-1953
スタルチェヴィチ　下5, 7
Starčević, Ante　1823-1896
スタンボリースキ　下25, 39, 60-62, 80
Stambolijski, Aleksandâr　1879-1923
スタンボロフ　上230, 下24
Stambolov, Stefan　1854-1895
ステファン(初代戴冠王プルヴォヴェンチャーニ)　上107
Stefan Prvovencăni　1165頃-1227(位1196-27)
ステファン・ヴラディスラヴ　上100
Stefan Vladislav　1198-1264(位1234-43)
ステファン・カラジャ　上214

Stefan, Karadža　1840-68
ステファン・デチャンスキ(ウロシュ3世)　上107
Stefan, Dechanski Uroš III　1285-1331(位1321-31)
ステレ　下65
Stere, Constantin　1865-1936
ストイカ　下151
Stoica, Chivu　1908-75
ストゥルザ　上199
Sturdza, Mihail　1834-49
ストヤディノヴィチ　下79, 93, 96, 97
Stojadinović, Milan　1888-1961
ストヤノフ, P.　下192
Stojanov, Petâr　1952-
ストヤノフ, Z.　上229
Stojanov, Zahari　1850-89
ストラボン　上43, 52, 53
Strabon　前64-21以後
スパヒウ　下151
Spahiu, Bedri　1908-98
スパラドコス　上45
Sparadokos　前5世紀前半
スパルタクス　上57
Spartacus　?-71
スピル　下148
Spiru, Nako　1918-47
スランスキー　下146
Slánský Rudlf　1901-52
スレイマン1世　上141, 161
Birinci Süleyman Kanunî　1495-1566(位1520-66)
スレイマン・パシャ　上136
Süleyman Paşa　?-1357
セウテス1世　上45
Seuthes I　前424-408頃
セウテス2世　上45
Seuthes II　?-386~384
セウテス3世　上46, 47
Seuthes III　前330-300頃
セオドロス・コムニノス　上101
Theodoros Komnēnos　1180-53以後(位1224-30)
セオドロス2世ラスカリス　上100
Theodoros II Laskaris　1221-58(位1254-58)
セオファニス(聖証者テオファネス)　上80
Theophanēs　760-817
セオフィラクトス　上96
Theophylaktos　1050-26以後
セリム1世　上161
Birinci Selim Yavuz　1467-1520
セリム3世　上187
Üçüncü Selim　1761-1807
ゼルヴァス　下114
Zervas, Napoleon　1891-1957
ゾイ(ゾエ)　上92
Zoe Karbonopsina　?-920以後
ゾグ　下49, 69-71, 74-76, 114, 124
Zogu, Ahmet　1895-1961
ゾゼ　下147, 148
Xoxe, Koç　?-1949
ソフロニー(ヴラツァの)　下151, 152, 154
Sofronij (Vračanski)　1739-1813
ソボレフ　下107
Sobolev, A. A.　1903-64

●ター ト
ダヴィド　上94
David　10世紀
タキトゥス　上64
Tacitus, Cornelius　55-115以後

タシュコ　下155
Tashko, Koço　1899-1984
タタレスク　下135
Tătărescu, Gheorghe　1886-1957
ダニーロ　上197
Danilo, Petrović　1826-60
ダレイオス１世　上54
Dareios I　前558-486
チアノ　下106
Ciano, Galleazzo　1903-44
チェンバレン　下100
Chamberlain, (Arthur) Neville 1869-1940
チェルヴェンコフ　下146, 150-152, 157, 158
Červenkov, Vâlko　1900-80
チトー　下114, 120-123, 142, 144, 145, 147, 153, 166, 169, 170, 179, 180
Tito, Josip Broz　1892-1980
チャイルド　上30
Childe, Vere Gordon　1892-1957
チャウシェスク　下151, 162-166, 173-177, 192
Ceaușescu, Nicolae　1918-89
チャーチル　下119, 123
Churchill, Winston L. S. 1874-1965
チョルベア　下193, 210
Ciorbea, Victor　1954-
ツァカロフ　上180
Tsakalof, Athanasios　1788-1851
ツァルダリス　下85
Tsaldaris, Panagis　1868-1936
ツァンコフ(A.)　下62, 80
Cankov, Aleksandâr　1879-1959
ツヴィイッチ　下30
Cvijić, Jovan　1865-1927
ツヴェトコヴィチ　下79, 109
Cvetković, Dragiša　1893-1969
ツェルコフスキ　下25
Cerkovski, Canko Bakalov 1869-1926
ツォイネ　上6, 7, 10
Zeune, August　1778-1853
ディオクレティアヌス　上60, 62
Diocletianus, Gaius Aurelius Valerius　230-316
ティトゥレスク　下93, 94
Titulescu, Nicolae　1882-1941
ティベリウス　上55
Tiberius, Julius Caesar Augustus　前42-37
ディミトリエヴィチ(通称アピス)　下21, 58
Dimitrijević, Dragutin　1876-1917
ディミトロフ(G. M.)　下135, 141, 146
Dimitrov, Georgi M.　1882-1949
ディミトロフ(G. M.)　下134
Dimitrov, Georgi Mihov 1903-72
ディミトロフ(F.)　下191, 265
Dimitrov, Filip　1955-
ディリヤニス　上201, 下25, 26
Deligiannis, Theodoros　1826-1905
テウタ　上52
Teuta　前３世紀後半
テオドシー　上123
Teodosij Târnovski　1300-63
テオドシウス　上63, 65

Theodosius I　346-395
テオドリック　上66
Theodoric　456-526
デキウス　上64
Decius, Gaius Messius Quintus Trajanus　200-251
デケバルス　上59
Decebalus　87-106
デジ　下136, 146, 150-152, 155, 156, 162
Dej, Gheorghe Gheorghiu 1901-65
デシスラヴァ　上122
Desislava　13世紀
デメルジス　下85, 86
Demertzis, Konstandinos 1876-1936
デヤノヴィチ　上110
Dejanović　14世紀
デルヴィナ　下69, 70
Delvina, Sulejman　1884-1932
テルヴェル　上78, 79
Tervel　700-18
デルチェフ　下29
Delčev, Goce　1872-1903
テレス　上45
Teres I　前6世紀末-前5世紀半
トゥキュディデス　上41, 45
Thoukydidēs　前460-前398
トーケシュ　下175
Tökés, László　1952-
トゥジマン　下185, 188, 221
Tudjman, Franjo　1922-99
ドゥシャン(ウロシュ4世)　上108-110, 125, 152
Dušan Stefan　1308-55(位1331-55)
トヴルトコ1世　上111, 112, 136
Tvrtko I, Stejepan Kotromanić 1338?-91(位1353-91)
トット　上187
baron de Tott　1733-1793
トドル(ペタル2世)　上97, 98
Todor(Petâr II)　(位1185-1197)
トドロヴァ　上5
Todorova, Maria　1949-
トドロヴィチ　上227
Todorović, Pera　1859-1907
ドブロティツァ　上102
Dobrotica (Dobrotic)　14世紀
トマシェヴィチ　上112
Tomašević, Stefan　?-1463(位1461-63)
トミスラヴ　上104, 105
Tomislav　910-928
ドラギチ　下151
Draghici, Alexandru　1913-93
トラヤヌス　上58, 59, 113
Trajanus, Marcus Ulpius Crintius　52-117
トリクピス　上202, 下25
Trikupis, Charilaos　1832-96
トルムビッチ　下42
Trumbić, Ante　1864-1938
ドロミカイテス　上46, 54
Dromichaites　前4世紀-前3世紀

●ナ－ノ
ナウム　上88, 89, 120, 121
Naum　830-910
ナジ　下151
Nagy, Imre　1896-1958
ナスィ　上161
Nasi, Don Joseph　1524-79
ナノ　下194, 210, 231

Nano, Fatos　1952-
ニキフォロス　上121
Nikēphoros　750頃/758-828
ニキフォロス１世　上80
Nikēphoros I　760頃-811(位802-811)
ニコラ　上94
Nikola　10世紀
ニコラ１世　上197
Nikola I Petrović-Njegoš　1841-1921(位1860-1918)
ニコラウス　上86, 87, 119
Nicholaus I　819/822-867
ニコラエ・アレクサンドル　上114, 126
Nicolae Alexandru　?-1364(位1352-64)
ニコラオス・ミスティコス　上90
Nicolaos Mystikos　852-925
ネグリス　上183
Negris, Theodoros　1790-1824
ネディチ　下111
Nedić, Milan　1877-1946
ネマニャ　上107, 124-126, 136
Nemanja Stefan　1113-1199(位1168-96)
ノリ　下70
Noli, Fan Stilian　1882-1965

●ハーホ
パイシー・ヒランダルスキ　上212, 213
Paisij, Hirandarski　1722-73
パヴェリッチ　下78, 111
Pavelić, Ante　1889-1959
パウケル　下136, 141, 146, 151
Pauker, Ana　1893-1960
パヴレ　下78, 79, 109
Pavle Karadjordjevic　1893-1976
バサラブ　下138
Basarab　(位1310-52)
パシッチ　上227, 下21, 42, 67, 68
Pašić, Nikola　1845-1926
ハジ・ディミタル　上214
Hadzi žimitâr　1840-68
パスヴァンオウル・オスマン・パシャ　上170, 174
Pasvan-oğlu Osman Paşa　1758-1807
バトゥー　上76
Batu　1207頃-56(位1241-55)
パトラシュカヌ　下145, 151
Pătrăşcanu, Lucretiu　1900-54
ハドリアヌス　上59
Hadrianus, Publius Aelius　76-138(位117-138)
ハドリアヌス２世　上119
Hadrianus II　(位867-872)
パパリゴプロス　上211
Paparrigopulos, Konstandinos　1815-91
パパンドレウ　下123
Papandreu, Georgios　1888-1968
バヤズィト１世　上136, 137
Birinci Bayezid　1360-1402
バヤズィト２世　上161
Ikinci Bayezid　1452-1512
バリク　上102
Balik (Balica)　14世紀
バルチェスク　上199
Bălcescu, Nicolae　1819-52
バルトゥー　下78
Barthou, Jean Louis　1862-1934
バルラアム　上131
Barlaam　1290-1348

パンガロス　下73
Pangalos, Theodoros　1878-1952
ヒトフ　上214
Hitov, Panajot　1830-1918
ヒトラー　下84, 88-92, 97, 100, 105-109, 111, 120
Hitler, Adolf　1889-1945
ピピン　上69
Pippin　8世紀-9世紀
ビベスク　上199
Bibescu, Gheorghe　1804-1873（位1842-48）
ピロチャナツ　上226
Piroćanac, Milan　1837-97
ファイン　上133
Fine, John V. A.　1939-
ファルメライヤー　上72
Fallmerayer, Jakob Philipp　1790-1861
フィッシャー　上7
Fischer, Theobald　1846-1910
フィリッポス2世　上46
Philippos II　前382-前336（位前359-前336）
フィリッポス5世　上57
Philippos V　前238-前179
フィリプ・トチョ　上214
Filip Totjo　1830-1907
ブエ　上7
Boué, Ami　1794-1881
フェルディナント（ブルガリア王）　下24, 25, 39, 40, 60
Ferdinand Maximilian Karl Leopold Maria　1861-1948（公位1887-1908, 王位1908-1918）
フェルディナンド（ルーマニア王）　下52, 63, 82
Ferdinand Viktor Albert Meinrad　1865-1927（位1914-1927）
フォティオス　上86, 118, 125
Photios　810-893以後
フォルモスス　上87
Formosus　815/816-896
プーゴ　下205
Pugo, Boris Karlovich　1930-91
プサロス　下114
Psarros, Dimitris　1893-1944
プトレマイオス　上55
Ptolemaios（Klaudios）　2世紀
フニャディ・ヤーノシュ　上137
Hunyadi Janos　1407?-56
ブラゴエフ　下60
Blagoev, Dimitar　1856-1924
フラシャリ, A.　上216
Fraşerli Abdül Bey　1839-92
フラシャリ, N.　下32
Frashëri, Naim　1846-1900
フラシャリ, S.　下32
Frashëri, Sami　1850-1904
プラスティラス　下72, 85
Plastiras, Nikolaos　1883-1953
ブラズナヴァツ　上196
Blaznavac, Milivoje　1824-73
ブラティアヌ（父）　下17
Brătianu, Ion Constantin　1821-91
ブラティアヌ（子）　下44
Brătianu, Ion Constantin　1864-1927
フラバル　上121
Hrabăr, Černorizec　9世紀-10世紀
フランツ・フェルディナント　下38
Franz Ferdinand　1863-1914

ブリアーン　下9
Burián, István　1851-1922
フリスティチ　上226
Hristic, Nikola　1818-1911
プリビチェヴィチ　下42
Pribičević, Svetozar　1875-1936
プリンツィプ　下10, 21, 38
Princip, Gavrilo　1894-1918
フルシチョフ　下151-158, 164, 171
Khrushchyov, Nikita S.　1894-1971
プレシアン　上82, 83
Presian　?-852(位836-852)
プレシェレン　下4
Prešeren, France　1800-1849
ブレビスタ　上54, 57
Burebista　?-前44
プロコピオス　上70
Prokopios　5世紀末-565
プロティチ　下66
Protić, Stojan　1857-1923
プロトゲロフ　下81
Protogerov, Aleksandar Nikolov　1867-1928
フンバラジュ・アフメト・パシャ　上187
Bonneval Pacha　?
ペタル1世　上93
Petar I　(位927-970)
ペタル(カフカン)　上87
Petar (Kavqan)　9世紀後半
ペータル1世　上197
Peter I Njegos, Petrovic　1747-1830(位1784-1830)
ペータル2世　上197
Petar II Njegos, Petrovic　1813-1851(位1830-51
ペータル・カラジョルジェヴィチ　上21
Peter I Karadjordjevic　1844-1921
ペタル・クレシミル　上105
Petar Kresimir　(位1059-1074)
ペタル・デリャン　上96
Petar Deljan　?-1041以後
ペトコフ　下134
Petkov, Nikola　1889-1947
ペトル・ラレシュ　上128
Petru Rares　(位1527-1538, 1541-46)
ベネシュ　下116
Beneš, Edvard　1884-1948
ヘブリュゼルミス　上46
Hebryzelm　?-前383/382
ベーラ3世　上106
Béla III　1146-96(位1172-1196)
ベーラ4世　上115
Béla IV　1206-70(位1235-1270)
ベリシャ　下178, 193, 194, 231, 247
Berisha, Sali　1944-
ベリショヴァ　下155
Belishova, Liri　1926-2018
ペルセウス　上57
Perseus　前213/212-前158頃(位前179-前168)
ヘロドトス　上44, 49, 53, 56
Herodotos　前484頃-前425頃
ベンコフスキ　上215
Benkovski, Georgi　1844-1876
ボグダン　上114
Bogdan I　1307-1367(位1359-1367)
ボグダン3世　上114
Bogdan III　1479-1517(位

1504-1517)
ボゴミル　上93, 121, 128-131, 133, 134
Bogomil　10世紀
ボゴロフ　上208
Bogorov, Ivan　1820?-1892
ホジャ　下49, 114, 124, 147, 148, 150-152, 154, 155, 166, 168, 177
Hoxha, Enver　1908-1985
ボズヴェリ　上205
Bozveli, Neofit　1775-1848
ボディン　上97, 107
Bodin　(位1081-1101頃)
ボテフ　上215, 217
Botev, Hristo　1848-1876
ボドナラシュ　下141
Bodnaras, Emil　1904-1976
ボードワン1世　上99
Baudouin I　1171-1206(位1204-05)
ホーネッカー　下173
Honecker, Erich　1912-1994
ホメロス　上39, 51
Homeros　前8世紀頃
ボリス1世　上84-89
Boris I Mikhail　828?-907(位852-889)
ボリス2世　上94, 118, 120, 121
Boris II　930-985(位970-971)
ポリト＝デサンチッチ　上217
Polit-Desančić, Mihaila　1833-1920
ポリュビオス　上52, 57
Polybios　前201-前120
ボリラ　下151
Borilă Petru　1906-73
ボリル　上130
Boril　(位1207-1218)

●マーモ
マウレル　下163, 164
Maurer, Ion Georghe　1902-2000
マヴロコルダトス，アレクサンドロス　上165
Mavrokordatos, Aleksandros　1641-1709
マヴロコルダトス，アレクサンドロス　上183, 191
Mavrokordatos, Aleksandros　1791-1865
マヴロコルダトス，コンスタンディノス　上165
Mavrokordatos, Konstandinos　1711-1769
マヴロコルダトス，ニコラオス　上165
Mavrokordatos, Nikolaos　1680-1730
マヴロミハリス　上183, 185
Mavromichalis, Petros　1765-1848
マカリオポルスキ(イラリオン・ストヤノフ)　上205
Makariopolski, Ilarion　1812-1875
マシーン　下20
Masin, Draga　1866-1903
マチェク　下68, 76, 77, 79
Macek, Vlatko　1879-1964
マッタイオス　上128
Matthaios I　1397-1410
マナスタル　上99
Manastâr　12世紀-13世紀
マヌイル・アンゲロス　上100
Manouél Angelos　1186-1241(位1230-37頃)
マフムト2世　上184, 187, 188

Ikinci Mahmud　1784-1839
マヨレスク　下17
Maiorescu, Titu　1840-1917
マラミル　上82, 83
Maramil　831-836
マララス　上121
Malalas, Ioannes　490-570年代
マリア　上93
Maria Lekapena　?-965
マリア(コンスタンティン・アセン皇后)　上101
Maria　13世紀
マリノフ　下81
Malinov, Aleksandâr Pavlov　1867-1938
マルギロマン　下17
Marghiloman, Alexandru　1854-1925
マルコヴィチ　上217, 227
Marković, Svetozar　1846-1875
マレンコフ　下150, 151
Malenkov, Georgi M.　1902-1989
ミハイル3世　上85, 118
Michael III　840-67(位842-867)
ミハイル4世　上96
Michael IV Paphlagon　1010-40(位1034-1041)
ミハイ1世　下82, 136, 250
Mihai I　1921-2017
ミハイ勇敢公　上168
Mihai Viteazul　1558-1601
ミハイル・シシュマン　上102, 108
Mihail Šišman　1280-1330(位1323-1330)
ミハイロ　上196
Michael　1050-1082
ミハイロヴィチ, D.　下114, 122
Mihailović, Dragoljub-Draza　1893-1946
ミハイロヴィチ, S.　上225
Mihailović, Stevča　1804-1888
ミハイロフ, I.　下81, 82
Mihajlov, Ivan　1896-1990
ミハイロフ, S.　下173
Mihajlov, Stojan　1930-
ミハラケ　下63, 65
Mihalache, Ion　1882-1965
ミラン・オブレノヴィチ　下20
Milan, Obrenović　1854-1901(公位1868-1882, 王位1882-1889)
ミルチャ老公　上114
Mircea cel Bătrin　1386-1418
ミロシェヴィチ　下180, 187, 209, 215, 217, 225, 226, 229
Milošević, Slobodan　1941-2006
ミロシュ・オブレノヴィチ　上176, 180
Milos, Obrenović　1780-1860
ミレティチ　上217, 227
Miletić, Svetozar　1826-1901
ムスタファ・ケマル　下45
Mustafa Kemal　1881-1938
ムスタファ・パシャ　上170, 220
Buşatlı Mustafa Paşa　1797-1860
ムッソリーニ　下75, 76, 97, 106, 115
Mussolini, Benito　1883-1945
ムハンマド・アリー　上184, 216, 220
Muḥammad ʻAlī　1769-1849
ムラヴィエフ　下128
Muraviev, Konstantin　1893-1965
ムラデノフ　下173

Mladenov, Petâr　1936-2000
ムラト１世　上136, 138, 141
Birinci Murad　1325-1389(位1360-89)
ムラト２世　上137
Ikinci Murad　1405-1451(位1421-51)
メイダニ　下194
Mejdani, Rexhep　1944/45-
メソディオス(メトディオス，スラヴ名メトディ)　上88, 118, 120, 132
Methodios (Metodij)　826頃-885
メタクサス　下85, 85
Metaksas, Ioannis　1871-1941
メドコス(メトコス，アマドコス)　上45
Medokos (Metokos, Amadokos)　(位前410頃-前386/385)
メフメト２世　上114, 138, 141, 146, 147, 157, 158
Ikinci Mehmet　1430-81(位1451-81)
メフメト・パシャ　上187
Köprülü Mehmed Paşa　1575?-1661
モイセイ　上94
Moisej　10世紀
モシェー・カプサリ　上158
Moshe Capsali　1420-75
モシェー・ハモン　上161
Moshe Hamon　1490-1567
モロトフ　下103, 104, 107, 144, 152, 153
Molotov, Vyacheslav Mikhailovich　1890-1953

●ヤ－ヨ

ヤケシュ　下173
Jakeš, Miloš　1922-2020
ヤコヴァ　下151
Jákova, Tuk　1914-1959
ヤーノシュ・ジグモンド　上140
János Zsigmond　1540-1571
ユーゴフ　下152, 157, 158
Jugov, Anton　1904-1991
ユスティニアヌス　上71, 152
Justinianus　483-565(位527-565)
ユスティニアノス２世　上73
Ioustinianos II　668頃-711(位685-695, 705-711)
ユルマズ　下210
Yilmaz, Mesut　1947-2020
ヨアソフ　上123
Joasof Bdinski　後半14世紀
ヨアニキエ　上109
Joanikije　14世紀
ヨアン・エグザルフ　上121
Joan Ekzarh　9世紀-10世紀
ヨアン・デバルスキイ　上96
Joan Debarski　1036-1037
ヨアニス(エフェソスの)　上71
Iōannēs (Ephesos)　507頃-586/588
ヨアニス・スキリティス　上94
Jōannés Skylitzés　11世紀後半
ヨアニス８世　上141
Ioannis VIII Paleologos　1395-1448
ヨヴァノヴィチ　上217
Jovanović, Vladimir　1833-1922
ヨセフ・カロ　上206
Joseph (ben Ephraim) Caro　1488-1575

ヨセフ・ハモン　上161
Joseph Hamon　1450-1518
ヨハネ・パウロ2世　下172
Johannes Paulus II　1920-2005
ヨルダネス　上70
Jordanes　6世紀

●ラ－ロ

ラコフスキ　上214, 215
Rakovski, Georgi　1821-67
ラザル　上136, 140
Lazar Hrebeljanovic　1329-89
ラザレヴィチ　上123
Lazarević, Stefan　1370-1427
ラースロー1世　上105
László (Ladislaus)　1040-95
ラチュキ　上218
Rački, Franjo　1828-94
ラツク　上127
Latcu　(位1364頃-72頃)
ラディチ, P.　下68
Radić, Pavle　1880-1928
ラディチ, S.　下67, 68, 76
Rădić, Stjepan　1871-1928
ラデスク　下135, 136
Rădescu, Nicolae　1876-1953
ラドスラヴォフ　下24
Radoslavov, Vasil Histov　1854-1929
ラヨシュ1世　上106
Lajos I　1326-82
ラリス　上202
Rallis, Dimitrios　1844-1921
ランコヴィチ　下168, 169
Ranković, Aleksandar　1909-83
ランシマン　上133
Runciman, Steven　1903-2000
リガス　上179, 180
Rigas Velestinlis　1757-98
リスティチ　上196, 227
Ristić, Jovan　1831-99
リッベントロップ　下104
Ribbentrop, Joachim　1893-1946
リャプチェフ　下80
Ljapčev, Andrej Tasev　1866-1933
リュシマコス　上46, 54
Lysimachos　前360頃-前281(位前306-前281)
ルイシコフ　下205
Ryzhkov, Nicolai Ivanovich　1929-2024
ルカ　下141
Luca, Vasile　1898-1953
ルキヤノフ　下205
Luk'yanov, Anatolii Ivanovich　1930-
ルゴヴァ　下201, 202, 227
Rugova, Ibrahim　1944-2006
ルードヴィヒ2世　上118
Ludwig II der Deutsche　804頃-876
ルペスク　下82
Lupescu, Magda　1904-77
ルルチェフ　下134
Lulčev, Kosta　1882-1965
レオ　上99
Leo　12世紀-13世紀
レオポルト1世　下14
Leopold I　1640-1705(位1658-1705?)
レオン(パフラゴニアの)　上96
Leon (Paphlagonia)　11世紀前半
レオン5世　上81
Leon V　770年代-820(位813-

820)
レシト・パシャ　上188
Mustafa Reşid Paşa　1800-58
レスラー　上113
Rösier, Robert R.　19世紀
レーソス　上51
Rhesos　前13世紀
レーニン　下41, 256
Lenin, Vladimir Il'ich　1870-1924
レフスキ　上215
Levski, Vasil　1837-73
レメニ　下13
Lemeni, Ioan　1780-1861
ログリッチ　上9
Roglić, Josip　1906-
ロスティスラフ　上118, 120
Rostislav (Rastislav)　?-870 (位846-870)
ローズヴェルト　下118, 126
Roosevelt, Franklin Delano　1882-1945
ロセッティ　下17
Rosetti, Teodor　1837-1923
ロベール・ド・クラリ　上99
Robert de Clari　1170-1216以後
ロマノス1世　上93
Romanos I Lekapenos　870頃-948(位920-944)
ロマン　上94
Roman　10世紀

事項索引

●ア－オ

アイ・ブナール　上35
アヴァール　上67-69, 71, 73, 76, 115
アヴァール・カガン国　上68, 69, 71, 73, 74, 78, 79
アウスグライヒ　下4, 5, 7, 13, 15
アカイア人　上39, 57
アッケルマン条約　上198
芦田均　上26
アシュケナジム　上16, 158, 159
アスケリー　上145
アスパラトス　上43
アソス山　上107, 125, 127
アドリア海　上6, 9, 10, 12, 19, 34, 38, 41, 43, 52, 53, 57, 60, 63, 90, 92, 95, 105, 112, 124, 131, 140, 156
アドリアノープル　上60, 82, 89, 99, 110, 136, 185
アドリアノープルの戦い　上65
アポロニア　上42, 43
アーヤーン　上164, 182, 188, 220
アルバニア共産党　下124, 147, 166, 177
アルバニア人民解放反ファシスト会議　下125, 133
アルバニア人問題　下190, 197, 212
アルバニア民主党　下231, 247
アルマトロス　上152, 180, 182
アルーマニア語　下29
アルメニア教徒　上146
アレクサンドリア総主教座　上149
アンザ・ベゴヴォ遺跡　上31
アンティオキア総主教座　上149
イェニチェリ　上142, 162, 174, 175, 188, 下32
イオニア人　上39
イコノクラスム　上84

イスタンブル　上10, 26, 42, 136, 144, 153, 155, 156-158, 161, 165, 166, 180, 186, 205, 207, 216, 223, 下32, 35, 74
イスタンブル条約　下37
イストリア　上6, 52, 下3, 4, 6, 44, 47, 138
イズミル　上161, 178, 186, 下45
イタリア方式　下128
イッサ(ヴィス島)　上43
イディシュ　上157
イピロス　上74, 106, 108, 152, 170, 182, 222, 230, 231
イプシランディス家　上165
イリュリア(イリリア)人　上15, 40, 41, 52, 53, 57, 60, 73, 74
イリュリクム　上7, 62, 63, 84, 123, 131
イリリア語　上209
イリンデン蜂起　下30, 31, 33
インムニテート　上102
ヴァルキザ協定　下136
ヴァルダル川　上14, 30, 31, 110, 下37
ヴァルナ　上18, 35, 36, 42, 76, 137
ヴィディン　上102, 126, 154, 156, 170, 220
ヴィドヴダン憲法　下67, 68, 76
ウィーン裁定(第１次)　下96
ウィーン裁定(第２次)　下103, 118
ヴィンチャ　上31, 36
ヴェリカ・セオバ(大移住)　下14
ヴェネツィア　上12, 73, 104, 106, 119, 136, 141, 156, 163, 下4
ヴェルバジュドの戦い　上108
ヴォイヴォディナ　上14, 16, 17, 169, 217, 下3, 6, 14, 15, 31, 42, 44, 50, 52, 66, 111, 170
ヴォイヌク　上152, 153
ウスタシャ　下77-80, 95, 111, 218, 238
ヴラツァ　上51, 213
ヴラディカ　上153, 197
ヴラフ　上16, 74, 96, 98, 113, 152, 173, 下28-30, 70
ウラマー　上142, 144, 163, 208
エステルゴム大司教　下13
エスニキ・エテリア(民族協会)　下26, 29
エディルネ　上60, 136, 154, 156, 161, 223, 下30, 37
エディルネ(アドリアノープル)条約　上185, 198
エピダムノス(デュラキウム，現ドゥラス)　上43
エヤーレト(州)　上143
エリツィン－スネグル停戦協定　下205
エルケシヤ　上82
エルサレム総主教座　上149
オデッサ　上180, 207
オデッソス(現ヴァルナ)　上42
オフリド　下37
オフリド合意　上94, 120, 121, 下198, 214, 230
オフリド大主教座　上96, 149

●カ－コ

ガガウズ人　上173, 下202, 203, 205, 206
カザー(郡)　上144, 152
カザンラク　上48
カザンラク古墳　上48
カタリ派　上130
カーディー　上144, 155
カトリック　上4, 15, 111, 124, 127, 131-134, 141, 149, 169, 205, 216, 222, 231, 232, 下4, 9, 11, 31, 70

カナル・ティキン　上83
カーヌーン(行政法)　上144
カピトゥレーション　上155
カペタン　上153, 下22
カライ派　上157, 159
カラティス(現マンガリア)　上42
カラノヴォ遺跡　上34
カリマキス家　上165
カルヴァン派　上150, 下11
カルジャリイ　上170
カルパチア　上41, 89
カルパチア山脈　上5, 9, 12, 17, 41, 43, 70, 89, 113
カルロヴィッツ条約　上169
カン(ハン, 汗)　上75
岩窟教会　上122
ギガス家　上165
擬古文(カサレヴサ)　上209
北大西洋条約機構(NATO)　下187, 188, 196-198, 207, 216, 220, 221, 223, 226, 231, 232, 237, 241, 247, 249, 263, 274
キプロス　上225, 下45, 207
キプロス大主教座　上149
救国戦線　下176, 192
急進党(セルビア)　上226, 227, 230, 下21, 66-69, 76, 79, 239
キュステンラント　下4
キュチュク・カイナルジャ条約　上170, 198
ギュルハネ勅令　上188
ギリシア共産党　下85, 149
ギリシア国民民主連盟(EDES)　下114, 121
ギリシア文化圏　上63
ギリシア文字　上120
キリル・メトディ協会　下28
キリル文字　上22, 119, 120, 下69, 181, 236
ギルド(エスナフ)　上154, 155
九月蜂起　下62
ククテニ文化　上34
グスラール　上167
クトルムズ修道院　上127
クニャズ　上88
クネズ(首長)　上113, 152, 165, 174, 175
クノッソス　上39
クマン人　上97-99, 134
クメット　上152
クメットストヴォ　上231
クライナ・セルビア人共和国　下186
クライヨーヴァ条約　下103
クライン　下3, 4, 44
グラゴール文字　上119, 120, 132
クリシャナ　下3, 13, 44, 49
クリシュ文化　上31
クリミア戦争　上193, 200, 220, 221
クルガン文化　上38, 40
クルージュ　下12, 13
クレタ(島)　上3, 37, 62, 72, 95, 163, 184, 221, 230, 下26, 210
クレタ文明　上39
クレフティス　上21, 167, 180, 182
クロアチア・カトリック協会　下9
クロアチア権利党　下78
クロアチア自治州　下79, 110
クロアチア人　上3, 15, 72, 105, 111, 131, 209, 218, 下5, 8, 9, 41, 50, 51, 66, 77, 78, 80, 111, 169, 184, 186, 187, 223, 224, 234, 235, 237, 238, 242
クロアチア・セルビア連合　下8
クロアチア内戦　下183, 184, 186
クロアチア農民党(クロアチア共和農民党)　上227, 下68, 76, 79, 110
クロアチアの春　下169

クロアチア民主同盟　下185, 221, 223, 237
クロアチア民族連合　下9
軍人連盟　下26, 27
軍政国境地帯　上16, 169, 下6, 15
クンプルング修道院　上126
ゲグ(方言)　上216, 下31, 70
ゲタイ人　上40, 41, 44, 56-58, 113
ゲルツ＝グラディスカ　下3
ケルト人　上41, 46, 54, 57
ケルンテン　上73, 下3, 4, 44
権利と自由のための運動　下191, 277
口語ギリシア語(ディモティキ)　上209
合同教会　下11, 13
耕民戦線　下135, 136
国際南東欧研究学会(AIESEE)　上24
国民社会解放運動(EKKA)　下114
国民調和　下62
国民民主戦線　下136
国民民主ブロック　下113, 119
国連保護軍(UNPROFOR)　下184, 188, 197
護憲党　上177, 195, 196
コジャバシ　上152, 165, 169, 180, 182, 183
コソヴォ解放軍　下197, 202, 227, 244
コソヴォの戦い　上167, 140, 下200
コソヴォ・ポーリェの戦い　上110
コソヴォ民主同盟　下201, 227
コソヴォ問題　下197, 198, 226, 239
黒海　上5, 6, 9, 10, 12, 18, 19, 35, 37, 38, 40-44, 64, 67, 68, 70, 74, 77, 81, 82, 101, 102, 122, 126, 155, 156, 161, 170, 173, 207, 下48, 72, 106, 107, 138, 146, 211, 274
コミタトゥス　上82
コミンテルン　下62, 80, 85, 135, 142
コミンフォルム　下142, 145, 148, 153
コメコン　下154, 156, 164, 267
コリント運河　下26
コルキュラ(コルフ島)　上47, 52
コルフ宣言　下41
コンコルダート　下79
コンスタンティノープル　上42, 63, 68, 81, 84, 86, 87, 89, 92, 99, 110, 114, 124, 128, 131, 136, 138, 141, 146, 147, 186
コンスタンティノープル総主教座　下28, 74, 75

●サ－ソ

最高マケドニア委員会　下29
サヴァ川　上10, 12, 15, 63, 68, 73, 111, 下14
ザクセン人　上115, 169, 下11, 250
ザダル(ザーラ，ツァーラ)　上95, 104-106, 下5, 6, 44, 47
ザドルガ(拡大家族)　上18, 20
サボル　上109, 下79
サモ王国　上73
サラエヴォ事件　上23, 137, 下10, 21, 38
サルマート人　上54, 55, 58, 59, 70
三国協商国　下38
サンジャク(県)　上143, 144, 152
サン・ステファノ条約　上216, 223-225, 下28, 31, 165
三位一体王国　下5, 6
三民族同盟　下11
自主管理社会主義　下168, 169
シプカ　上48
シャハト計画　下90
シャリーア　上144

シュヴァーベン人　下14
宗教改革　下11
十字軍　上98, 99, 106, 132, 135-137
自由党(ギリシア)　上227, 下85
自由党(ブルガリア)　上229, 下24
自由党(民族自由党，ルーマニア)　下17, 18, 63-65, 113, 135, 141
住民交換　下45, 48, 49, 51, 74
シュタイアーマルク　下3
ジュパ　上104, 107, 124
ジュパン(族長)　上104, 107, 124
シュマディア　上173, 176
小アジア半島　上135, 下45, 48
将校連盟　下58, 62, 81, 82
小協商　下78, 88, 89, 91, 94-96
小スターリン　下145, 146, 150, 152, 154
諸国民の春　上199
シリストラ　上60, 156
シルミウム　上68, 120, 132
シンギドゥヌム(現ベオグラード)　上60, 65
神聖ローマ帝国　上15
人民解放軍(ELAS)　下114
人民解放戦線(EAM)　下114, 121, 123, 136
人民党(ギリシア)　下85
人民民主主義(体制)　下130-132, 134, 137, 141, 164
新路線　下3, 6, 151
スィパーヒー　上142, 143, 150, 151, 162-164
ズィンミー制　上147
ズヴェノ　下81, 82, 114, 134
スキタイ　上41, 43-45, 51, 54, 70, 80
スクプシュティナ　上176, 下68
スクラヴィニア　上72
スクラヴィニ　上70-72, 111
スタラ・ザゴラ　上35
スタラ・プラニナ(ハエムス，バルカン山脈)　上5, 6, 12, 13, 18, 46, 53, 62, 77, 79, 80, 97
スターリン化　下141, 145, 146, 150-154, 157, 158, 170
スターリン体制　下145, 152, 158, 168
スターリン-チトー論争　下142, 147
スターリン批判　下153
スタルチェヴォ文化　上31
スツォス家　上165
ストゥデニツァ修道院　上125
ストルマ川　上31, 57
スファラディム　上16, 157-161, 173, 206, 207
スポラズム　下79, 80, 110
スメデレヴォ　上152, 156
スラヴ語典礼　上88, 89, 119, 120, 123, 125, 128, 132, 149, 205
スラヴ人　上64, 69-73, 76, 80, 81, 111, 119, 下5, 6, 28, 41, 44, 51
スラティナ遺跡　上31, 32
スルギュン　上150
スレティニェ　上177
スレム　下14, 15
スレムスキ・カルロヴツィ　下13, 15
スロヴェニア共産党　下180
スロヴェニア人民党　下4, 68, 79
スンナ派　上144
正教会　上21, 63, 111, 123, 124, 128, 132, 134, 141, 149, 165, 168, 188, 205, 下9, 13-15, 28, 70, 75, 79, 199, 227, 240, 259
聖サヴァ協会　下28
聖ディミトリオスの日　上151
聖ナウム修道院　上121

青年時代派　下18
青年トルコ　下25, 33, 34
青年ボスニア　下10, 21, 38
聖パンテレイモン修道院　上121
西方カトリック世界　上4, 15
セウトポリス　上47
セーヴル条約　下45
世界イスラエル人連盟　上207, 下17
世界総主教　上147, 149, 165, 191, 193, 204, 205
セーケイ人　上115, 下11
セマ(テマ，軍政区)　上74, 77, 95, 104
セマ制　上95, 97
セルディカ(現ソフィア)　上60, 66
セルビア人共和国　上3, 4, 下186, 223, 224, 243
セルビア人問題　下185, 186, 191
セルビア正教会　上111, 132, 下9, 14, 15, 199, 227, 240
セルビア社会民主党　下8, 21
セルビア総主教座　上149
セルビア・ブルガリア戦争　上230
セルビア蜂起　上173-176, 180, 下21
セルビア民族組織　下90
祖国戦線　下62, 114, 128, 134, 146
組織規定　上198, 200
ソポチャニ修道院　上126
ソンボル　下15

●タ一ト

第１次ブルガリア帝国(ドナウ・ブルガリア・カン国)　上75, 91, 94, 96, 下28
第２次ブルガリア帝国　上74, 97, 98, 100, 102, 121
大モラヴィア王国　上84, 85, 88, 118, 120
ダキア人　上15, 40, 44, 52, 53, 55, 58, 59, 113
ダーダネルス海峡　下106
タタール人　上17, 101
タルタリア　上36
タルデュー・プラン　下91
タルノヴォ　上98, 99, 101, 122-124, 130, 168, 205, 227
タルノヴォ憲法　上228
ダルマツィア　上12, 14, 15, 19, 34, 43, 52, 57, 62, 73, 95, 104-106, 111, 112, 120, 131, 132, 218, 下3-8, 44, 50, 66, 79, 111
タンズィマート改革　上188-190, 214
チェトニク　下114, 120, 218
チターリシュテ運動　上208
地中海　上10, 19, 34, 36, 38, 39, 55, 63, 105, 168, 184, 186, 219, 下28, 95, 98, 121
チトー－シュバシッチ協定　下123
チュヴァシ(人・語)　上67, 76
中央同盟　下38-40, 42, 52
チョルバジヤ　上152, 166, 205, 214, 215
ツェティニェ　上153
ティサ川　下14
ディナール・アルプス山脈　上6, 12, 15, 73, 110
ティマール制　上138, 141-144, 163
ティモク反乱　上229
ティミショアラ　下15, 175
ティムール朝　上136, 153
ディラキウム　上43, 64, 104
ティラナ第一条約　下71, 75
ティラナ第二条約　下71
デウシルメ制度　上142, 163
デチャニ修道院　上123

鉄衛団(大天使ミハイル軍団)　下82-84
テッサリア(セサリア)　上31, 164, 222, 230, 231
テッサロニキ(セサロニキ)　上14, 17, 60, 78, 89, 95, 99, 100, 101, 108, 118, 154, 156, 159, 161, 162, 164, 186, 222, 下28, 37, 40, 73, 74, 85, 86, 108, 109, 194, 209
ドイツ人　上6, 7, 16, 108, 113, 115, 134, 下4, 11, 12, 14, 44, 49, 52, 63, 69, 107
「統一か死か」　下21
十日間戦争　下183, 184
ドゥシャン法典(ザコニク)　上109
ドゥブロヴニク　上104, 106, 131-133, 140, 156, 168, 下4
東方帰一教会　下11
東方正教圏(世界)　上4, 147
東方問題　上23, 219, 下195
ドゥルジナ(匪賊)　上104
トゥルダシュ文化　上31
ドゥロストルム(現シリストラ)　上60, 126
独ソ不可侵条約　下84, 100, 102, 103
トスク(方言)　上216, 下31, 70
ドデカニサ諸島　下45, 47, 48, 73
ドナウ川　上5, 10, 12, 14, 31, 38, 41, 42, 45, 46, 54, 55, 57, 59, 64, 65, 68, 70, 72, 76, 77, 96, 102, 112, 113, 126, 159, 下14, 199, 234, 273
ドナウ両公国　上140, 165, 190, 198
ドニエストル川　上42, 70, 下138, 139, 204
ドニエプル川　上70, 77
ドブルジャ(ドブロジャ)　上17, 39, 77, 101, 102, 下37, 47, 59, 84, 103, 206
ドミニコ会　上132, 134
トミス(現コンスタンツァ)　上42, 54, 126
トラキア　上7, 19, 31, 34, 37, 41-54, 57, 60, 62, 63, 65, 73, 77, 79, 81, 95, 136, 164, 223, 下35, 37, 39, 45, 46, 48, 59, 72, 73, 85, 107, 114
トラキア人　上40, 41, 43, 44, 46, 48-51, 53, 54, 60, 73
トラグリオン(現トロギル)　上43, 104
トランシルヴァニア　上12, 14, 16, 36, 41, 54, 59, 113, 115, 134, 140, 156, 168, 下3, 6, 11-14, 39, 40, 49, 50, 52, 63, 65, 84, 96, 102-104, 118, 135, 250
トランシルヴァニア学派　下11
ドーリア人　上39
トリエステ　下3, 44, 138, 149
ドリナ川　上63
トルコ憲法　上177
トルーマン・ドクトリン　下142

●ナーノ

ナイッスス(現ニシュ)　上60, 62, 64, 66
内部マケドニア革命組織(VMRO)　下29, 30, 49, 62, 78, 80, 82, 95, 196-198
ナゴドバ(協約)　下6, 7
ナチェルターニェ(指針)　上211, 212
ナヒエ　上152
ナポレオン戦争　上181, 下4
ナロードナ・オドブラーナ　下21
南東欧　上4, 7-9, 24, 26, 143, 155, 190, 199, 204, 217, 225, 下210-213, 216
ニコポリスの戦い　上136
ニコポル　上136, 154, 156

ニシュ宣言　下41
ヌイイ条約　下46, 61
ネア・ニコメディア遺跡　上31
ネポティズム　上202, 下164, 166
ノヴィ・サド　下15
農民党(ルーマニア)　下52, 63-66

●ハ－ホ
ハイドゥク　上21, 167, 175
パウリキアノイ派(パウロ派)　上121, 129, 130
ハエムス　上5, 6, 62
ハザール・カガン国　上75, 118
八月四日体制　下86
バチュカ　下14, 15
ハッティ・ヒュマユーン　上176
パナギュリシュテ　上51
バナト　下3, 13-15, 16, 39, 44, 49, 63
ハナフィー派　上144
バノヴィナ　下76
ババダグ　上39
ハプスブルク家　上73
ハプスブルク帝国　上12, 16, 21, 25, 169, 231, 232, 下3, 4, 6, 8, 11, 14, 15, 22, 40, 42, 47, 50, 63, 200
バルカン化　上23, 25, 下207
バルカン学　上24, 26
バルカン協商　下78, 90-92, 95, 98, 99
バルカン・サミット　下207, 208, 210, 216
バルカン商人　上16, 21
バルカン諸国外相会議　下207, 208, 209
バルカン勢力圏分割協定　下119
バルカン戦争　下27, 34-39, 45, 47, 48, 58, 59, 69, 103, 195, 199
バルカン同盟(連盟)　下34, 35, 91, 92
バルカン半島　上6-10, 12, 19, 20, 28, 29, 42, 46, 72, 75, 77, 87, 98, 131, 136, 153, 172, 下14, 192, 195, 207, 214
バルカン連邦構想　上23, 179, 下29, 116, 143, 144
ハルシュタット文化　上39
パルチザン　下114, 120-124, 218
バルバロッサ作戦　下104-106, 109
パレオコンマティズモス　上202
バン(首長・太守・総督)　上105, 111
ハンガリー事件　下153-157
反ユダヤ主義　上168, 下20, 50, 63, 83, 146
東ルメリア(東ルメリ州)　上223, 227, 229, 230, 下23
非スターリン化　下150-154, 157, 158, 170
ピスティロス　上43, 47
羊飼い　上16, 20
非同盟　上24, 下159, 161, 162, 168, 169, 208
ビュザンティオン(ビザンティウム, コンスタンティノープル, 現イスタンプル)　上42, 63
ヒランダル修道院　上107, 124, 125
ピリン山脈　上12
ファナリオティス　上164, 165, 182, 183, 198
ファロス(フヴァル島)　上43
「フィリオクェ」　上84
フィリキ・エテリア　上180
フィリッポポリス(現プロヴディフ)　上60
フィレンツェ公会議　上141
フェルマーン　上176
ブカレスト条約　上175, 下138

ブコヴィナ　上128, 下3, 39, 44, 47, 50, 63, 84, 102, 140, 205
豚戦争　下18, 22
ブラージュ　下12, 13
フランク王国　上15, 73, 84, 87, 104, 118, 131
フランチェスコ会　上132, 下75
フランクティ洞窟　上29, 30
プリスカ　上77, 80, 85, 87, 121
プリズレン連盟　下32, 200
ブルガリア共産党(ブルガリア労働者党，ブルガリア社会党)　下133, 134, 146, 152
ブルガリア社会民主党　下60, 134, 135
ブルガリア正教会　上21, 下28
ブルガリア総主教代理座　上205, 下28
ブルガリア農民同盟　上227, 下25, 54
ブルガール人　上70, 84
ブルガロフィゴン(現ババエスキ市)　上89
ブルサ　上135
プルート川　上181, 下138
ブレジネフ・ドクトリン　下171
フレスコ画　上126, 128
プレスラフ　上88, 94, 120, 121
プロイェシュティ　下18
プロヴディフ　上43, 60, 156, 223, 229
プロニア(制)　上97, 109
ベクターシュ教団　下31, 32
ペーチ　上124, 149, 169, 下14, 200
ベッサラビア　下16, 39, 44, 47, 50, 63, 84, 93, 100, 102, 104, 113, 138, 139, 140, 205
ベネディクト会　上131
ヘルツェゴヴィナの反乱　上222
ヘルツォグ(公)　上112
ベルリン会議　上216, 225, 231
ベルリン条約　上197, 223-227, 229, 232, 下8, 16, 17, 22
ペレストロイカ　下170, 171, 172, 175, 178, 181
ペレヤスラヴェツ　上93, 95
ボイェリ(貴族)　上83, 114, 140, 165, 198, 199
ボイラ(貴族)　上83, 86
亡命政権　下120, 123
ボゴミル派　上93, 121, 128-131, 133, 134
保守党(ブルガリア)　下24
保守党(ルーマニア)　下17, 18, 63
ボシュニャシュトヴォ(ボスニア主義)　上232, 下8
ボスニア教会　上133, 134
ボスニア内戦　下186-188, 191, 197, 207, 208, 212
ボスニア＝ヘルツェゴヴィナの蜂起(ボスニア蜂起)　下21
ボスニア連邦　下187-189, 224
ボスポラス海峡　下106
ポマク　上172, 215
ボヤナ教会　上122
ポリャニツァ・テル　上35
ボリャーリン(封建貴族)　上83, 101

●マ－モ

マヴロコルダトス家　上165
マヴロミハリス家　上185
マケドニア人　上15, 40, 41, 下29, 30, 51, 196-199
マケドニア問題　下27, 161, 165, 195, 196, 198
マジノ線　下94
マーシャル・プラン　下142

マダラ　上80, 86
マダラの騎士　上79, 80
マッサリアノイ派　上128, 129
マティツァ・イリルスカ（マティツァ・フルヴァツカ）　下7
マティツァ・スルプスカ　下15
マラーノ　上157, 159
マラムレシュ　下3, 13, 39, 44, 49
マリタ作戦　下104, 106, 107, 109, 111
ミケーネ文明　上39, 40
ミッテル・オイローパ（中欧）　上9
ミッレト（制）　上146, 154, 158, 165, 168, 188, 189, 204-206, 208
ミュンヘン会談　下87, 96
民主会議　下193
民主救国戦線　下192
民主勢力同盟　下191, 192, 264
民主調和　下62, 81
民主党（セルビア）　下67-69, 81, 225, 226, 239
民主党（ブルガリア）　下81, 85, 194
民主ブロック　下81, 113, 119
民族解放戦線　下114, 124, 125
民族再生運動　下3, 4, 7, 11, 15
民族自決　下41, 57, 185, 187
民族浄化　下187, 225
民族戦線　下114, 124
民族農民党（ルーマニア）　下64-66, 113, 115, 118, 135, 141
ムスリム　下8-10, 16, 31, 33, 48-50, 52, 67, 70, 78, 79, 183, 186, 187, 191, 197, 199, 210, 218, 223, 224, 235, 242, 243
ムスリム民族機構（ユーゴスラヴィア・ムスリム機構）　下10
ムフティー　上144
メガリ・イデア　上211, 下45, 48
メゼク　上48
メセンブリア（メシンヴリア，現ネセバル）　上42, 81, 122
モエシア　上40, 41, 55, 57, 58, 62-64
モハーチの戦い　上138, 140, 下11
モラヴァ川　上14
モラヴィア　上84, 85, 88, 118-120
モルダヴィア共和国　下104, 181
モルダヴィア・ソヴィエト社会主義共和国　下140
モルドヴァ教会　上128
モルドヴァ共和国　下138, 181, 182, 203-205, 253, 255-258, 260
モルドヴァ公　上127, 165, 199
モルドヴァ公国　上114, 116, 117, 下138, 139
モレア　上136, 152, 169, 180, 182

●ヤ—ヨ

ヤコブ派　上128
ユーゴスラヴィア委員会　下41, 42
ユーゴスラヴィア急進同盟　下79
ユーゴスラヴィア共産党（ユーゴスラヴィア共産主義者同盟）下124, 144, 145, 147, 149, 153, 168
ユーゴスラヴィア人民解放反ファシスト会議（AVNOJ）　下122
ユーゴスラヴィア連邦　下47, 168, 178, 188
ユーゴスラヴィア連邦共和国（新ユーゴスラヴィア）　下216, 225, 227, 229
ユーゴスロヴェンストヴォ（南スラヴ主義，ユーゴスラヴィア統一主義）　下77
ユーゴ内戦　下183, 207, 212
ユスティニアヌス法典　上152
ユダヤ教徒（ユダヤ人）　上146, 147, 157-162, 164, 173, 188, 206, 207,

下16-18, 28, 44, 49, 50, 63
ユニテリアン　下11
芳沢-カラハン交渉　下139
ヨーロッパ・トルコ　上7, 9
ヨーロッパ連合(EU)　下187, 188, 196, 207, 208, 210-216, 220-223, 226, 228, 230-233, 236, 237, 239, 241, 242, 244-255, 257, 258, 260-262, 264, 267, 269, 270, 274, 276

●ラ－ロ

ラディーノ　上157, 207
ラテン帝国　上99
ラテン文化圏　上63, 131
ラドミル共和国　下60
リエカ　下6, 7, 44, 138
リラ修道院　上121, 122
ルセ　上122, 156, 170
ルター派　下11, 248
ルテニア　上17, 29, 下96, 97
ルドナ・グラヴァ　上35
ルーマニア共産党(ルーマニア労働者党)　下113, 119, 135, 146, 154, 155, 160
ルーマニア社会民主党　下113, 135, 192, 193, 249, 250
ルーマニア民族党　下13, 65
ルメリ　上7, 143, 144, 179
レアーヤー　上145, 168
レイス・ウル・ウレマー　下10
レガート(旧王国)　下49, 63
レトニツァ　上51
レペンスキ・ヴィル　上29
労働者自主管理　下149
ロゴゼン　上51
ローザンヌ条約　下45
ロシア帝国　上21, 25, 下22, 47, 100, 138
露土戦争　上169, 213, 225, 227, 230, 下23, 55
ロマ(ジプシー)　上16, 173, 199, 下28, 197, 198, 227, 228, 242, 272
ロマニオテス　上157-159
ロンドン条約　上185, 下35, 44, 69
ロンドン亡命政府　下122, 123, 132

●ワ

ワラキア　上17, 70, 114, 126, 128, 140, 156, 168, 179, 181, 190, 198-200, 下11, 63
ワラキア公　上113, 114, 165, 180, 199, 下138
ワルシャワ条約(機構)　下156, 163, 171, 262
ワクフ　下10

■写真引用一覧

1……*Enciklopedija Bâlgarija*, tom 6, Sofija, Bâlgarska akademija na naukite, 1988.

2……B. Borisov, Djadovo, vol. 1, Tokyo, 1989.

3……R. Katintcharov, "La prehistoire en Bulgarie", *Dossiers histoire et archeologie*, No. 137, 1989.

4……J. P. Mohen, Metal et megalithe, *Dossiers histoire et archeologie*, No. 137, 1989.

5……R. F. Hoddinott, *The Thracians*, London, Thames and Hudson, 1981.

6……G. Mihajlov, *Trakite*, Sofija, Dârzavno voenno izdatelstvo, 2015.

7……*Istorija na Bâlgarija*, tom 1, Sofija, Bâlgarska akademija na naukite, 1979.

8……『トラキア黄金展』旭通信社 1994

9……A. Fol, M. Chichikova, T. Ivanov, T. Teofilov, *The Thracian Tomb near the Village of Sveshtari*, Sofia, Sryat, 1986.

10……G. Laszlo and I. Racz, *The Treasure of Nagyszentmiklos*, Budapest, 1997.

11……*Istorija na Balgârija*, tom 2, Sofija, Bâlgarska akademija na naukite, 1979.

12……*Istorija na Balgârija*, tom 3, Sofija, Bâlgarska akademija na naukite, 1981.

13……M. Blagojević, *Srbija u doba Nemanjića*, Beograd, Vajat, 1989.

14……K. W. Treptow (ed.), *A History of Romania*, Columbia University Press, 1996.

15……D. Obolensky, *The Byzantine Commonwealth, Eastern Europa, 500-1453*, London, Weidenfeld and Nicolson, 1971.

16……Iv. Gošev, *Starobâlgarski glagoličeski i kirilski nadpisi*, Sofija, 1961.

17……ディミタール・アンゲロフ『異端の宗派ボゴミール』恒文社 1989

18……*Bitka na kosovu 1389 godine*, Beograd, 1989.

19……Avram Pinto, *Jevreji Sarajeva i Bosne i Hercegovine*, Sarajevo, Veselin, Masleša, 1987.

20……Fani-Maria Tsigakou, *Through Romantic Eyes, European Images of Nineteenth-Century Greece from the Benaki Museum*, Athens, Alexandria/Virginia, Art Services International, 1991.

21……*Srpska revolucja 1804*, Beograd, Istoriki muzej Srbije.

22……*Istoria tu Elliniku Ethnus*, I Elliniki Epanastasi ke i Idrisi tu Elliniku kratus (1821-1832), 1980.

23……Richard Clogg, *A Concise History of Greece*, Cambridge University

Press, 1992.
24……*Istorija, na Bâlgarija*, tom 5, Sofija, Bâlgarska akademija na naukite, 1985.
25……Vladimir Jovanović, *Uspomene*, Beogradski izdavačko-grafički zavod, 1988.
26……*Athens 1839-1900. A Photographic Record*, Athens, Benaki Museum, 1985.

カバー――著者(金原)提供
p.13下――1, pp.192-3(口絵)
p.32上――2, 口絵
p.33――3, p.41
p.35――4, p.15
p.49上――5, p.126
p.49下――6, 口絵
p.50上――7, p.248
p.50下――8, p.30
p.55――9, p.57
p.58――著者(金原)撮影
p.69――10, p.39
p.77――11, p.157
p.80――11, p.131
p.81――11, p.92
p.85――11, pp.216-7
p.90――11, p.281
p.98――著者(金原)撮影
p.103上――12, p.320
p.103下――11, pp.354-5
p.108右――13, p.154
p.108左――13, p.173
p.116上――14, p.100
p.116下左――14, p.115
p.116下右――14, p.115
p.119右――15, 口絵
p.119左――16, p.100
p.122上――15, 口絵
p.122下――15, 口絵
p.124――13, p.66
p.125右――15, 口絵
p.125左――13, p.37
p.127上――14, p.128
p.127下――著者(金原)撮影
p.130――17, 口絵
p.133――著者(金原)撮影
p.137――18, p.78
p.160――19, p.55
p.166――20, p.24
p.174――21, p.2
p.181――22, p.131
p.194――23, p.58
p.204――24, p.318
p.213――25, p.52
p.221――26, p.74

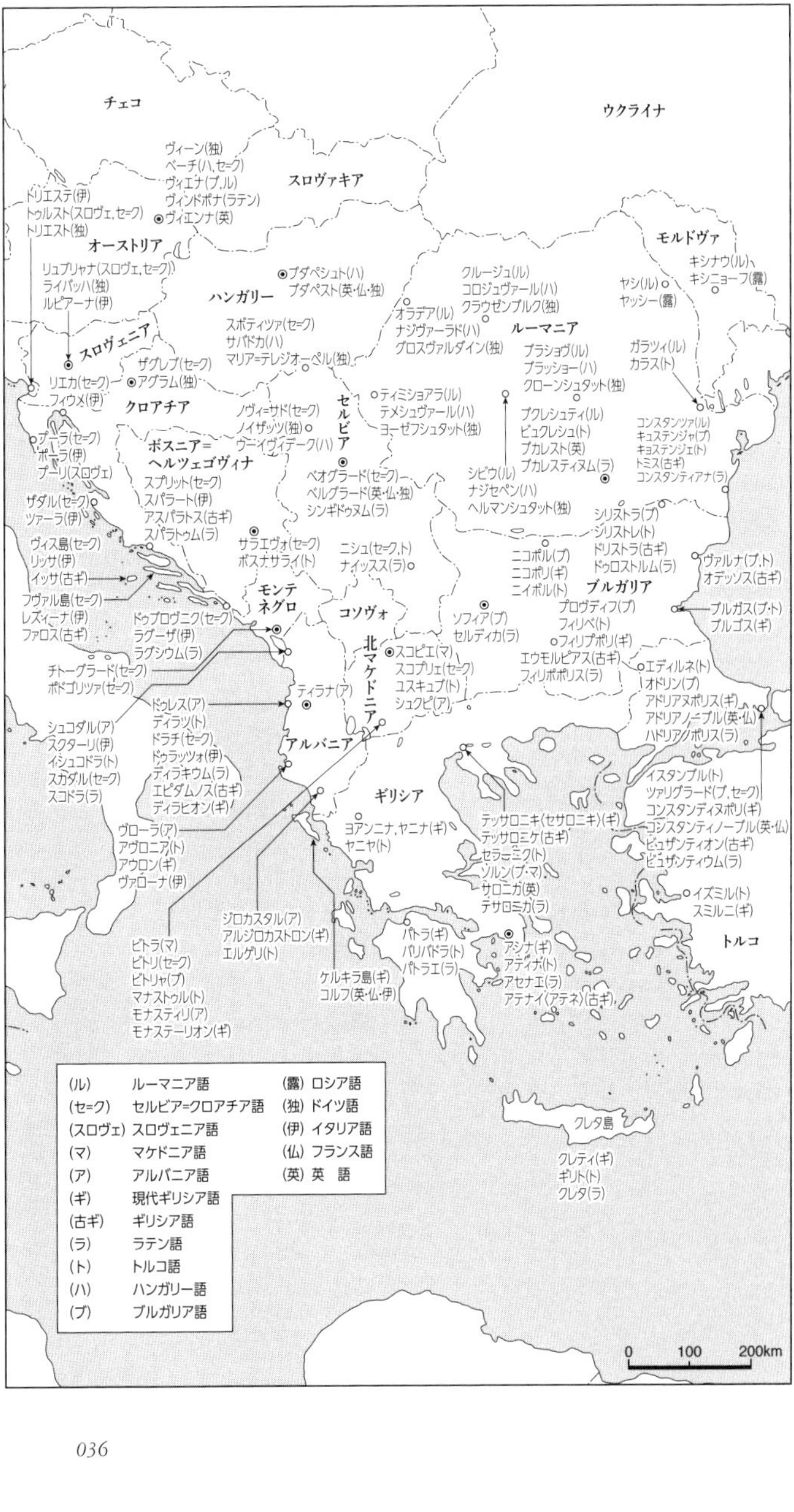
チェコ
ウクライナ
スロヴァキア
オーストリア
ハンガリー
スロヴェニア
クロアチア
ボスニア=ヘルツェゴヴィナ
セルビア
モンテネグロ
コソヴォ
北マケドニア
アルバニア
ギリシア
ブルガリア
ルーマニア
モルドヴァ
トルコ
ヴィーン(独)
ベーチ(ハ,セ=ク)
ヴィエナ(ブ,ル)
ヴィンドボナ(ラテン)
ヴィエンナ(英)
トリエステ(伊)
トゥルスト(スロヴェ,セ=ク)
トリエスト(独)
リュブリャナ(スロヴェ,セ=ク)
ライバッハ(独)
ルピアーナ(伊)
ブダペシュト(ハ)
ブダペスト(英・仏・独)
スボティツァ(セ=ク)
サバドカ(ハ)
マリア=テレジオーペル(独)
ザグレブ(セ=ク)
アグラム(独)
リエカ(セ=ク)
フィウメ(伊)
プーラ(セ=ク)
ポーラ(伊)
プーリ(スロヴェ)
ザダル(セ=ク)
ツァーラ(伊)
ヴィス島(セ=ク)
リッサ(伊)
イッサ(古ギ)
フヴァル島(セ=ク)
レズィーナ(伊)
ファロス(古ギ)
スプリット(セ=ク)
スパラート(伊)
アスパラトス(古ギ)
スパラトゥム(ラ)
ノヴィ=サド(セ=ク)
ノイザッツ(独)
ウーイヴィデーク(ハ)
ベオグラード(セ=ク)
ベルグラード(英・仏・独)
シンギドゥヌム(ラ)
サラエヴォ(セ=ク)
ボスナサライ(ト)
ニシュ(セ=ク,ト)
ナイッスス(ラ)
ドゥブロヴニク(セ=ク)
ラグーザ(伊)
ラグシウム(ラ)
チトーグラード(セ=ク)
ポドゴリツァ(セ=ク)
シュコダル(ア)
スクターリ(伊)
イシュコドラ(ト)
スカダル(セ=ク)
スコドラ(ラ)
ティラナ(ア)
ドゥレス(ア)
ディラツ(ト)
ドラチ(セ=ク)
ドゥラッツォ(伊)
ディラキウム(ラ)
エピダムノス(古ギ)
ディラヒオン(ギ)
ヴローラ(ア)
アヴロニア(ト)
アウロン(ギ)
ヴァローナ(伊)
スコピエ(マ)
スコプリェ(セ=ク)
ユスキュプ(ト)
シュクピ(ア)
ビトラ(マ)
ビトリ(セ=ク)
ビトリャ(ブ)
マナストゥル(ト)
モナスティリ(ア)
モナステーリオン(ギ)
ジロカスタル(ア)
アルジロカストロン(ギ)
エルゲリ(ト)
ケルキラ島(ギ)
コルフ(英・仏・伊)
ヨアンニナ,ヤニナ(ギ)
ヤニヤ(ト)
パトラ(ギ)
バリバドラ(ト)
パトラエ(ラ)
アシナ(ギ)
アティナ(ト)
アセナエ(ラ)
アテナイ(アテネ)(古ギ)
テッサロニキ(セサロニキ)(ギ)
テッサロニケ(古ギ)
セラーニク(ト)
ソルン(ブ・マ)
サロニカ(英)
テサロニカ(ラ)
クレタ島
クレティ(ギ)
ギリト(ト)
クレタ(ラ)
オラデア(ル)
ナジヴァーラド(ハ)
グロスヴァルダイン(独)
ティミショアラ(ル)
テメシュヴァール(ハ)
ヨーゼフシュタット(独)
クルージュ(ル)
コロジュヴァール(ハ)
クラウゼンブルク(独)
ブラショヴ(ル)
ブラッショー(ハ)
クローンシュタット(独)
ブクレシュティ(ル)
ビュクレシュ(ト)
ブカレスト(英)
ブカレスティヌム(ラ)
シビウ(ル)
ナジセベン(ハ)
ヘルマンシュタット(独)
ヤシ(ル)
ヤッシー(露)
キシナウ(ル)
キシニョーフ(露)
ガラツィ(ル)
カラス(ト)
コンスタンツァ(ル)
キュステンジャ(ブ)
キョステンジェ(ト)
トミス(古ギ)
コンスタンティアナ(ラ)
シリストラ(ブ)
シリストレ(ト)
ドリストラ(古ギ)
ドゥロストルム(ラ)
ニコポル(ブ)
ニコポリ(ギ)
ニイボル(ト)
ヴァルナ(ブ,ト)
オデッソス(古ギ)
ブルガス(ブ,ト)
ブルゴス(ギ)
ソフィア(ブ)
セルディカ(ラ)
プロヴディフ(ブ)
フィリベ(ト)
フィリプポリ(ギ)
エウモルピアス(古ギ)
フィリポポリス(ラ)
エディルネ(ト)
オドリン(ブ)
アドリアヌポリス(ギ)
アドリアノープル(英・仏)
ハドリアノポリス(ラ)
イスタンブル(ト)
ツァリグラード(ブ,セ=ク)
コンスタンディヌポリ(ギ)
コンスタンティノープル(英・仏)
ビュザンティオン(古ギ)
ビュザンティウム(ラ)
イズミル(ト)
スミルニ(ギ)
(ル) ルーマニア語
(セ=ク) セルビア=クロアチア語
(スロヴェ) スロヴェニア語
(マ) マケドニア語
(ア) アルバニア語
(ギ) 現代ギリシア語
(古ギ) ギリシア語
(ラ) ラテン語
(ト) トルコ語
(ハ) ハンガリー語
(ブ) ブルガリア語
(露) ロシア語
(独) ドイツ語
(伊) イタリア語
(仏) フランス語
(英) 英 語
0 100 200km